全国三国文化遗存
调查报告
蜀汉故地卷

成都武侯祠博物馆
全国三国文化研究中心 编著

2

第二分册

广西师范大学出版社
GUANGXI NORMAL UNIVERSITY PRESS
·桂林·

雅安市

雅安市，位于四川省中部，成都市西南。截至2022年底，下辖雨城区、名山区2区，荥经县、汉源县、石棉县、天全县、芦山县、宝兴县6县。三国时期，该区域主要为蜀汉益州汉嘉郡辖地。

雅安市三国文化遗存点位分布图

1　周公山、周公庙
2　高颐墓阙及石刻
3　斗胆村
4　平羌渡
5　双河乡
6　永兴寺
7　水月村关帝庙
8　卫继故里碑
9　五花山
10　大相岭古道
11　古城坪遗址
12　孟渡
13　龙苍沟孟获城
14　汉源武侯祠
15　清溪故城
16　白马祠
17　太保庙
18　清溪孟获城（黎州城址）
19　姜城遗址
20　姜侯祠牌坊
21　姜公庙大殿
22　平襄楼
23　芦山武庙大殿
24　樊敏阙及石刻
25　姜维墓
26　镇西山
27　铜鼓庙
28　王晖石棺及石刻
29　禁门关关隘遗址
30　怀葛楼

撰稿：吴　娲
摄影：彭　波　吕　凯
　　　苏碧群　丁　浩
绘图：尚春杰　彭　波

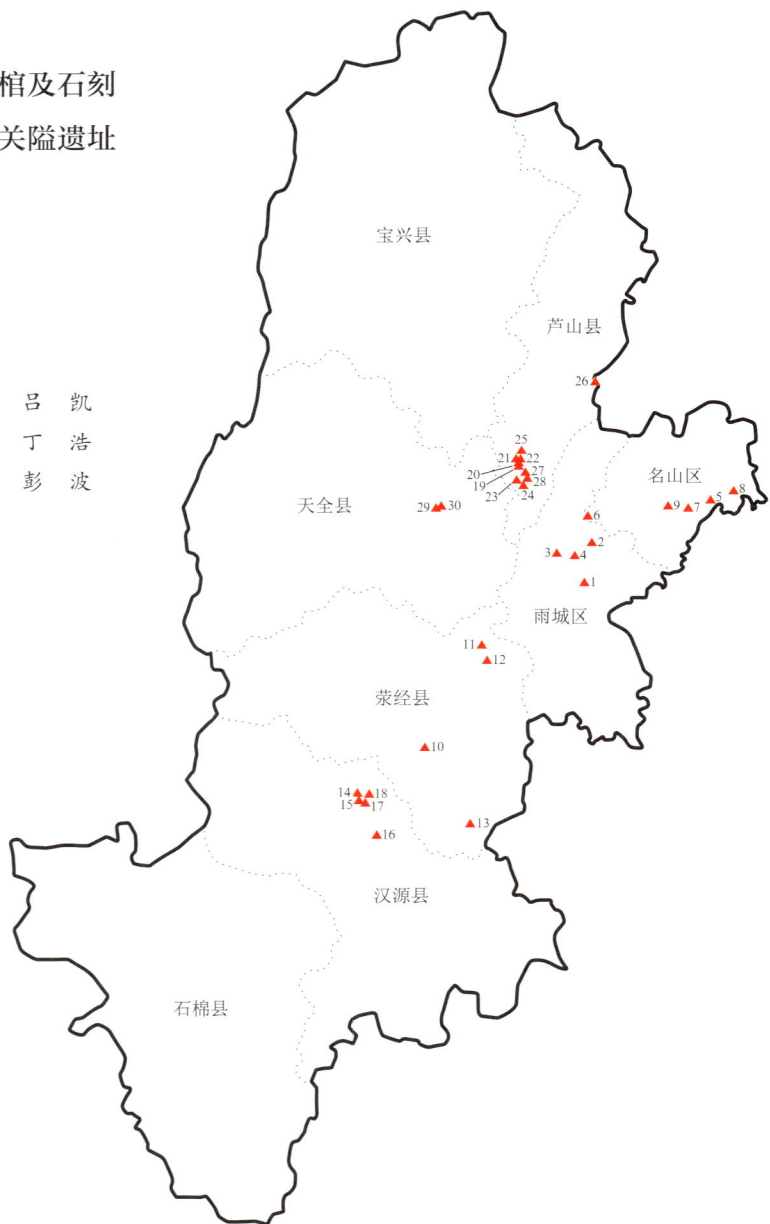

雨城区

周公山、周公庙

【 地理位置 】

地理坐标：东经103°2′29.4″，北纬29°56′41.2″，海拔1682米。

行政属地：雨城区周公山镇。

地理环境：周公山位于青衣江与周公河之间，周公庙位于周公山顶，北眺青衣江，西南瞰周公河。

【 保护级别 】

1990年，周公庙及石刻被雅安市人民政府公布为市级文物保护单位。

【 现状概述 】

周公山为省级森林公园，由周公山森林公园和周公山温泉公园共同组成了AAAA级周公山旅游景区。步行登山至周公庙的石梯步道尚且可行，但年久失修，游人稀少。新建林区公路可蜿蜒直达周公山顶，但路况较差。半山腰处，可俯瞰青衣江、周公河及雅安城区。立于周公庙址，山高风清，远处云蒸霞蔚，虽人迹罕至，但灵蕴依然。

朝代更迭，周公庙建筑几经变迁，现在能看到的庙宇石刻与建筑残件为清道光年间重修之庙宇遗留。原庙石刻建筑在经历汶川、芦山两次地震后，几乎全部垮塌损毁，目前仅恢复了寺庙山门牌坊，周公殿庙基尚存。清代《重修周公山庙宇碑记》石碑，碑文如下：

道光丁未夏，谢子正隆告余曰：蔡山，武侯梦周公之所也，亦名周公山。自前明建庙于巅，越本朝重修者。每近将圮，善士等以神灵之显应也，乃重新之，属余为记，以垂诸久。余考《禹贡》所载，蔡、蒙二山列于岷嶓之后。郦道元乃谓二山上合而下开者，其说非也。蒙山去名山十五里，产仙茶，每岁，邑宰上之制宪，制宪贡于天子，此蒙山顶上茶，海内所共知者。蔡山峙于羌水之西，南去蒙山三十余里，崇隆崔崒，上无居人，每岁六月朔，开山朝山者昼夜不绝。余故乐偕一二同志相与共登之，东望眉邛诸邑，苏子瞻、子由、魏了翁遗风犹烈乎！南联九折，孝子忠臣之贻徽在焉。其西则雪山万里，圣教之覃敷、四夷之所宾服也。而况乎庙貌巍峨，仰疏凿于神禹，遵制作于周公，钦绥服于武侯，俎豆森然，其令人生其诚愨而消其玩易者为何如，而其为功岂不伟哉！至于览峨眉于咫尺，烟雾迷离；睹瓦屋于崇朝，云霞变灭，是亦神光之普照，而为游目者所快心也。余故援笔而乐为之记。

如今碑文中记录的祭祀大禹、周公、诸葛亮的庙宇已不存，庙宇残件堆叠于山顶，唯石兽尚存。山顶新修木构小庙一间，取名"天界寺"，人迹罕至，仅有一名守庙人。

周公庙遗址鸟瞰

周公庙牌坊

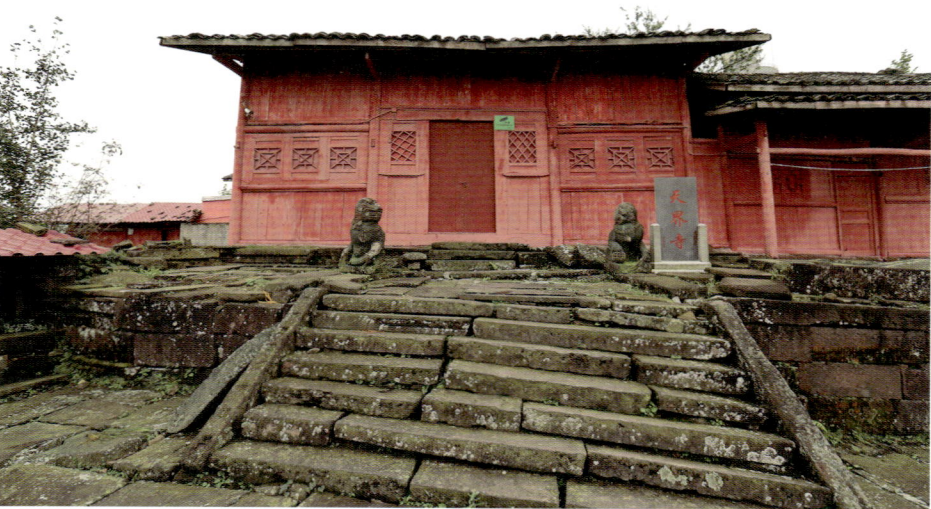

天界寺

周公庙碑刻遗存

周公庙入口

周公山俯瞰青衣江

【历史渊源】

周公山又名“蔡山”，《方舆胜览》记载：旧传诸葛亮于此梦见周公，因立庙为文宪王庙，遂号周公山。巽严诗：“岩峦最高顶，云气时蔚荟。仿佛群仙宅，宫阙耀珠贝。”[1]

关于周公山、周公庙与诸葛亮的传说渊源，文献记载很多。如《太平寰宇记》载：“周公山在县东南畔，山势屹然，上有龙穴，常多阴云。《耆老传》云：‘昔诸葛亮征南，于此梦周公，遂立庙。’州县以灵验闻，伪蜀乾德六年封显圣王之庙。”[2]

张启秀书《重修周公山石坊山门碑记》中提到：“周公山，本《禹贡》蔡山也，三国时武侯渡泸，望其形胜，徘徊于上，梦见周公，而山因以名。”[3]

周公庙又名“天盖寺”。始建年代不详，据庙址内多通碑刻记载，明万历四十三年（1615）重建石殿、铁瓦、牌坊、屏墙等，明天启元年（1621）修建灵官殿，清康熙二十九年（1690）重葺周公山殿宇、石坊、山门等，清道光二十四年（1844）培修三圣殿并建照壁，历经清中后期、民国多次修葺，总体呈现长方形布局，后废。庙宇依山而建，依次为石坊、山门、灵官殿、观音殿、大雄殿，大雄殿北约10米处建有周公殿及照壁各一座。原主体建筑坐西向东，现遗址占地面积约2000平方米，其中山门、观音殿、大雄殿早年已毁，石坊、灵官殿、周公殿于2008年汶川大地震后被毁。[4]

清代文人陈登龙在《登周公山记》中，对周公山庙宇曾经的景况有所提及：昔传诸葛武侯南征时，曾驻兵于山顶，梦见周公。周公山上有祠，祠神大禹，配祀周公和武侯，每年五六月间，四方求祷者摩肩接踵，以灵验著称。庚申年四月，天遇大旱，陈登龙过周公河，登周公山去往周公庙祈福求雨。小峰山巅处有一座关圣祠即春秋楼，气象甚古，掩映在数十株古柏中。周公庙则在山顶，人迹罕至，百余级石梯沿至山门。庙宇规模特敞，正殿祀大禹、周公、武侯，配殿祀文殊、普贤及雷神，崖穴间有所谓“周公井”，深不见底。[5]

1 宋祝穆撰，祝洙增订：《方舆胜览》，中华书局，2003，第978页。

2 宋乐史撰，王文楚等点校：《太平寰宇记》，中华书局，2007，第1553页。

3（清）曹抡彬等修，曹抡翰等纂：《乾隆雅州府志》，《中国地方志集成·四川府县志辑(63)》，巴蜀书社，1992，第655页。

4 据雅安市博物馆提供资料。

5（清）曹抡彬等修，曹抡翰等纂：《乾隆雅州府志》，《中国地方志集成·四川府县志辑(63)》，巴蜀书社，1992，第91页。

高颐墓阙及石刻

【地理位置】

地理坐标：东经103° 3′ 10.05″，北纬30° 1′ 23.8″，海拔544米。

行政属地：雨城区姚桥镇。[1]

地理环境：位于成雅高速公路金鸡关出口约3.3千米处，墓阙坐北朝南，背靠周家山。石刻建筑南面为雅安生态博物馆和雅安川剧博物馆，神道东西两侧为在建的文化遗址公园。

【保护级别】

1961年，高颐墓阙及石刻被国务院公布为全国重点文物保护单位。

【现状概述】

高颐墓阙及石刻是汉故益州太守高颐的墓阙建筑群，建于东汉建安十四年（209），正处于三国时期的酝酿阶段，至今已有1800多年，仍留存有墓、碑、神道、石兽一对、东西两座石阙，墓阙相距160余米。

高颐墓冢长14.8米，宽13.2米，高1.5米，冢上一碑，圆首，素背，正面阳刻楷书"孝廉高公墓"。

阙与墓相距165米，为墓前仪葬性建筑石刻。两阙相距13.2米，均为子母阙，东阙残，只剩座和阙身，阙顶为后世仿制。西阙完整，连檐、瓦当、斗拱等细节为研究汉代及三国时期建筑提供了重要的实物参考。西阙题"汉故益州太守阴平都尉武阳令北府丞举孝廉高君字贯光"。东阙题"汉故益州太守武阴令上计史举孝廉诸部从事高君字贯方"。阙身浮雕车马出行图、高祖斩蛇图、师旷鼓琴图、九尾狐与三足乌等，反映了汉代的风俗礼仪、传说故事和民间信仰。

石兽的雕刻，线条流畅写意，对比年代较早的杨君墓石兽，可以看到当地墓葬石兽造型从无翼到有翼、从写实到写意的艺术变化。

高颐碑为圆首墓碑，高2.8米，碑首螭足盘缠镶嵌躯体，左侧二螭首尾并行交汇，右侧仅饰一螭首，额题隶书"汉故益州太守高君之颂"10字2行。碑身上部有碑穿，穿下碑文18行。碑上文字风化水蚀泐损严重，模糊难辨。长方形碑座宽广扁平，浮雕龙虎二兽，左右相对，口衔绶带，共衔玉璧。

2002年，高颐墓阙及石刻划与雅安市博物馆管理，阙、兽、碑等石刻四周设有保护围墙，围墙内设有管理用房和解说展室，有固定开放时间。

2014年在石刻上空设置了防酸雨玻璃保护罩。因早期市政工程原因，雅州大道从高颐墓南面由东向西穿过，将神道及阙、兽、碑等石刻与墓之间阻断开，不再形成完整的墓阙展示空间。

---

1 据雅安市博物馆提供资料。

高颐碑

高颐墓东阙

高颐墓

高颐墓（中国营造学社旧照）

高颐墓阙及石刻文保碑

高颐墓阙及石刻

高颐墓西阙

高颐墓西阙局部

【历史渊源】

《隶释》一书对高颐碑碑文做了记载，根据相关资料整理，碑文如下：

君讳颐，字贯方，其先出自帝颛顼之苗胄裔乎？逢伯陵者，殷汤受命，陵有功，食采齐高乐邑，世为正卿，氏采建姓。至高玺，为桓公将南阳之师而成鲁。褒美于春秋，迄汉，济有四城，虽于临淄为□廓，然关外受邑里垂道里君立达为方扬□亲贤乐善，游心典籍，世□□□惠翔朝任郡辟州从事□仕郡辟州，清骞之□。不论时□举孝廉□□□□□□□□州表蜀郡北部府丞，武阳令。阿郑之□□赋晏□之□性，试守广汉属国都尉，犹宓子之在密，配李牧之镇代，试守益州太守。法萧曹之几罚，膺求由之政事，班芳声于国徽，理高满之危滋，当登缒职。绥惟时雍，运□未济，天降灾殃，害我贞良，建安十四年八月卒于官。臣吏播举而悲叫，黎庶踊泣而忉怛，追恩念义，缭经坟侧，

因作颂曰：穆穆我君，帝颛之胄。匡辅齐桓，德无其偶。苗裔流衍，盛彼梁州。惟君立节，卓尔绝殊。学优从政，刚无茹柔。宰城子牧，惠泽沾优。剖符典郡，威德咸孚。示民敬让，阒断苞苴。凡百凄怆，痛乎何辜。祚尔后嗣，子孙之模。

根据碑文可知，墓主高颐，举孝廉入仕，官至益州郡太守，于建安十四年（209）八月卒于任上，归葬故里。高颐为官亲贤乐善，刚正不阿，因此，他的去世，令臣吏悲号，百姓痛哭。高颐任太守的益州郡，为蜀汉初始的南中五郡之一，其地域大部分在云南省东部，郡治在滇池县（今云南省昆明市晋宁区）。当时益州郡并不安定，蜀汉章武三年（223）初夏，刘备病逝于永安宫。消息传到了蜀汉大后方的南中，益州郡大姓雍闿除掉太守正昂，叛蜀投吴。诸葛亮南征后，改益州郡为建宁郡，并将郡域划出一部分新置云南郡和兴古郡，缩小南中各郡的管辖范围，避免割据叛乱再度发生。

高颐墓阙东面石兽

高颐墓阙西面石兽

高颐墓西阙石雕

高颐墓西阙刻字

斗胆村

【地理位置】

地理坐标：东经102°59′15.37″，北纬30°0′3.26″，海拔579米。

行政属地：雨城区北郊镇。

位置环境：依山临河，紧邻318国道，东邻沙溪村，部分区域属于沙溪遗址西区范围。沙溪遗址是雅安地区发现的首个商代遗址，反映了殷商时期当地蜀文化的特征。

【现状概述】

现村落地理形态及相关实物遗迹已不存，新建用房底层商铺自然形成五金建材销售市场。

【历史渊源】

陈寿《三国志·姜维传》裴注引《世语》曰："维死时，见剖，胆如斗大。"雅安当地传说，钟会之乱，姜维惨遭分尸，部将抢得姜维之胆，葬之于现芦山县姜维墓，即当地所称"胆墓"。运送姜维之胆途中，经过现今斗胆村时，曾在此地停留祭祀，此地便有了"斗胆村"这个名字。清朝初年，村中出现一块近百斤的胆青色石头，中间冒出近一寸宽绕胆一圈的白色胆经带，如姜维之胆，一时万人空巷，争相目睹。由此，此地的姜维庙也称为"斗胆庙"，沙溪村也称为"斗胆村"。斗胆庙香火旺极一时，凡胸腹疼痛者来敬香，摸一下石胆，顿时疼痛全消。胆小怕事、遇事犹豫不决者来敬香，摸一下石胆，顿时豪气大增，办事成功。[1]

斗胆村原址

---

1 据雅安市博物馆郭凤武口述。

平羌渡

【地理位置】

地理坐标：东经103°1′24.75″，北纬29°59′45.28″，海拔556米。

行政属地：雨城区。

位置环境：青衣江和周公河二水汇合处。雨城区现仍有"平羌渡码头"。

【现状概述】

水面开阔，中心汇流处有女娲雕塑。青衣江大桥跨江之上，江边设有熊猫绿岛公园和女娲广场。

【历史渊源】

《乾隆雅州府志》载："平羌江，在治北，环城东流，至嘉定入岷江。"[1] 又载："平羌渡，东门外二里，二水会合，水急滩深，官设渡船，以济行人。名'平羌'者，因武侯南征羌夷，故名。"

"平羌晚渡"曾是雅安八景之一。

平羌渡

1（清）曹抡彬等修，曹抡翰等纂：《乾隆雅州府志》，《中国地方志集成·四川府县志辑㊿》，巴蜀书社，1992，第354页、第384页。

名山区

双河乡

【地理位置】

地理坐标：东经103° 17′ 2.65″，北纬30° 8′ 58.91″。（测点在双河乡政府）

行政属地：名山区红星镇。

位置环境：地处四川省雅安市名山区东南总岗山麓，东接马岭，南连丹棱县，西靠车岭，北接解放乡，为延镇河发源地。

【现状概述】

双河乡，因乡人民政府驻地位于两河交汇的"双河场"而得名，2019年撤乡并入红星镇。整个乡镇以种植业为主，主要种植水稻、玉米和茶叶。武侯南征的传说故事，一些老人尚还知晓。

【历史渊源】

以下内容由双河乡村小学退休教师向加富（79岁）整理提供。

双河乡有8个村，其名为：长沙、扎营、金鼓、骑龙、云台、六合、金狮、延源。村之名不是随意为之，而有着深远的历史渊源，多与诸葛武侯南征传说有关。

扎营村。相传，诸葛亮南征时曾于双河乡境紧邻岑塝的小山冈上安营扎寨。诸葛亮稳坐寨中，运筹帷幄。双河乡先民把诸葛亮安过营、扎过寨的小山冈叫"扎营冈"，沿用至今。扎营村据此命之。

金狮村。相传，诸葛亮为抵御孟获的侵扰，派遣郭刚于西蜀长秋山（今总岗山）地势

采访向家富老人

最险要的地方建了一个固若金汤的寨子，寨子修筑好后，于寨门前放置了一对姿态雄俊的石狮护寨。一日，诸葛亮稳坐帐中，正聚精会神地推演沙盘，突然，卫兵进帐禀报："寨门前的石狮不见了。"诸葛亮闻讯，迈步出寨，举目远望，眼前出现两座狮状山峰，疑是石狮化身，于是，大呼一声"金狮回来！"话音刚落，这对狮子出现于寨前，可不再是石狮，而是一对金狮了。从此，金狮寨之名响遍山乡，家喻户晓。金狮寨全用石磴垒砌，坚固无比，还专门修了一条通入寨子的石板路，名之曰"金狮寨路"，金狮寨有"一夫当关，万夫莫开"之险。清康熙二年（1663）四月，天目寺前，一座山塌陷入地成一大深渊，今人名之"小海子"，从此，彻底阻断西南夷进攻路线。金狮村由此得名。

延源村。诸葛亮为了让金狮长留于此，守望山乡保平安，运用神力在山寨之下的黄泥沟为金狮点化出饮水处。饮水处之水，源清流洁，清澈明净，长流不息，与日月同辉，与长秋同寿，越流越宽，越流越远，依长秋山势曲折蜿蜒、斗折蛇行，海纳长秋山，背斜冀部冲沟之水，连续流经多个场镇，长达数十千米，于落佛堰与名山河在合江场相会，出名山界仍依总岗西流至雅安龟都入青衣江，可谓源远流长。亲历沧海桑田，见证往事万端。据此，人们叫它"延镇河"。黄泥沟金狮饮水处为延镇河的发源地，其村名以"延源"命之。

永兴寺

【地理位置】

地理坐标：东经103°2′55.5″，北纬30°3′58.6″，海拔1065米。

行政属地：名山区蒙山村4社

位置环境：位于蒙顶山上，沿蒙山公路前行可直达。蒙顶山历史文化优秀，沿线还有智矩寺、千佛寺等众多寺庙，形成名山寺庙古建筑群落。永兴寺西南面约500米为雨城区陇西乡太阳坪。

【保护级别】

2007年，蒙顶山古建筑群被四川省人民政府公布为省级文物保护单位。

【现状概述】

原址仅存巨石摩崖一处、碑趺一块，位于茶田中间。从造像看，药师佛、一佛二弟子二菩萨、弥勒佛与文殊普贤、毗沙门天王等，都是中晚唐流行的题材和造型。

现永兴寺坐北向南，占地面积约6000平方米。明代重建，清乾隆四十七年（1782）维修，共有古建筑8栋，主要由山门、天王殿、石殿、大雄宝殿、观音殿等建筑组成，四合院

布局。山门由木结构山门、石牌坊、石屏风、石围栏组成。山门面阔三间10.9米，明间3.9米，次间3.5米，进深三间6.9米。石牌坊宽2.9米，深0.35米，上有精美人物、动植物和书法雕刻。石屏风正面为建南观察史黄云鹄题刻，后为寺庙题记。大雄宝殿为明代构件，面阔五间17.47米，明间4.47米，次间2.6米，稍间3.9米，进深四间13米，垂带踏道，有廊。清代建筑石殿一楼一底，全石结构，屋面为青瓦，梁架上有彩绘，面阔三间15.3米，明间4.45米，次间4.42米，进深四间9.3米，有廊。殿前有垂带踏道，殿后有二垂带踏道可登二楼。寺内有建南观察使黄云鹄多处题记。[1]

【历史渊源】

据寺中记载的寺庙沿革，永兴寺始建于三国末年，天竺僧空定大师来此结茅，西晋初年，始改茅为寺，取"梵音远播三千界，各随其心而得解"之意，名曰"大梵音院"，是为名山建寺之始。清初更名为"永兴寺"。寺庙原址在现今小五顶摩崖处，有晚唐摩崖残存。后因火灾迁建于现址，具体迁建年代不详。

---

1 据雅安市博物馆提供文保资料。

永兴寺殿宇

小五顶摩崖碑趺

小五顶摩崖

小五顶摩崖石刻

→ 北

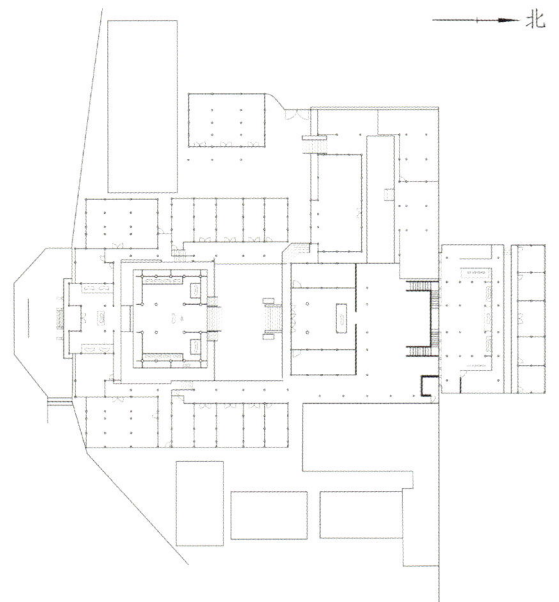
永兴寺平面图

永兴寺山门

永兴寺入口文保碑

水月村关帝庙

【地理位置】

地理坐标：东经103°14′04.4″，北纬30°4′50″，海拔620米。

行政属地：名山区车岭镇水月村关帝巷。

位置环境：位于水月村文庙街关帝巷内，邻车岭场镇，左边和前方为原供销社，房屋空置待拆迁，右边和后方为民房。

【现状概述】

此处关帝庙始建时间不详，现仅存大殿，坐东南朝西北，占地面积176.06平方米。梁上有"大清道光十四年"题记，三开间，重檐歇山顶，屋脊上有鸱尾装饰，左边鸱尾已毁。穿斗式木结构梁架，十二架椽栿四穿用六柱，面阔11.2米，明间4.6米，次间3.3米，进深10.5米，通高11.2米。原祀关帝像已不存。大殿"大雄宝殿"牌匾为2001年新悬，殿中塑像、器物也为2001年新迁入，庙宇名称改为"关佛庙"，由名山区水月寺统一管理。现大殿明间供奉为三世佛二弟子，两侧为十八罗汉。关羽塑像偏居东稍间后墙，为关羽读《春秋》形象，关兴与周仓居两侧陪祀。现每日早晚，附近居民都会来寺庙烧香拜谒。

【历史渊源】

据《名山县志》载："关帝庙，南区车岭镇、北区万古场，均有关帝庙。"[1]

水月村关帝庙鸟瞰

1 （清）曹抡彬等修，曹抡翰等纂：《乾隆雅州府志》，《中国地方志集成·四川府县志辑⑥③》，巴蜀书社，1992，第337页。

水月村关帝庙梁柱局部

水月村关帝庙陈设

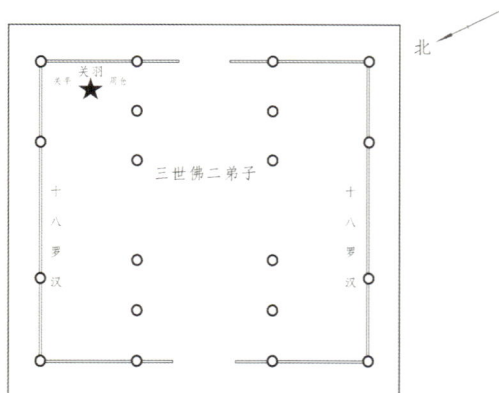

水月村关帝庙平面

水月村关帝庙明间

水月村关帝庙稍间

水月村关帝庙内塑关羽像

卫继故里碑

【 地理位置 】

地理坐标：东经103°19′17.11″，北纬30°6′47.01″，海拔650米。

行政属地：名山区马岭镇邓坪村3组。

位置环境：位于茶田中央，需穿过田埂和茶树林方可抵达。

【 保护级别 】

1988年，被名山县人民政府公布为县级文物保护单位。

【 现状概述 】

石碑略有倾斜，字迹清晰。有碑亭石构件残存散落在茶田边。碑高1.6米，宽0.8米，厚0.12米，碑文内容"汉奉车都御卫孝廉字继故里"，字径0.1米×0.08米，为汉隶阴刻竖读。其中的"汉"是指蜀汉，"故里"是指故居所在地。"卫孝廉字继"，卫继，曾被家乡所在地的郡太守举荐为孝廉。孝廉是两汉三国人才选拔的名目之一，与秀才同为选拔人才的常科，由本郡行政长官每年按照二十万人口举荐一人的比例进行举荐，送到中央，考试合格之后授予官职。由于入选比例为二十万分之一，属于难得的荣誉。"奉车都御"，应是"奉车都尉"的误写。"奉车都尉"是两汉三国一直都有的职官，属于皇帝禁卫军当中一个支队的队长，负责跟随和保卫皇帝外出时的车队，故有此名。这一碑刻，推测刻立在明清时期，明清有负责监察的都察院，设有都御史，而"御"字与"尉"字作为姓氏的读音相同，刻碑者没有三国职官的知识，只知道有都御史，所以把"都尉"误写成了"都御"。

【 历史渊源 】

卫继，字子业，汉嘉郡严道县人，三国时期蜀汉官吏，官至奉车都尉、大尚书。钟会之乱时在成都遇害。《益部耆旧杂记》评价他"敏达夙成，学识通博，进仕州郡，历职清显"，"忠笃信厚，为众所敬"。

《名山县新志》载："卫继故里碑，（位于）邓坪孝廉祠，民国十七年出土，文曰'汉奉车都御卫孝廉字继故里'，共十（二）字，字皆隶体，似是晋物，里人邓东鹗移植祠中。《汉书》作'都尉'。"[1]

1 胡存琮等撰修：《民国名山县新志》，《中国地方志集成·四川府县志辑㉔》，巴蜀书社，第342页。

卫继故里碑所在茶田

碑亭建筑残件

汉奉车都御卫孝廉字继故里碑

五花山

【 地理位置 】

　　地理坐标：东经103° 12′ 23.91″，北纬30° 5′ 0.16″，海拔660米。

　　行政属地：名山区车岭镇五花村2社。

　　位置环境：路况差，不邻主路，车难行。

【 现状概述 】

　　退耕还林后，五花山植被茂密，不易上行。

【 历史渊源 】

　　《乾隆雅州府志》载："五花山，在县东南三十五里。相传武侯南征孟获于此下营，五垒如莲花。"[1]当地俗称诸葛亮屯兵处为五花寨。"五花寨，五花山上有五垒，相传武侯征蛮时所筑。"[2]宋延禧时建五花庙，清初重修，祀五花太保。[3]

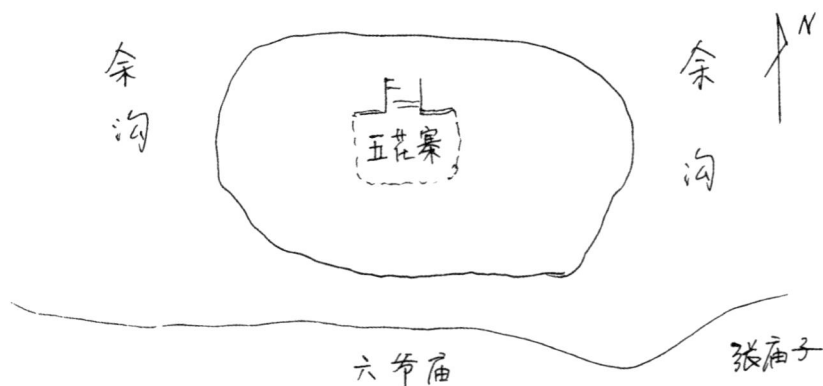

五花寨位置图

---

1 （清）曹抡彬等修，曹抡翰等纂：《乾隆雅州府志》，《中国地方志集成·四川府县志辑63》，巴蜀书社，1992，第355页。

2 （清）曹抡彬等修，曹抡翰等纂：《乾隆雅州府志》，《中国地方志集成·四川府县志辑63》，巴蜀书社，1992，第389页。

3 （清）曹抡彬等修，曹抡翰等纂：《乾隆雅州府志》，《中国地方志集成·四川府县志辑63》，巴蜀书社，1992，第37页。

五花山远眺

荥经县

大相岭古道

【地理位置】

地理坐标：起点北纬29°40′3″，东经102°43′23″；终点北纬29°39′52″，东经102°43′9.6″。

行政属地：起点荥经县安靖乡凤仪堡，终点汉源县清溪镇新黎村。

位置环境：古道从大相岭东北山腰起，沿西南方向翻越大相岭，连接荥经与汉源。

【保护级别】

2007年，大相岭古道遗址被四川省人民政府公布为省级文物保护单位。

【现状概述】

大相岭古道，系茶马古道从荥经县凤仪堡翻越大相岭至汉源县清溪镇的路段，全长约40千米，路面由当地天然花岗石和花岗石碎粒铺成，宽1.5—2米，是研究茶马古道的重要遗存。大相岭以东为凤仪古道，以西为邛笮古道，东西两段地理风貌和物产也大有不同，东面雨量充沛，较多竹林，西面汉源境内日照较多，则主要种植花椒。山中的三国文化遗存如诸葛庙、冻云庵（武侯祠）等均已不存，只余箭杆坡这样的地名，与诸葛亮南征的传说相关。

【历史渊源】

大相岭位于今四川省雅安市南部，荥经、汉源两县边境，为大渡河与青衣江分水岭，古称"相公山"，相传因诸葛亮南征翻越此岭而得名。据《诸葛亮集》校注引《一统志》记载："大相公岭在雅州荥经县西一百里，相传诸葛公征西南夷经此。上有诸葛庙。"又引《太平寰宇记》记载："相公山，汉相诸葛亮常驻兵于此。"[1]

据《乾隆雅州府志》载："相岭山，（荥经）县西六十里，由箐口邬入古邛崃关，今名大关山，武侯南征经此。明洪武间，景川侯曹震修凿以通行旅。有大险、小险，依崖瞰壑，人马不并行。岭上冬春积雪，如玉柱捶天，夏阴雨不绝，高阴多风，自顶下三十里即清溪县。"[2]

1 段熙仲闻旭初编校：《诸葛亮集》，中华书局，2012，第254页。
2（清）曹抡彬等修，曹抡翰等纂：《乾隆雅州府志》，《中国地方志集成·四川府县志辑⑥3》，巴蜀书社，1992，第358页。

大相岭古道
荥经段

周公桥遗存

忠孝桥遗存

大相岭古道汉源段

箭杆坡

古城坪遗址

【 地理位置 】

地理坐标：东经102° 50′ 17.2″，北纬29° 50′ 27.3″，海拔745米。

行政属地：荥经县新添乡上坝村6组。

位置环境：茶马古道路段，村庄风貌犹存。

古城坪遗址

【 现状概述 】

该遗址为一块台地，平面布局呈长方形，分布在南北长325米、东西宽134米的范围内，面积约43550平方米。现址建有新添乡小学。第二次全国文物普查时发现大量汉砖和五铢钱，藏于荥经县博物馆。

【 历史渊源 】

《乾隆雅州府志》载："古城坪，治西，武侯屯兵于此。"[1]

《民国荥经县志》载："诸葛古城，县西二里上青坝，武侯征南屯兵于此。唐太祖（和）中，李德裕增筑之，置兵戍守以控制南诏。"[2]

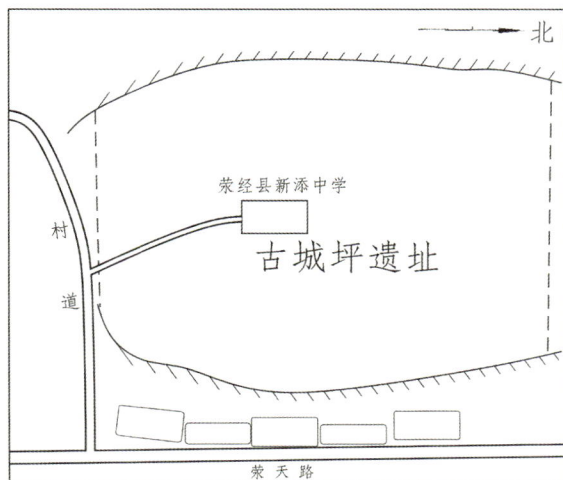

古城坪遗址平面图

---

1 （清）曹抡彬等修，曹抡翰等纂：《乾隆雅州府志》，《中国地方志集成·四川府县志辑⑬》，巴蜀书社，1992，第359页。

2 贺泽等修，张赵才等纂：《民国荥经县志》，《中国地方志集成·四川府县志辑⑬》，巴蜀书社，1992，第447页。

孟渡

【地理位置】

地理坐标：东经102° 50′ 57.5″，北纬29° 49′ 17.2″，海拔741米。

行政属地：荥经县庙岗乡、大田乡。

位置环境：渡口地处庙岗乡与大田乡交界处，离荥河与经河合流处不远处，两岸为村庄。

【现状概述】

渡口在20世纪80年代就已停用，文献记载中的七纵桥、碑石均已不存。荥经河北岸渡口礁石上，拴船拉纤的木桩孔尚在。渡口南岸新建有寺庙，北岸有孟山，山下为庙岗村，村民间至今还流传着诸葛亮首次在此擒住孟获的故事。

【历史渊源】

《乾隆雅州府志》载："孟山，在县东二十里，前临大江，曰'七纵渡'，武侯初擒孟获之处。"[1]"诸葛武侯讨西南诸夷，七擒孟获，驻节荥经。""七纵桥，治东二十里，孟渡侧，武侯征孟获于此。明状元杨慎过此，更名七纵，有诗碑在大庙前。"[2]"七纵渡，县东十五里孟山下，一名孟渡。"

"孟渡渔歌"曾经为荥经八景之一。《乾隆雅州府志》载："孟渡渔歌，县东十五里孟山下，古名七纵渡，为武侯七擒孟获之所，渔者往来，歌声不绝。"[3]

《民国荥经县志》载："孟山，县东十里玉凤山左支，前临大河，下为孟渡，又名七纵渡，俗讹为武侯初擒孟获处。"[4]"七纵桥，罗星坝七纵渡侧，明杨升庵曾经此桥，有诗碑在尹孝子庙内，碑今毁。"[5]"治东十五里孟山下，七纵渡，一名孟渡。渔者往来，歌声不绝，八景之一也。渡用竹篾。"

1（清）曹抡彬等修，曹抡翰等纂：《乾隆雅州府志》，《中国地方志集成·四川府县志辑㊿》，巴蜀书社，1992，第358页。

2（清）曹抡彬等修，曹抡翰等纂：《乾隆雅州府志》，《中国地方志集成·四川府县志辑㊿》，巴蜀书社，1992，385页。

3（清）曹抡彬等修，曹抡翰等纂：《乾隆雅州府志》，《中国地方志集成·四川府县志辑㊿》，巴蜀书社，1992，第368页。

4 贺泽等修，张赵才等纂：《民国荥经县志》，《中国地方志集成·四川府县志辑㊿》，巴蜀书社，1992，第452页。

5 贺泽等修，张赵才等纂：《民国荥经县志》，《中国地方志集成·四川府县志辑㊿》，巴蜀书社，1992，第438页。

渡口礁石

孟渡渡口

龙苍沟孟获城

【地理位置】

地理坐标：东经102°48′47.3″，北纬29°32′03.2″，海拔1988米。

行政属地：荥经县龙苍沟乡发展村金船组。

位置环境：位于龙苍沟国家森林公园密林深处，森林植被覆盖，人迹罕至。

【现状概述】

黄沙河遗址，位于黄沙河与白沙河交汇处，地处坡地，东靠黄沙河，南临白沙河，北为山崖。该地为山地地形，垂直落差大，雨量充沛，植被茂盛。遗址平面布局呈不规则长方形，东西宽300米，南北长225米，分布面积67500平方米。南北处现存寨墙，东段180米，西段165米。遗址上层大部分被泥石流形成的堆积覆盖，寨墙由大小不等的条石砌成。第二次全国文物普查时采集有铁矿渣，现遗址四周草木丛生，未发现古代遗物。[1]

【历史渊源】

在荥经，一直流传着孟获城存在于黄沙河与白沙河交汇处的传说。《民国荥经县志》记载："孟获古城，县南百三十里，三片地境内，黄沙河、云板岩之间，相传为孟获旧城，十年前始发现，年来邑人往探者渐众，土城完好如旧，城内草可没人，现从事开垦者已有三四十户，惟汉源县人占多数云。"[2]

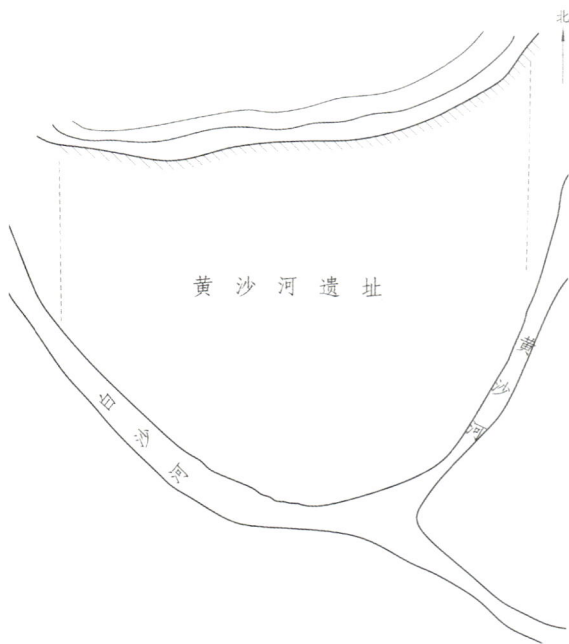

黄沙河遗址平面图

---

1 雅安市博物馆提供资料。

2 贺泽等修，张赵才等纂：《民国荥经县志》，《中国地方志集成·四川府县志辑⑥④》，巴蜀书社，1992，第447页。

黄沙河遗址白石河

黄沙河遗址北部

汉源县

汉源武侯祠

【 地理位置 】

地理坐标：东经102°37′31.6″，北纬29°35′21.3″，海拔1772米。

行政属地：汉源县清溪镇新黎村3组。

位置环境：背靠大相岭，新黎村委会北900米，清溪城北五里坡下田间。

【 现状概述 】

原址仅存一处殿宇，坐北朝南，素面台阶高1.2米，有垂带踏道，平面布局呈正方形，单檐悬山式顶，穿斗式木结构建筑，三穿五柱。面阔五间19.5米，进深三间8米，通高7.9米。屋顶有新塑两条金色卧龙。

祠内木雕坐像为村民们在20世纪90年代集资重塑。"诸葛孔明"位居正中，"刘备主子""黄忠将军""赵云将军"位列诸葛亮坐像左侧，"关羽将军""张飞将军""马超将军"位于诸葛亮坐像右侧。

祠前门额上悬挂有"诸葛武侯"红绸门楣，门框两侧刻有本地文人段世臻所撰对联一副："佐汉蜀计越魏吴，气懿毙瑜；封沉黎无忧粮丰，富国裕民。"祠前巨杉依然耸立。当地村民对诸葛亮极为崇敬，逢农历初一、十五必到武侯祠烧香祭拜，祈祷风调雨顺，每年农历正月和三月间，还要做庙会。当地村民李秀莲（78岁）对调查人员说道："诸葛亮是大英雄，是全国、全世界的诸葛亮。"可见诸葛亮的故事在当地早已深入人心。

【 历史渊源 】

汉源当地一直流传着很多诸葛亮翻越大相岭南征的传说故事，后世更将诸葛亮神化。当地传说，诸葛亮翻越大相岭山巅时，遥望汉源九襄，感叹当地物资丰富道："天下无收，此地半收，天下大乱，此地无忧。"百姓感恩诸葛亮的祝福与庇佑，对诸葛亮极为崇敬。

据民国《汉源县志》记载，当地文献可考的武侯祠共有三座。

一座名为"冻云庵"，位于大相岭长老寨，康熙中，威信公岳钟琪征西路过，称此处名为"大相岭"，却无武侯祠，故捐资修建。"嘉庆十三年（1808），建昌道郑成基重修，绘图有三教殿、武侯殿、灵官殿、公馆，又上为玉皇楼，下为关圣殿，年久皆倾圯。今祠为光绪十七年（1891）重修，民国十三年（1924）冬，三边两军之战损过半。"现如今，冻云庵已不存。

一座名为"诸葛庙"，由上川南巡道石棺修祠于城内，"在城东门内，明万历年间建，乾隆三十五年（1770）重修，民国二十四年（1935）毁于兵。"石棺撰有《武侯新祠记》一篇述其事：

汉源武侯祠建筑

北

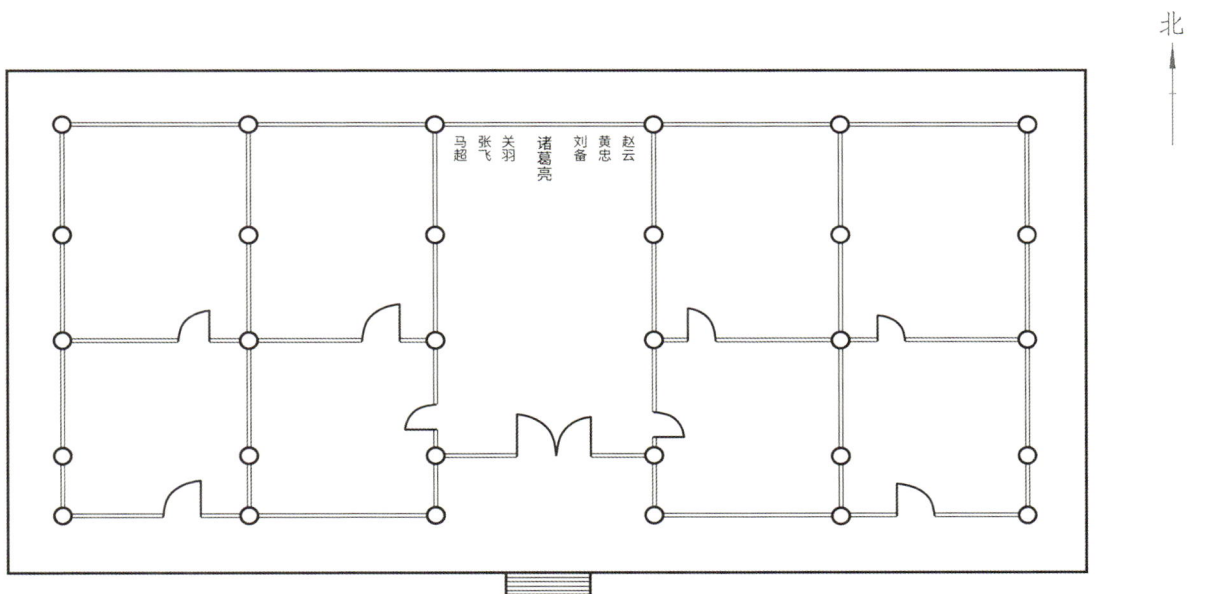

汉源武侯祠平面图

万历己亥秋，予奉命分巡川上南，沉黎其属郡也。越明年春，邛部土司争袭，大将提偏裨临之，予亦视师泸水旬余，异无要领。时暑，雨瘴毒侵，以从事吏卒病者十七八，予为之抚，然顾左右无足与语者。每当坐深念，夜起徙倚庭中，时仰屋窃叹，谓此万阶，谁实生之？为隐几假寐，客有入自外者，衣冠甚伟，谓予曰："君何念之深也！得非以夷起争故耶？此小丑，急则远去，若务服其心，可不血刃而集，后将为用。君正人，宜有后福，幸自爱，彼喜功首祸者，乃宜蹈阴遣耳。"予瞿然，问客从何处来，居何里，何相见之晚也，吾当就问，以尽所欲。闻客笑曰："陋隘之居，不足烦重，客也。"翩然去。予亦寤。询之，云沉黎城北里许，有武侯祠，厥灵濯濯，州人赖之。然予于侯为乡人，生不同时，而精神感召若此。乃晨起斋沐，祈谒祠下，默祷曰："信如侯教，当徙祠新之。"未三月而罢兵，于是闻之两台，为聚材庀工，专官董其役，凡在越月，报成，中为堂，前为楼，后为门，左右翼为两庑，绕以周垣。塑侯像其中，以寿亭侯关公、新亭侯张公、顺平侯赵公、关内侯黄公、都亭侯马公、大将军姜公配食。吏来请祀，予惟益州夷当后主初股，以四郡叛，武侯以相国之重，率兵五月渡泸，其劳瘁至矣；孟获，豪杰士也，纵之七擒之，至称天威，终武侯身不敢叛，则忠信之可行于蛮貊，信然乎！予尝过雅安，历盂山，逾相岭，入沉黎，欲按观卧龙公擒纵处，而遗迹无有存者，盖世变屡也。侯笑傲南阳，先主三顾，起之草庐中，不阶尺土，用能鼎足三分，声施再世，若天祚汉，不斋志途，没其所举措，岂在东西京诸勋元功后哉！而后世计量人物，许为王者之佐，其心固自，无愧已洪。惟我太祖高皇帝开天以来，于酋长颁符授秩，各统其属，治以不治，穷縻之，虽其间父子兄弟妻妾自作不靖，而以夷治夷，姑因其俗为与之较，故余二百年来，疆域晏然，良有以也。而喜功者乘之挑兵，益以多事矣。视彼武侯之擒纵，马谡之进说，又何心哉。今去侯千余年，而其英爽风烈若或见之，则其于昭之神远，若独先于生存注念之地者，而其祠宇之宏邃，庙貌之森严，使前日雍盂之遗俘苗裔，习闻其先人感德于侯如此，一旦过而见之，则岂不足以承其桀傲之习哉，予于此所谓痛定思痛，有以告后之当事者，诚之祖宗之训，不可忽而又之，武侯之神不可欺，则彼欲觊觎一时功赏，而于民命姑不暇惜者，或亦有警于斯言。[1]

一座即为新黎村这座"武侯祠"，是三座武侯祠中历史渊源最古的一座，即石棆当时曾拜谒的武侯祠。其始建年代不详，但至晚源于宋代。据民国

1 （清）曹抡彬等修，曹抡翰等纂：《乾隆雅州府志》，《中国地方志集成·四川府县志辑㊷》，巴蜀书社，1992，659页。

《汉源县志》记载："武侯祠，在五里坡下，行宫左，《四川通志》载在县北三里，宋绍兴中，郡守邵博因旧鼎新，榜曰'天威庙'，又作二室，塑唐韦皋、李德裕像，按自宋迄明，几经兴废，明上川南巡道石公櫄，因梦徙修新祠于城内。兹祠为乾隆中重建，附有康熙中威信公岳钟琪禄位。"[1]据汉源文管所所长张永承介绍，现祠大约为乾隆中期重建。祠前巨杉，耸入云霄，传说西昌邛海晴明月朗之时，尚可见巨杉倒影。

祠前巨杉

三国人物木雕塑像

1 刘裕常修，王琢等纂：《民国汉源县志》，《中国地方志集成·四川府县志辑㉕》，巴蜀书社，1992，第365页。

清溪故城

【地理位置】

地理坐标：东经 102°37′06.6″，北纬 29°34′40.1″，海拔 1617 米。

行政属地：汉源县清溪镇富民村。

位置环境：东、南、西三面临峭壁，北枕大相岭西南麓，距富民村委会北 800 米。

【保护级别】

2013 年，被国务院公布为全国重点文物保护单位。

【现状概述】

清溪故城，南北长 4 千米，东西宽 2 千米，城址呈一长方块，高踞东、南、西三面高山河谷地带之上，素有"建昌道上小潼关"之称。乾隆十年（1745）将城墙增高到二丈八尺；五十一年（1786）因地震城圮修补。同治二年（1863）增修东、北两城门垛。光绪二年（1876）、十三年（1887）各修补一次，为四城门命名：东门名"省耕"，西门名"通化"，南门名"埠财"，北门名"武安"。光绪十七年（1891）重建四门谯楼。今只有北城门洞尚存。城门洞为大型青砖砌就的卷拱门，高 4 米，宽 5 米，深 18 米，地基全部由矩形红砂石石条砌成。残垣长 2 千米，高 4 米，厚 3 米。

【历史渊源】

清溪古城旧为牦牛夷地，相传诸葛亮南征孟获，曾在此驻军，并建清溪城。当地也有诸葛亮站在城墙上与孟获打赌射箭、比赛修城墙的故事。还有补修城墙的时候，诸葛亮化身白胡子老头，置放一把锄头在北城门洞上助修城门的故事。

北城门洞

北城门洞外侧

北城门局部

城墙残垣

白马祠

地理坐标：东经102°38′9.5″，北纬29°30′23.6″，海拔1196米。

行政属地：汉源县九襄镇白挑村。

位置环境：坐西南朝东北，临公路，依山而建。

【现状概述】

建筑为1999年在白马祠原址上重修，依山就势，规模甚伟。殿中供庞统、李冰等像。庞统像上方悬匾额"南州冠冕"，像龛木框刻对联："镇蜀川、座黎白，威显佑民，福祉万代；辅汉室、殉凤坡，忠勇报国，名垂千秋。"殿中木柱刻对联："功比武侯，筹运帷幄，赢得大名垂宇宙；才佑圣帝，心注黎庶，宏恩常沛在人间。"当地村民称庞统为"白马老爷"，称殿中庞统夫人像为"白马娘娘"。白马庙香火不断，每年农历九月九，村民自发给庞统做法会祭祀，九月初七搭桥，点天灯，热闹三天三夜。

【历史渊源】

《民国汉源县志》记载："白马祠，在白碉山，祀蜀汉庞士元，香火最盛，清雍正间建，光绪间重修。"《邑人曹鸿基谒白马祠记》：

白马祠枕白碉山之半，余族世居山下枣子林，祖若父信仰斯祠，名在会籍者旧矣。余幼时逢会期，从神乘马，值上元，随父点灯两次，皆为余痘瘥起见，迨遇疑难，则求签掷卦，无不秉承亲命，虽香火不绝，冠各乡庙，几视神为一家之主，而慈光独得照护也者。数十年来远游迹疏，癸丑会一至，兹阅七稔又至，均在正月六日，久欲一幂山灵，卒未果。此次遍览堂庑厅所有碑石，尽载庙产或善士乐输，而于庙之沿起、神之显应、山之岗峦，曾不一及，触起前志，乃勉笔为之。祠肇创于清雍正间，由干沟坎移白碉山隈，重建于清光绪间，旧惟两殿，前祀忠荩大王，后祀文昌夫子，又前为歌台，与山门融为一片。今则门外缭以崇垣，正殿加石础数尺，虚神位，置长案，如官署之大堂，可异者，抱柱古泥龙崭然露头角，不稍毁损，工之巧欤？神之力也。正殿升而上桂香殿，更升而上，木材一新，规模较前尤巨，桂香殿加游廊游楼，正殿两旁四面皆屋，左起鱼池，为众办公地，炎天游

白马祠山门

白马祠主殿

白马祠大殿内景

庞统塑像

人消夏，几乐而忘归。廿年前，余从亲友流连数日，屈指死亡过半，殆不胜今昔之感。庙外环顾皆山，惟鸡冠玲珑，高浮云表，若蟠龙寺山相形最低，昔之丛林茂密亦稍衰，流沙河沙砾星星萦绕如带，间以原田芜芜，麦碧于玉，菜黄似金。庙路较前加宽，新栽树甚夥。余来时循旧路傍山而行，初步由斯道，意在登高习劳，扩张眼界，时寅麻侄从余游，回时命寻仙人洞，盖埋没土石中，不能容人，无复旧观矣。神之灵在灯与签与卦，树灯不常立，禁忌特严，有迳辄惩，由来灯之明灭，即卜运之否泰，若香熟于炉，楮焚于鼎，则终年常见其氤氲，而启毛营血，沾酒殿左右，无非求签卦而来，则决疑不爽无论矣，甚有狱讼不解求伸于神，心虚者常持卦不敢轻掷，乃知神灵而山灵因以生色耳。虽然，神虽灵，特其幽者也，方今国际战争弥宇宙，人民膏血染草率，求如神之灯郎耀而人知警，神之签与卦剖断而人莫违，则又贵显之责，而吾侪太平之望也。相传彭乡亭侯为白马将军庞靖侯，亦尝乘白马，《三国志》不载，以平南及复越西巂旧郡言之，马侯为近，而时人楹联、门额多主靖侯，要皆汉代功德在民者也，无俟钧考词费云。中华民国七年灯节后十日。[1]

1 刘裕常修，王琭等纂：《民国汉源县志》，《中国地方志集成·四川府县志辑㊺》，巴蜀书社，1992，第368页。

太保庙

地理坐标：东经102°37′34.8″，北纬29°34′17.0″，海拔1584米。

行政属地：汉源县双溪乡柴坪村1组。

位置环境：太皇山下沙河沟上庙坝。

【现状概述 】

庙甚古，原庙位于下庙坝，今太保庙肇于清道光二十一年（1841）迁移重修，坐东北朝西南，主体格局尚存。庙宇建筑曾被作为学校教室，后被村民恢复为庙宇。太保殿建于素面台基上，素面台基高2.4米，垂带踏道13级，为青石台阶，条石台沿。太保殿为单檐悬山顶穿斗式木结构建筑，面阔五间宽20.3米，进深10.5米，通高6.57米，上覆小青瓦。正殿祀有白龙将军、太保菩萨、高爷菩萨、药王菩萨、弥勒菩萨、川主菩萨、观音菩萨等，后殿祀有十二太保牌位和玉帝、王母塑像。太保殿与后殿之间空地立有光绪十九年方柱记事碑一通，对庙宇经费支出进行公示。有清咸丰三年（1853）《千斯万年》记事碑一通，记录武威庙迁建事宜，碑阴有民国四年（1915）汉源知事"永垂万古"记事文。庙宇由村民选举主持人员日常管理，每年农历正月初八点天灯祭祀，农历六月十一为太保观音会。

【历史渊源 】

《民国汉源县志》载："武威庙，俗名太保庙，在城东太皇山下沙河沟（《通志》作城内，误），庙甚古，祀汉将马忠，今庙道光四年（1824）迁移重修，宋孝宗敕封汉博阳侯马将军忠石刻碑，字剥蚀已尽。"敕封碑，今已不存。又据清咸丰千斯万年碑记载，道光二十一年（1841），迁建于道光四年（1824）的原庙遭遇水灾，庙宇乐楼全部被冲毁。当地村民择新址先后重建川主殿、观音殿、乐楼、太保殿及东西两廊。

【传说故事 】

刘国炜讲述，汉源县文管所所长张永承记录：相传，原来太保庙在下庙坝，庙里有个庙祝，姓李。李庙祝每日负责打扫庙宇，添灯油，敲钟打磬，解签，夜里还要关门护院，可以说是一个多面手。旁人问他："李先生，这么辛苦，累不累？"他说："累啥子，我每天的生活都很充实，没有浪费的，过得很舒服。"日复一日，天天如此。一天夜里，李庙祝依旧添好灯油，关好大门，提着灯笼，巡视全院一圈，回到自己屋中，躺下睡觉，不一会儿，就进入了梦乡。睡到半夜，突然听到一阵阵急促的敲门声，他连忙起身，边穿衣服边跑去开门。打开门一看，竟然是太保老爷。吓得李庙祝连忙跪下。太保老爷说："呀，不用跪了，快点，有紧急的事要请你去办。"李庙祝说："有什么事，请太保老爷吩咐，我马上去办。""后半夜沙河沟就要发大水了，你快点把我背到安全的地方，背到哪里，就在哪里重新建庙，快点，时间不多了。"说着，伸手拍了拍他的肩膀，一下子把李庙祝给惊醒了。原来做了一个梦，他还在想："沙河沟一条一

太保殿内

白龙将军、太保菩萨塑像

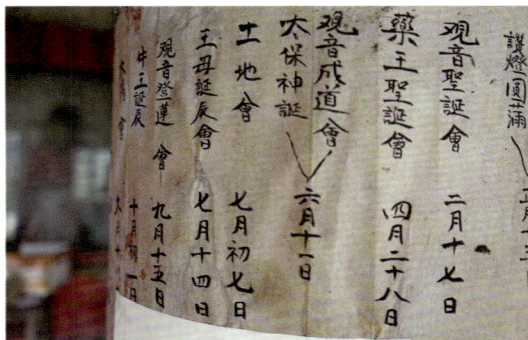

讚燈圆涌

正月十五日

觀音聖誕會　二月十九日

藥王聖誕會　四月二十八日

太保神誕

六月十一日

觀音成道會

土地會　七月初七日

王母誕庚會　七月十四日

觀音燈蓮會　九月十五日

牛王誕辰　十月初一日

庙会记日贴纸

太保殿

太保庙前殿

太保庙山门

步就能跨过去的小沟沟会有多大的水，可梦中情境又是那么真实。我天天伺候太保老爷，他老人家是不会骗我的。"想着想着，他忙爬起来，来到大殿中，用红布把太保老爷的塑像拴住，背起就跑。刚跑几步，就只听到天崩地裂一声巨响，哗啦啦的大水从山上直泻而下。沙河沟一下子就满了，排不及的水四处冲出，淹没了不少田地。李庙祝背着太保老爷一步也不敢停下，快步朝上方跑去。也不知跑了多远，累得实在不行了，就把太保老爷放下来，歇口气。等他缓过气来，才想起跑的时候急了，庙门口那个跛脚土地爷还在那里，没有背走。于是他对太保老爷说："太保老爷，你先在这里歇一歇，我回去把庙门口土地爷背来。"可当他深一脚浅一脚回到原来庙宇的时候，却什么也没有了。整个庙宇已被大水冲走了。沙河沟已被冲成一道几丈宽的深沟。后来一打听才知道原来是上头龙池水决了口，一下子发了大水，还好太保老爷托梦，救了自己。于是，他就在歇气的地方新建太保庙，但由于庙门口土地爷没有背走，所以只好把土地庙修在下庙坝。于是就形成了今天见到的太保庙与土地庙分开的格局。

光绪十九年方柱记事碑

千斯万年碑

清溪孟获城（黎州城址）

【地理位置】

地理坐标：东经102°37′55.7″，北纬29°35′20.3″，海拔1835米。

行政属地：汉源县清溪镇新黎村5组。

位置环境：背靠大相岭，清溪故城外的一块开阔台地。

内城俯瞰

【保护级别】

2011年，黎州城址被雅安市人民政府公布为市级文物保护单位。

【现状概述】

黎州故城，是清溪古城外东北方向的一处台地。城址依峭壁、临深谷、靠山腰台地而筑，分内城、外城、子城三个部分：内城呈梯形状，东西宽450米，南北长约700米。城墙残长达3400米。内城台地面积平均约40米×70米，高约1.5米。外城城址与内城城址同在一处台地上，残垣长约1000米，平均高1.5米，厚2.5米。1987年，汉源县文物普查队对该址进行初步调查，判断为唐代黎州故城遗址。

外城残垣

【历史渊源】

在清嘉庆四年（1799）版的《清溪县志》手绘地图中，清溪古城外东北一处标注了"孟获城"，也就是现在黎州故城的位置。当地百姓传说，诸葛亮与孟获曾分别站在清溪和黎州城墙上射箭打赌。

芦山县

姜城遗址

【地理位置】

地理坐标：东经 102°55′18.54″，北纬 30°9′1.43″，海拔 678 米。

行政属地：芦山县芦阳镇。

位置环境：残存的北城墙位于姜城广场内，临平襄楼和姜公庙，残存的南城墙位于广场街对面的芦阳中学操场。两段城墙均被纳入当地政府打造的旅游项目"汉姜古城"的游览范围。

【保护级别】

2011 年，芦阳城遗址（芦阳城、姜城）被雅安市人民政府公布为市级文物保护单位。

【现状概述】

位于芦山河、清源河合流之间的台地上，即今县城下南街。东临芦山河，南靠二水合流河岸，西倚西川河，北连今县城。原北面城墙土埂横断南街通道，其上曾有清康熙五年（1666）知县张启鼎修建、道光十年（1830）知县段荣恩重建之姜城楼，1958 年拓宽街道时拆毁。

姜城南北长约 400 米，东西宽约 500 米，面积为 0.2 平方千米。城址分内城和外城。南、北城墙均只存残段，南城墙（内城墙）在现芦山中学内，为土埂，东西走向，残长 60 米，宽 2 米，高 1.8 米。北城墙（外城墙）在现姜公庙后，为红砂条石垒砌而成，东西走向，残长 40 米，宽 4 米，高 3 米。

遗址内出土了不少汉代前后的实物资料。1981 年修下水道时，在城址内曾出土多件汉代云纹瓦当、角形把陶釜、绳纹瓦残片、铜箭镞及熔铜块等。1984 年前后出土有秦半两钱 89 枚、战国印章 10 余枚及"永元八年六月都尉府造"汉砖等多种器物。在古城址内还发现有东汉蜀郡属国都尉"杨君之铭"碑首及地面遗存石狮二具。2000 年 6 月旧城改造时，姜公庙后延伸至南街约 10 米的土城墙被拆毁，在古城墙内发现了汉城门、石兽及古城街道遗址。[1] 在现场，城墙覆土上仍然可见汉代瓦砾碎片。

【历史渊源】

姜城，传为姜维为屯兵所建，故名。《乾隆雅州府志》载："旧土城，在龙门、清源二水之间，蜀汉姜维建，周围二里，世名姜城。明正德中，典史汪浩署县事，欲复大渡旧城，而形势不便，乃就姜维城，拓之建石城。周围五里外环以濠土，包金井之阁，下连姜城之麓，东临龙门河，西北倚清源河，前文峰捶天，后来龙七里，左望罗城之朝瀑，右瞻佛图之夜灯。"[2]

---

1 据雅安市博物馆提供文保资料。

2 （清）曹抡彬等修，曹抡翰等纂：《乾隆雅州府志》，《中国地方志集成·四川府县志辑⑥③》，巴蜀书社，1992，第 372 页。

汉姜古城景区城楼

北城墙遗迹

南城墙残迹覆土

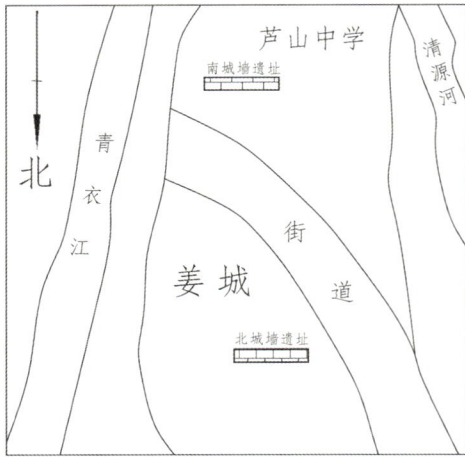

姜城遗址区位图

汉代石础

姜城遗址航拍

《民国芦山县志》载:"姜城,在县城南门内外,即龙门、清源二水汇流之间,遗迹犹存,大致自姜城坎起,至南门外公园后坎止,皆是世传蜀汉大将军平襄侯姜维曾建土城于此,以御羌氏,故名。"[1]又载:"旧芦山县土城,在龙门、清源二水之间,相传蜀汉姜维建,周围二里,世名姜城。"明正德中,典史汪浩就姜城拓建为芦山县城。[2]

"姜城夜月"曾经为芦山县八景之一。

胡联云《姜城夜月诗》:"片石何年追逐成,宛如半月地中生。相传鬼魄同弦望,自有蟾光共晦明。酒醉欲寻吹管客,诗狂相忆撞钟声。姜侯义胆同秋月,千载能忘想象情。"

竹全仁《姜城夜月诗》:"姜城夜月吊忠良,一片赤心映月光。精白逢秋神更爽,清明遇夜魄流芳。九征为国分圆缺,一计酬君洗晦亡。岁岁金风丹桂绽,不知是德是花香。"

李一本《姜城夜月诗》:"蠡岭周围月上迟,漏声皎皎玉孤碑。度林竹影玲珑见,窥砌花阴琐碎移。光浸楼台连雪涌,香零宵汉任风吹。遥看老桂婆娑在,待我高攀最上枝。"[3]

王心广《姜城夜月诗》:"皎皎水轮不染泥,厌从山出与云齐。姜城垣内精光现,伯约祠前皓魄栖。玉兔无端降地角,仙娥何事摘天梯。总由斗胆冲宵汉,明月飞来直代犀。"

张斐《姜城夜月诗》:"云端捧出烂盈盘,古桂香中老影寒。午夜清光千里共,姜城入倚画楼看。"[4]

1 宋琅、张宗翔修,刘天倪等撰:《民国芦山县志》,《中国地方志集成·四川府县志辑㉔》,巴蜀书社,1992,第129页。

2 (清)曹抡彬等修,曹抡翰等纂:《乾隆雅州府志》,《中国地方志集成·四川府县志辑㉓》,巴蜀书社,1992,第137页。

3 宋琅、张宗翔修,刘天倪等撰:《民国芦山县志》,《中国地方志集成·四川府县志辑㉔》,巴蜀书社,1992,第129页。

4 宋琅、张宗翔修,刘天倪等撰:《民国芦山县志》,《中国地方志集成·四川府县志辑㉔》,巴蜀书社,1992,第130页。

姜侯祠牌坊

【地理位置】

地理坐标：东经102°55′20.2″，北纬30°9′6.6″，海拔673米。

行政属地：芦山县芦阳镇。

位置环境：位于芦阳镇城南姜城遗址西门，汉姜侯祠公园门前，是国保单位平襄楼建筑群的组成部分，也属于旅游项目"汉姜古城"的游览范围。

【保护级别】

2006年，平襄楼建筑群被国务院公布为全国重点文物保护单位。

【现状概述】

姜侯祠牌坊坐东向西，为四柱三门三楼木结构建筑，重檐门楼式木坊，庑殿顶。占地面积25平方米，楼面原铺小青瓦，维护后改为筒瓦。翼角起翘，坊间作斗拱状承接，三间用四柱，宽8.34米，高5.8米，前后出檐各1.5米。柱前后各有抱鼓石。坊全身施彩绘，有人物、花鸟、龙凤纹饰，四柱前后用抱鼓石，柱基为长方形石座。通体彩绘，雀替作花鸟镂雕装饰。正面刻"汉姜侯祠"四字，背面刻"万古忠良"四字，梁上用毛笔墨写有"明嘉靖三十四年"七字。

【历史渊源】

姜侯祠牌坊由时任县令羊亨建于明嘉靖三十四年（1555）。

据《民国芦山县志》载，"汉平襄侯姜公祠牌坊"，在治内城东南隅姜侯祠，明嘉靖三十五年丙辰（1556），邑令羊亨建立平襄侯牌坊，有碑记。

明嘉靖三十五年丙辰邑令羊亨《汉平襄侯牌坊碑记》："平襄侯牌坊之立既竣，邑民程琥等请太学生思庵王子书，以纪其岁月，思庵固辞，因以强余。夫姜侯在汉封平襄侯，在唐封开明王，其事功载在史志者，固不必论，其开拓疆宇，镇抚西南，绥缉民夷，显著兹方者，不容泯也。邑民感而思焉，敬而祀焉。祠宇之前立□□□□之。盖自嘉靖乙卯之四月告成，其用木植以百计，陶瓦无虑百千，工匠之资费四十金。当其事者，邑民周文秀、李成阳、杨应敖、杨芃；助之成者，张金生、罗文彬、王甫、程祥；守其祠者，琥也。祠在芦邑城内东南隅，君子过是邑，拜瞻是祠，因足以见有功于一方者之比获报，尤足以征芦民之敦义云。"[1]

羊亨，江西省抚州府金溪县人，明末任四川省芦山县县令。崇祯年间，羊亨为延安县衙役。张献忠起兵四川时，羊亨被困，在大堂自刎。

1 宋琅、张宗翔修，刘天倪等撰：《民国芦山县志》，《中国地方志集成·四川府县志辑㉔》，巴蜀书社，1992，第138页。

姜侯祠牌坊

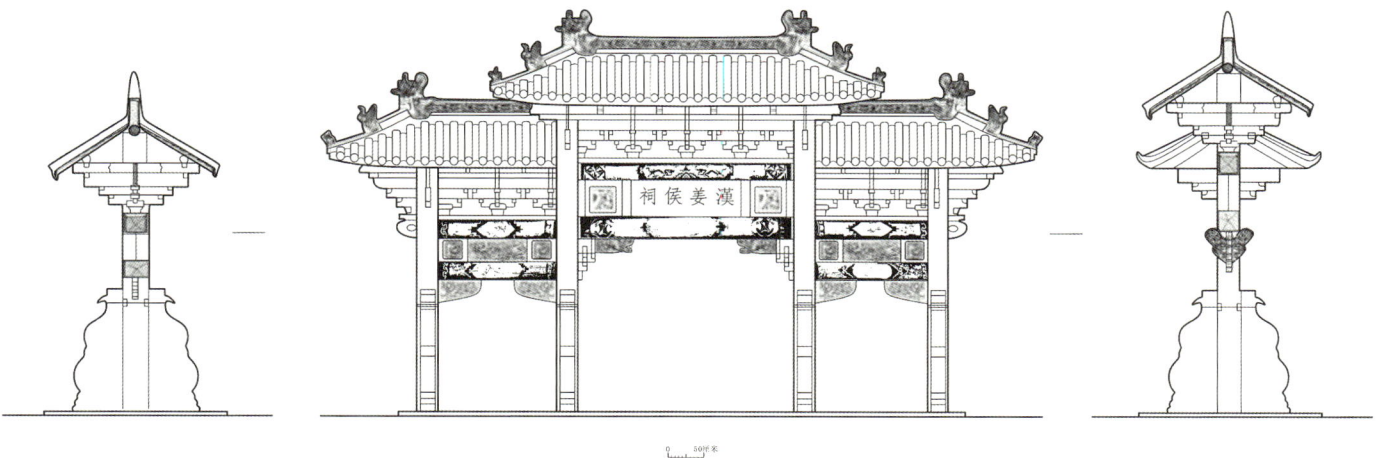

汉姜侯祠

姜侯祠牌坊

姜侯祠牌坊建筑细节

姜侯祠牌坊局部

姜公庙大殿

【地理位置】

地理坐标：东经102°55′20.5″，北纬30°9′08.2″，海拔673米。

行政属地：芦山县芦阳镇。

位置环境：位于芦阳镇城南汉姜侯祠公园内，平襄楼后约10米，与平襄楼在同一中轴线，坐北朝南。属于旅游项目"汉姜古城"的游览范围。

【保护级别】

2006年，平襄楼建筑群被国务院公布为全国重点文物保护单位。

【现状概述】

单檐歇山顶抬梁木结构，正脊泥型花纹，脊中塑三重宝鼎，屋面平缓，四周用柱17根，柱高4米，直径0.35米，殿内施井柱6根（应为8根，中心减柱2根)，柱高5.5米，直径0.5米，中心跨度12米，穿斗梁架。素面台基0.7米，附阶宽1.3米，素面台阶宽2.4米，共三步，素面垂带长1.5米。十六架椽屋六椽栿对前乳栿用五柱。全高9米，面阔三间12米，进深14.2米，占地面积245.3平方米。素面台基高0.7米，前檐面有垂带踏道。原殿内有木刻贴金姜维坐像，高约2.5米，毁于20世纪60年代，一层有1993年由芦山县博物馆倡议集资重塑的红砂石刻姜维坐像。

北

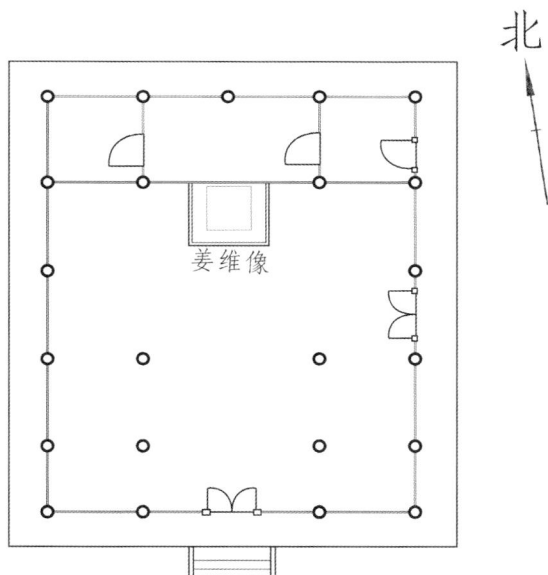

姜公庙大殿

【历史渊源】

姜公庙大殿可考始建于明嘉靖二十九年（1550），重建于南明永历四年（清顺治七年，1650）。《民国芦山县志》载："姜公祠，在治内城东南隅，昔邑人为蜀汉大将军平襄侯姜公维立，内有平襄楼，相传建自北宋，然无稽考。明嘉靖二十九年庚戌邑令嵩明周崍《祭汉丞相平襄侯姜公》文，刻石祠内，三十五年丙辰，邑令羊亨建立平襄侯牌坊，有碑记。永历四年庚寅，知芦山县事严陵倪象萃、镇芦都督府都督佥事杨先志等重修，钦差四川军驿团田水利道按察司佥事白为衮有碑记。"

明嘉靖二十九年庚戌邑令嵩明周崍《祭汉丞相平襄侯姜公》：

> 于惟我公，山岳葱茏，三军咸重，万古英雄。三国人才，称为独盛，公于其间，尤为著姓。智勇胆略，孔明见取，制胜出奇，莫与为伍。元戎不存，典型犹在，柄用弛张，望隆中外。生罪强魏，安恬弱蜀，眼底无人，胸中有物。警国肆论，救世畴能，丹忠素志，白璧青蝇。黄皓丛蠹，主上致疑，沓中屯田，就里鸱夷。天之所废，时难支搰，魏兵犯顺，蜀势云蹙。载起我公，用于久废，矢心孤忠，略无怨怼。据险为阻，剑崔阁嵬，蜀虎当关，魏魄其褫。阴平失守，邓艾入深，西川瓦解，后主舆陈。手诏论降，非战之罪，无主奈何，有怀不寐。士季礼遇，伯约佯和，以魏攻魏，钟邓交诃。邓收槛车，钟亦机肉，西来将士，一股虔戮。天若祚汉，何有于魏，大事已去，神谋莫遂。将军先殒，炎烬尽灰，精忠贯日，正气奔雷。成败英雄，是非一线，不死真心，百世犹见。公之为汉，良工独苦，万代纲常，孰日无补。名遍天下，灵独聚芦，神岂无谓，保障边隅。生为忠臣，死为正神，乾坤不老，天地长春。流芳无涯，护国有永，虽死犹生，未为不幸。汉季迄今，无虑千载，正直聪明，福民真宰。能御大灾，能捍大患，有感即通，无隐弗见。屠尹治日，强暴吞噬，神坛至公，当尝厌之。诱启屠衷，极力反正，曩征神襄，讵能取胜。助屠成名，为民除害，静言思之，神功居大。末职小子，久仰英风，举命来官，技乏雕虫。恐辱君命，于神阴祈，思起行翼，于我阳垂。凡百所为，神功是倩，以慰生民，以答休命。昔不靳屠，今岂遗我，因民庇人，无方神荷。崍方履任，展殷勤生，生刍醴酒，有惭芬芳。幽明用通，借之薄奠，鉴此悃忱，无然歆荐。[1]

---

1 宋琪、张宗翙修，刘天倪等撰：《民国芦山县志》，《中国地方志集成·四川府县志辑㉔》，巴蜀书社，1992，第142页。

姜公庙大殿正面

姜公庙（中国营造学社摄于 1939 年）

姜公庙大殿侧面

姜公庙大殿内景

永历四年（1650）庚寅，钦差四川军驿屯田水利道按察司佥事白为衮《重修汉丞相平襄侯姜公祠碑记》：

> 天鉴蜀汉，藉撑姜侯，惟侯成仁，灵以庙貌。此递来诸君□□吊志节，而纪芦血食之迄于今，赫赫如生，□古烈也。衮以梓人氏，备厕大明中兴宪命之班，一日至芦，晤都镇杨公便询姜祠诣谒，盖公与予蜀肺腑，谊即忆髫阅汉传，共愤姜侯□胆，不禁□太息者尚在耳，何幸兹邑互逢，想见当年，震叠所造，凛其座上夺人，四壁改面，尽祠中之楼宇庑垣，而色色鼎新，讵非一方华夷凭式也哉。就时握手杨公代致民颂，必谓都督君其饬神威，以固吾围也，快矣。乃杨公曰：不然，志生长世胄家，勉效弓马，羞对戎贤，独胡以命守芦土，而梦侯语，对顿兆于三日至芦之夕，其知我耶？抑教我耶？盥起旦而拜，拜而祝，聊布茸理，遑以云媚，衮用是扪膺愕然，异矣哉。姜侯、杨公，明以窈寐交感也，綦非偶矣。姜侯功在蜀汉，将相名垂，杨公勋勒边疆，经纬望著，第侯生于千百世之上，公生于千百世之下，意者世虽与世迥，而业仍其业，承顾姜侯志崇祀，隆则杨公之灵爽，尊姜侯之保障永固，则杨公之干济不朽。昔所谓孤为之前，而美自彰别为之后，而盛益传其在斯也，歆其在斯也，歆□自今公有一德族怀者，惟侯是晴，公有一咸足畏者，惟侯是冀，此固侯之所以庥护，公之所以靖□，亦衮之所以，至祷侯而深最公者矣。噫嘻！照乘之珠附赤阳而光并耀然，则今日者修祠事竣，强我以言不几作，衮附光之缘，适如杨公之与姜侯耶？冯唐虽感，渭父尤雅，衮亦血性人，敢叩姜侯谢不文焉，而□为记。[1]

《乾隆雅州府志》载："姜伯约祠前有天狗食月石，形似伯约中秋遇害，邓艾、钟会二狗之食月也，其石，月恒有夜光。相传灭金攻屠侯夜，见有二白犬舔其缶，咬其弦，通营皆见，如痴如迷，无敢发声者，次日军病弦断败北，皆言姜侯之灵。"[2]

1 宋琅、张宗翔修，刘天倪等撰：《民国芦山县志》，《中国地方志集成·四川府县志辑⑭》，巴蜀书社，1992，第143页。

2 （清）曹抡彬等修，曹抡翰等纂：《乾隆雅州府志》，《中国地方志集成·四川府县志辑⑬》，巴蜀书社，1992，第368页。

平襄楼

地理坐标：东经102°55′20.5″，北纬30°9′08.2″，海拔673.6米。

行政属地：芦山县芦阳镇。

位置环境：位于芦阳镇城南汉姜侯祠公园内，与戏台（后来迁入）、姜公庙在同一轴线，属于旅游项目"汉姜古城"的游览范围。

【保护级别】

2006年，平襄楼建筑群被被国务院公布为全国重点文物保护单位。

【现状概述】

平襄楼为三重檐歇山顶木结构建筑。面阔五间宽14.1米，进深10米，通高14米，明间宽6.1米，次间和补间各宽2米。楼四周由18根大柱支撑，檐柱和角柱有侧角，檐柱直径0.37米，内有8根大柱通顶，高7.7米。通高14米，上下施斗拱38朵，五铺作，正背面补间铺作各2朵，斗拱为柱高的四分之一，泥道拱长于令拱。素面台基，长12.8米，宽16.8米，正面露高0.2米，垂带踏道2级。历代有维修，至今仍雄伟坚实。

现一层正中悬有明隆庆戊辰年（1568）"万古英灵"牌匾，另有乾隆四十五年（1780）《祠内置田碑记》、嘉靖丙辰年（1556）《汉平襄侯祠牌坊记》、永历四年（1650）《重修汉丞相平襄侯姜公祠记》等明清碑刻五通。二层中间置有嘉庆戊辰年（1808）木龛，龛内泥塑诸葛亮、张苞、关兴像。龛座高100厘米，龛高210厘米，龛宽190厘米，诸葛亮像高124厘米，张苞像高90厘米，关兴像高89厘米。龛两侧有二未知人像，其一（疑为蒋琬）高152厘米，另一残高100厘米。木龛上方西侧彩绘扇面，并书有大概根据杜甫《古柏行》改编的诗句："霜皮溜雨三千尺，黛色参天四十围。"东侧彩绘扇面，并书楹联："义胆忠肝六出以来二表；托孤寄命三代而下一人。"正面两侧有壁画，西侧壁画较完好，分为上、中、下三层，主尊为碧霞元君；东侧共两幅壁画，墙上一幅与西侧壁画对应，宽155厘米，高201厘米，主尊似是与西侧主尊相对应的东岳大帝，龛侧窗下一幅，宽162厘米，高81.5厘米。

【历史渊源】

平襄楼坐北朝南，为纪念三国蜀汉大将军、平襄侯姜维而建造，始建于北宋，历代培修。从北宋到清代，此处的建筑在不断增加。到明代时，以平襄楼为中心，逐渐增建牌坊、仪门和姜公庙大殿，平襄楼成为专门祭祀姜维的享殿，整体形成汉姜侯祠的格局。延续到清代时，楼内成为祭祀姜维的娱神演出傩戏庆坛的总坛所在，楼名亦逐渐演变为"姜庆楼"，1986年，经文物主管部门同意更名为"平襄楼"。

《民国芦山县志》载："每年八月十五日，世传为姜侯伯约尽节之日，全城高搭彩楼四十八座，并奏鼓乐，声震通城，纪念姜侯。按此习俗，惟清代初叶盛行，自经洪杨之役已不复有矣。宋钦宗大观年，邑进士杨嗅《彩

平襄楼

汉平襄侯祠牌坊碑

平襄楼（中国营造学社摄于 1939 年）

平襄楼一层内景

平襄楼一层（中国营造学社旧照）

平襄楼正立面

楼诗》:'边城重节义，高耸树珊瑚。彩色凌霄汉，鼓声震寰区。无尘新夏鼎，有脚旧麟图。恍若天梯近，扶观塞道途。'"

明正德李必钦《请建屠侯祠碑记》:"屠侯讳峦，云南洱海人。以孝廉来知芦事，适天全二土司猖獗，蹂躏芦民，守土兵戎。竹公讳凤，奉调随征远东。芦民惶惶无倚。侯义勇性生，文事武备兼治，擒捕廓清。爱子死于难，侯亦卒于官。迄今数年间，县司界定，无敢摇荡我边宇，侯之功也。奈受铨选者，闻芦多事，枕卧京师者，三人临幸。县尉汪公，讳浩，捧檄治县事，将大渡县南迁附姜城，广其墣。而姜城县署，侯父子靖难尽节之所，通县父老泣籲当路，奏请以为侯祠，特旨俞允。沅陵欧公适下车，谋以大方伯张公斐，配享同一，天挺人豪，国而忘家，相对血食，

洵乎无愧。仲秋望之前二日，为侯岳降之期，与平襄姜丞相尽节之日相近，芦民吊姜丞相即为祝侯之会。西魏封姜侯开明王，旧有彩楼四十八座，壮其品之高、节之坚，为姜丞相设，也即为屠侯设也。静智释子广杰，出田五斗以为侯焚献之需，从此望庙貌而思侯之功，犹想见灵爽于断云落日之表，在礼之以死，勤事以劳，定国御大灾，捍大患者祀之，吾知斯祠之历千古而如新矣，是为记。"[1]

传说每年农历八月十五日中秋节是姜维的殉难日，芦山城中会搭建48座彩楼，举办纪念姜维的"八月彩楼"活动，壮姜维品之高、节之坚。地方长官主持祭祀后，登上平襄楼观礼。48座彩楼既演出节目，又互相比赛，观者云涌。习俗历代延续，直到太平天国时期才停止。

1 宋琅、张宗翔修，刘天倪等撰:《民国芦山县志》，《中国地方志集成·四川府县志辑⑥》，巴蜀书社，1992，第144页。

平襄楼二层神龛

平襄楼二层西侧壁画

平襄楼二层东侧壁画

芦山武庙大殿

【地理位置】

地理坐标：东经102° 55′ 07.5″，北纬30° 8′ 21.0″，海拔786.9米。

行政属地：芦山县芦阳镇。

位置环境：位于佛图山佛图寺公园，寺庙殿宇依山错落。

【保护级别】

2007年，芦山佛图寺被四川省人民政府公布为省级文物保护单位。

【现状概述】

武庙大殿坐南朝北，前距山门约30米。面阔五间20.55米，进深五间12米，高9米。建筑形式为悬山式建筑，建筑结构明间为抬梁式梁架，山面为穿斗式梁架，屋顶施13檩，屋面原为素筒瓦，现为小青瓦。大殿后的祖师殿为明宣德年间广佛寺觉皇殿迁建，最后一层的圆通殿为元至正年间白塔寺大殿迁建。大殿与其他迁建寺庙建筑共同形成了具有元、明、清建筑脉络格局的佛图寺建筑群。

【历史渊源】

据《民国芦山县志》，芦山武庙"旧在城南门外"，始建年代不可考，明嘉靖甲午年间（1534）移建于城内，清嘉庆二十五年（1820）有维修，"举人王之宾故宅改建为关帝祠正殿五楹，中祀忠义神武灵佑仁勇威显护国保民精诚绥靖翊赞宣德关圣帝君位，后殿祀关帝三代，曾祖光昭王，祖裕昌王，父成忠王，清

嘉庆二十五年庚辰邑令杨所宪培修头门有碑记，民国初改称关岳庙，正殿中位左祀关壮缪侯，右祀岳忠武王"[1]。20世纪60年代关羽像被毁，20世纪80年代整体迁建于佛图山，成为佛图寺的大雄宝殿。

清嘉庆二十五年庚辰邑令杨所宪《培修关帝庙头门碑记》：

壮缪侯庙貌遍天下，自都邑郡国达于穷乡僻壤罔不祀，祀罔不肃。其忠义之志，正大之气，结于人心而留于世宙者，愈久而愈著，愈远而愈不可没。凡有干正之人怀邪而悖公义者，无敢至侯之庭，神道设教，惟侯之功为尤巨。至于蜀惠陵之所都，揆侯之心，惟惠陵是依，则其灵于蜀尤宜显。芦虽僻在蜀之一隅，然平襄侯之殁，或葬其胆于芦之金井阁，芦固汉之义民也，故平襄必益敬壮缪，则芦之事侯也宜尤虔，况申之以功令之严，重之以加封之典，朔望之所趋跄，春秋之所享祀，典礼关焉，观瞻系焉，则所以安神灵而崇体制者，尤不可以不称芦人之庙侯也，殿宇巍峨，而门头阙如，非所以重祀典而肃观瞻也。丁亥春二月，祀事既修，进诸生而告之曰："事神与事人，一也，几见有崇其宫室而不壮其闬闳者，余将率尔士民，以迓前人之功。"诸生以为宜，鸠于众，得钱三百，乃召匠民而庀材焉。为门巍然，

1 宋琳、张宗翔修，刘天倪等撰：《民国芦山县志》，《中国地方志集成·四川府县志辑⑥④》，巴蜀书社，1992，第141页。

芦山武庙大殿正面

芦山武庙大殿背面

芦山武庙大殿内部

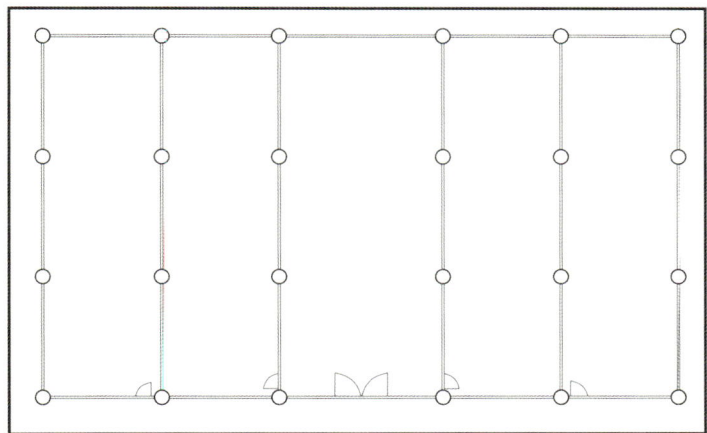

北

芦山武庙大殿平面图

左右翼然，如屏斯树，如翚斯飞，匪媚于神，用相我民，继自今，其各敬乃身，洗乃心，修尔奕常，神式临之；洁尔牲礼，神式歆之；夔夔斋慄，以迓神庥，岂惟吾民之幸焉？不然者，方辟邪侈，即于惛滔，神其吐之矣。雕瓦画栋，奚益哉？工既竣，爰述设教之义，敬勒诸石，以告芦之人。

樊敏阙及石刻

【地理位置】

地理坐标：东经102°55′35.8″，北纬30°7′41.7″，海拔663米。

行政属地：芦山县芦阳镇黎明村余坎组。

位置环境：南距S210线10米。

【保护级别】

1988年，被国务院公布为全国重点文物保护单位。

【现状概述】

现存东阙、碑、石兽三具，兽胚一具，石龟一具及西阙基座残件。东阙保存相对完整，有维修痕迹。整个区域新建了东汉石刻馆，将包括樊敏阙碑在内的20多组汉代石刻进行野外展示性陈列保护。

樊敏阙为有扶壁式双阙，现存东阙为子母阙，母阙全高5.92米，宽0.92米，子阙全高3.64米，石质为红砂石，造型雄浑，刻画生动，展现了汉代高超的石刻工艺。斗拱层浮雕反映了古哀牢夷"龙生十子"的神话故事，四角刻有力士举双臂托负，耳阙斗拱层正中尚存有西王母骑龙座图案。

樊敏碑高2.93米，宽1.2米，厚0.28米，碑额为圭首形，碑身下丰上削，嵌峙于巨石龟背上。上端圭首浮雕为双螭交曲环拱形，上碑额镌刻"汉故领校巴郡太守樊府君碑"，双行立排12字，碑身正面碑文558个字，22行，八分隶书，除记叙了樊敏家族源流、东汉动乱情况和四川地方史事外，还记录了樊敏与古代少数民族青衣羌的关系。

【历史渊源】

樊敏，字升达，东汉末年曾任南中地区永昌郡长史，迁宕渠县令，任职三年，母亲去世，返回芦山。后被益州行政长官刘焉、刘璋父子表授为巴郡太守。樊敏阙及石刻建于东汉建安十年（205），正是三国时期的酝酿阶段。樊敏阙是樊敏墓园的地上建筑，墓冢尚未发现，仅在县志中有如下记载："汉故领校巴郡太守樊府君墓，在治南五里石马坝樊敏碑附近，有二似石虎，又称石马，一似石羊，均陷田塍间。其石羊后土台为一稻田密穰之大平原，后倚汪家庵浅山山麓，有人户，其侧平台地。相传清道光间邑令余翼荶任过此，隐见其处旗幡森立，就之无所见，卜为樊君宅兆云。尝考其地距樊碑约一箭之遥，形式颇合，昔者或经余公考察判为樊墓所在，曾予封识致祭，土人遂讹传神说耳。"[1]

《文物》1963年第11期载曹丹所撰《芦山县汉樊敏阙清理复原》一文，对樊敏阙有如下论述："樊敏阙为有扶壁式的双阙，建于汉献帝建安十年（205），南北向。它的布局是正中的樊敏碑，碑前左右斜出5米许地方各有1阙，为左阙和右阙，阙前的二石兽，一为天禄，一为辟邪，惜石兽早已倒在稻田中，位置亦

1 宋琅、张宗翱修，刘天倪等撰：《民国芦山县志》，《中国地方志集成·四川府县志辑⑭》，巴蜀书社，1992，第134页。

樊敏阙东阙

樊敏碑亭

樊敏阙局部石刻

樊敏阙局部

樊敏碑

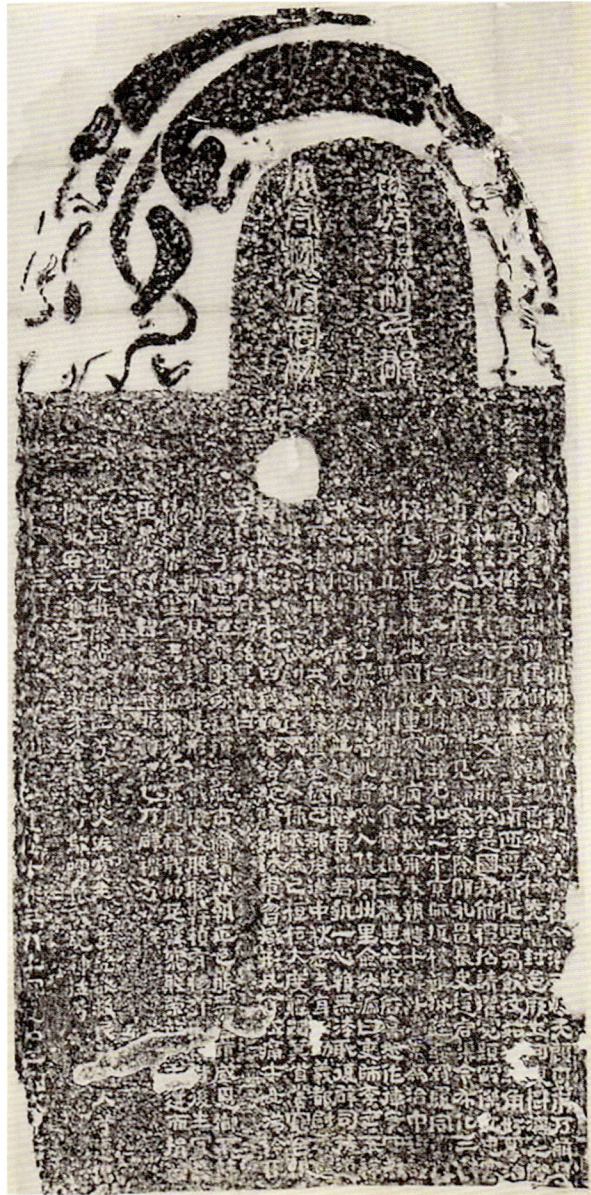

樊敏碑拓片

樊敏墓葬石兽

为后人所移动，但保存尚属完整。"[1]

《民国芦山县志》记载，樊敏碑"在治南五里田间官道侧，汉建安十年建碑，高七市尺半，广三市尺半，上方微削，圆顶圭首，作二螭龙首向右抵于碑肩，与雅安姚桥高君颂碑略似，螭拱如虹，其下镌'汉故领校巴郡太守樊府君碑'十二字，双行，行六字"。

《樊敏碑》碑文见于《金石录》《隶释》《金石苑》等，各版本之间有差异，现引雅安市博物馆整理的碑文如下：

君讳敏，字升达。肇祖伏牺，遗苗后稷，为尧种树，舍潜于岐。
天顾宣甫，乃萌昌发。周室衰微，霸伯匡弼，晋为汉魏，鲁分为杨。
充曜封邑，厥土河东。楚汉之际，或居于楚，或集于梁。君赞其绪，
华南西疆。滨近圣禹，饮汶茹汸。总角好学，治《春秋》严氏经。
贯究道度，无文不睹。于是国君备礼招请，濯冕题刚，杰立忠謇。
有夷史之直，卓伏之风。乡党见归，察孝除郎、永昌长史，迁宕渠令。
布化三载，遭离母忧。五五断仁，大将军辟。光和之末，京师扰攘，
雄狐绥绥，冠履同囊。投核长驱，毕志枕丘。国复重察，辞病不就。
再奉朝聘，十辟外台，常为治中诸部从事。举直错柱，谭思旧制。
弹饕纠贪，务除民秽。患苦政俗，喜怒作律。按罪杀人，不顾猖獗。
告子嘱孙，厌若此者，不入墓门。州里金然，号曰吏师。季世不祥，
米巫凶虐。续蠢青羌，奸狡并起，陷附者众。君执一心，赖无污耻，
复辟司徒，道隔不往。牧伯刘公，二世钦重，表授巴郡。后汉中，
秋老乞身，以助义都尉，养疾闾里，又行褒义校尉。君仕不为人，
禄不为己，桓桓大度，体蹈其首。当穷台绲，松桥协轨。八十有四，
岁在汁洽。纪念期臻，奄忽藏形。凡百咸痛，士女涕泠。臣子褒述，
刊石勒铭。其辞曰：
於戏与考，经德炳明。劳谦损益，耽古俭清。立朝正色，能无挠倾。
恩威御下，持满亿盈。所历见慕，遗歌景行。书载俊艾，股肱干桢。
有物有则，楷模后生。宜参鼎铉，嵇建皇灵。王路阪险，鬼方不庭。
恒戢节足，轻宠贱荣。故敕天选，而捐陪臣。晏婴邴殿，留侯拒齐。
非辞福也，乃避祸兮。
乱曰：浑元垂象，岳渎浚仁兮。金精火佐，实生贤兮。岂欲救民，
德弥大兮。遭偶阳九，百六会兮。当举遐年，今遂逝兮。呜呼哀哉，
魂神泄兮。
建安十年三月上旬，造石工刘盛息懆书。[2]

1 曹丹：《芦山县汉樊敏阙清理复原》，《文物》，1963，第11期。
2 李炳中主编：《汉艺精华雅安汉代石刻精品》，巴蜀书社，第21页。

樊敏碑碑阴上段镌刻了北宋芦山县令丘常的书跋："书雅州卢山樊侯碑阴。世传魏《受禅碑》为绝出，而此碑乃建安十年所立，又在黄初之前。虽暴露中野，而字法醇古，其文尚可读，岂非所寓僻远，而无人知欤？然而千余年间，霖雨之所浸，威阳之所暴，有兽已倒，有阙已摧，而此碑将仆，甚可悯也，余因扶其既倒，植其将仆，又为屋以庇之，庶几永其传也。崇宁壬午三月既望，承议郎知县事眉山丘常题。"

可见公元1102年丘常在荒野中发现樊敏碑阙及石刻时，西阙已损毁，石兽已倒，唯碑虽然倾斜将倒，但文字尚清晰。

碑阴下段的书跋，记叙了公元1159年南宋芦山县令程勤懋发现并扶植樊敏碑的经过："皇上励精更化，以扬祖宗之大烈，属当西京，父老流涕太息，思欲复见汉官威仪之时，而仆仕于芦山，天下最远处，得建安十年巴郡太守故碑于荒山榛莽间，亟作大屋覆其上，表而出之，目其颜曰复见，是为圣天子恢复中原之兆，观者宜有取焉。呜呼，碑阴所记崇宁壬午，距今五十八年，而令斯邑者，皆吾乡人，扶倒植仆相似然。岂物之废兴固有数耶？绍兴己卯秋九月，眉山程勤懋传书。"

《民国芦山县志》对樊敏墓前石兽也有记载："在治南五里石马坝田中，汉樊敏墓碑之前，二似石虎，均陷田塍间，或露首背，或露全躯，形制、雕镂与雅安姚桥汉高颐阙前石兽相类，一似石羊，较虎为小，毛卷曲无角，土人误呼为'石狮子'，又曰'石马'，亦呼二石虎为马，故此田坝一名'石马坝'云。"

石龟

石兽

石刻陈列馆内石兽

姜维墓

地理坐标：东经102°55′44.8″，北纬30°9′44.8″，海拔757米。

行政属地：芦山县芦阳镇东风村。

位置环境：位于县城东北龙尾山顶，坐北向南，东北300米处为金井阁山顶。

【保护级别】

2007年，被四川省人民政府公布为省级文物保护单位。

【现状概述】

姜维墓占地面积约60平方米，为圆形条石墓，直径8米，高2米。有碑两通，其中道光十五年（1835）圆顶长方碑，宽0.78米，高1.48米，上刻"汉大将军姜侯伯约之墓，知县吴占魁立"；另一道碑为道光十六年（1836）所刻，为削肩形长方碑，宽1.32米，高2.7米，上刻"汉大将军平襄侯姜讳维墓，知县段荣恩立"。明代即有此墓，世传该墓为姜维之胆归葬之地。当地文物部门修建了围墙及碑亭的建筑，对墓园进行保护。如今墓园人迹罕至，去往墓园的山路、石梯荒草蔓延，园内树木参天，景色凄凉。

【历史渊源】

据《三国志》记载，蜀汉后主炎兴元年（263），后主刘禅请降邓艾，姜维诈降钟会，并联合钟会讨司马氏，为魏军所杀，其妻室、儿女也被处死。《三国志》裴松之注引《世语》云："维死时，见剖，胆如斗大。"芦山当地传说，姜维殉难，魏将卫瓘将姜维剖腹分尸示众，意为蜀胆已破。姜维部下卫贯抢回姜维之胆，带回汉嘉郡，在龙尾山上筑起一座圆形大冢安葬，历代在此建祠立碑祭祀，此冢又称"胆墓"。

《民国芦山县志》载："蜀汉大将军平襄侯姜公讳维墓，在治内城之东北龙尾山顶金井阁。清康熙四十六年丁亥（1707），邑令张绪奉四川抚军熊公命，立有石碑，今圮。按，芦山城之东北龙尾山金井阁阁前巨墓，有道光十六年（1836）知县段荣恩所立碑，署曰'汉大将军平襄侯姜公讳维墓'，并节录其题字，谨按姜侯志存汉室，功在全川，灵异昭垂，芦阳尤著。又龙尾山祠墓所在，神凭式之，春秋以少牢祀之，旧矣。又旧表在康熙丁亥年，县令张公绪奉抚军熊立石标之，今圮矣，为树华表而甃之，亦守土之职也云云。相传此为姜维胆墓，忆《三国志》维传，为北来将士所杀，剖其腹，胆大如斗，当时成都大乱，维为乱兵所害，被害后尚扰乱十数日乃定，则维尸应无葬所，何况其胆？或曰衣冠冢较近理。维传遂未言其曾至汉嘉，但已述其明晓边事，熟悉羌情，其时天芦宝一带多有羌氏，或曾遣部将筑城置戍以资控驭，戍将亦遂假其威名而称姜城，未可知也。当后主出降，邓艾诏各城戍罢兵之时，蜀中将士拔刀砍地，极感不服，维与后主书有'将使日月幽而复明'之语，则其志可知。维虽败死，姜城僻处边陲，或有钟意之士及其子姓未甘降魏，仍拥维之虚

姜维墓

姜维墓外围

姜维墓航拍

号，号召姜氏如田横入海、郑氏存明理，固有今邑境尚存姜姓，相传为维之后裔，然则招魂筑墓、血食先灵，亦足以风百世矣。"[1]

明代人竹密在墓前建起金井阁，使古墓崇阁，形成芦山一景，即"金阁耸翠"。明崇祯六年癸酉（1633）朝列大夫邑人竹密《金井阁碑记》载："后有空冢，志书载汉将军墓。相传姜公讳维曾筑城于县，遂以此为公之冢，及查《三国志》公为邓艾所刺，亡于成都，剖之胆大如斗，此冢未必是公也。亦以汉将遗迹，石坊表而留之。"[2]清同治重修时又附载："竹全仁曰：先大夫谓此冢非姜公，盖避嫌也。敬以诗辩之，即先人亦无敢讳，恐失真耳。知我罪我，俟之明见，诗曰：'九伐中原世重姜，得收斗胆葬芦阳。山高犹憾乾坤小，水远如流节义长。北汉李陵难与比，西湖武穆始堪方。前人误谓非公冢，侠骨忠魂何处藏。'"[3]

据山下村民王忠良（92岁）听他的长辈讲述，墓旁曾建有寺庙，立观音像超度姜维，祭祀香火兴盛，民末，寺庙建筑损毁不存。

姜维墓碑

1 宋琅、张宗翔修，刘天倪等撰：《民国芦山县志》，《中国地方志集成·四川府县志辑㉔》，巴蜀书社，1992，第136页。

2 宋琅、张宗翔修，刘天倪等撰：《民国芦山县志》，《中国地方志集成·四川府县志辑㉔》，巴蜀书社，1992，第131页。

3 同上。

镇西山

地理坐标：东经103° 2′ 57.9″，北纬30° 17′ 27″，海拔1380米。

行政属地：芦山县宝盛乡玉溪村。

位置环境：位于芦山县东北部金鸡峡东侧，与邛崃接壤。

【现状概述】

现位于芦山县宝盛乡玉溪村境内，修建有连接雅安市芦山县与邛崃市的镇西山隧道。隧道全长2635米，宽9米，高5米，是邛崃至芦山最近的道路。

【历史渊源】

《乾隆雅州府志》载："镇西山，在州东北二百十里，相传姜维于此驻兵。"[1]

镇西山为古代临邛与汉嘉之间的屏障。公元前311年，秦在邛崃修筑高五丈、周围六里的临邛城。城墙上不仅有"观楼射栏"，从城西到镇西山的沿途每隔十里建一座石楼，如有侵犯，击鼓报警。由此可见这座海拔1380米的山是成都西面的屏障。

据《民国芦山县志》载，蜀汉后主延熙十年，姜维迁卫将军，与费祎共录尚书事。汶山夷反，姜维在镇西山屯兵设防，平青衣羌，翻越镇西山进入汉嘉郡。

镇西山线图

1（清）曹抡彬等修，曹抡翰等纂：《乾隆雅州府志》，《中国地方志集成·四川府县志辑⑥》，巴蜀书社，1992，第362页。

铜鼓庙

地理坐标：30° 8′ 51.68″，东经102° 55′ 23.92″，海拔678米。

行政属地：芦山县龙门乡红星村。

位置环境：离村镇公路50米左右。

【现状概述】

在芦山县龙门乡（原新安乡）红星村铜鼓组龙门山上曾建有铜鼓庙，后迁至山下，迁建年代不详。山下铜鼓庙于汶川地震后被拆除，建龙门乡卫生院，铜鼓庙最后的柱头和房料被旧木料商人买走。据当地村民周天林（时86岁）介绍，他小时候听长辈讲，原来的铜鼓庙规模很大，有36面小铜鼓围绕1面大铜鼓置于庙中。中华人民共和国成立以后，铜鼓庙对面修建了隆兴乡供销社，供销社和铜鼓庙之间的公路成了集市，对龙门乡隆兴村和红星村的许多村民来说，赶铜鼓庙就是赶场："农历三六九，铜鼓庙赶场去。"

如今，在距离原址约800米外，村民集资将废弃小学建筑改为铜鼓庙。庙内供奉有铜鼓大王、观音、药师佛、金川圣母等。

【历史渊源】

《乾隆雅州府志》载："芦之灵山有崖，今人呼为铜江，则铜鼓庙改为同鼓，而非铜鼓，甚属穿凿。按诸葛武侯制器物之法甚多，以蜀地逼近蛮夷，乃设铜鼓以镇之，名为'诸葛鼓'，面广一尺七寸，高一尺八寸，边有水兽四束，腰下空，旁有两耳细花纹，色如瓜

铜鼓大王塑像

绿，重三十斤，悬于水上，用楮木击之，声更巨。……荥经、芦山为诸葛君初擒孟获之处，镇以铜鼓在之必然。"[1]

曹学佺《蜀中广记》卷三十五《边防记·雅州》引图经："卢山县新安乡，五百余家……俗信妖巫，击铜鼓以祈祷焉。"

---

1 （清）曹抡彬等修，曹抡翰等纂：《乾隆雅州府志》，《中国地方志集成·四川府县志辑⑥》，巴蜀书社，1992，第361页。

新建铜鼓庙

铜鼓庙入口小路

王晖石棺及石刻

【地理位置】

地理坐标：东经102°55′35″，北纬30°8′29″，海拔665米。

行政属地：芦山县芦阳镇先锋居委会石羊组。

位置环境：东距S210线10米。

【保护级别】

1956年，被四川省人民政府公布为省级文物保护单位。

【现状概述】

王晖石棺至今保存完整，1956年建棺亭保护。汶川地震后，当地文物部门对王晖石棺做了进一步保护性建设。建立王晖石棺管理处，设立围墙，迁入两座无名汉代石棺，仿制一座夫妻合葬石棺，在文物保护的同时进行石棺主题陈列。

王晖石棺是目前中国出土东汉石棺中唯一有墓志的石棺，棺体及棺盖均为整块红砂石雕造，全长2.5米，宽0.83米，高1.01米，以高浮雕工艺在盖首及四壁分刻图像五幅。前部刻双门，左门紧闭，刻汉隶墓志35字："故上计史王晖伯昭，以建安拾六岁在辛卯九月下旬卒，其拾七年六月甲戌葬，呜呼哀哉。"右门半掩，门缝中刻一头戴布摇、衣带漂浮、腿胫着甲的妇人（另一说仙童）作迎候之状。门上盖首刻含环饕餮图像，盖上刻六条弧底的

王晖石棺

王晖石棺陈列场景

王晖石棺虬龙浮雕

王晖石棺玄武浮雕

渠沟。左壁刻一有角有鳍有翼之虬龙，右壁刻有一虎面龙身无角有翼有环节腹鳞之螭虎，均作扬爪欲飞之状。后刻一蛇缠龟身、两尾相交、两首欲吻之玄武图像。

【历史渊源】

造于东汉建安十七年（212），为汉嘉郡上计史王晖的墓棺，据《民国芦山县志》：“汉故上计吏（史）王晖墓，在治南三里，沫东乡杨家坝杨氏双节坊侧，有石棺一具，沉埋土中。”[1]当地曾讹传是樊侯墓，或樊侯孤妻墓。民国三十一年（1942）壬午首夏，邑令张宗朔主持发掘此棺，任乃强亲自前往指导，于当年秋天将石棺全部发掘出土。上计史，是当时郡政府内的官员之一，专门负责定期前往中央上报本郡人口、垦田等方面的统计数据。主汇报者称主计吏，随从人员称上计掾或上计史，主计吏和上计掾史合称“上计吏”。

王晖石棺局部

王晖石棺半启门浮雕

王晖石棺螭虎浮雕

1 宋琅、张宗翊修，刘天倪等撰：《民国芦山县志》，《中国地方志集成·四川府县志辑(64)》，巴蜀书社，1992，第132—133页。

天全县

禁门关关隘遗址

【 地理位置 】

地理坐标：东经102°48′47.3″，北纬29°32′3.2″，海拔1988米。

行政属地：天全县城厢镇西城村。

位置环境：位于天全县西面城边，大岗山与落夕山对峙的河谷中，青衣江天全河段穿关而过。

【 保护级别 】

2012年，被四川省人民政府公布为省级文物保护单位。

【 现状概述 】

该关隘占地约500平方米，系联通康藏要隘的咽喉，318国道穿关而过。国道南侧是绿波流淌的青衣江，两山壁立，远望如门，大山仿佛在这里被河水与公路劈开，大有一夫当关万夫莫开之势。北侧山坡建有碑亭。

【 历史渊源 】

《乾隆雅州府志》载："禁山，在州西二里，两岸对峙，水经其中，上有飞流，四时不竭，古所谓禁门关也。"[1]

当地相传，诸葛武侯南征凯旋，曾驻碉门两载，修军器于打箭炉，碉门即禁门关。武侯回成都时令高翔管木牛流马，镇守碉门。明代陈经作《武侯祠》诗："诸葛当年入不毛，大军曾此驻旌旄。忠贞应感居人祀，擒纵谁知妙算高。古树拂云迷画栋，荒山带雨映绯袍。悠悠汉祚虽堪叹，自是人龙一代豪。"

从古至今，禁门关一直是商贸和军事要道。从唐末开始，天全种茶成业，茶区不断扩大，形成专业种植和加工规模。所产粗、散茶，市场畅销，并逐步传入康藏地区。北宋时禁门关东面碉门附近曾设茶马市场。到了清代，尤其是乾隆以后，出现了边茶贸易制度。由茶马互市到边茶贸易而兴起的茶马古道经久不衰，禁门关也就自然成为边茶交易的交通要道。

---

1 （清）曹抡彬等修，曹抡翰等纂：《乾隆雅州府志》，《中国地方志集成·四川府县志辑㉝》，巴蜀书社，1992，第362页。

禁门关

禁门关铭碑刻

怀葛楼

【地理位置】

【地理位置】

地理坐标：东经 102° 45′ 16.6″，北纬 30° 4′ 12.9″，海拔 760 米。

行政属地：天全县城厢镇。

【现状概述】

怀葛楼今已不存，原址现为一栋三层民居。2015 年，当地在原址不远处修建怀葛广场，设有纪念诸葛亮的诗文浮雕墙等文化景观小品。景观墙上所刻诗文为明代高文林所写《怀葛楼》："千载精忠说武侯，每于政暇一登楼。窗开八面晴云绕，帘卷三边瘴雾收。苦节非因妻子累，委身只为国家忧。怀思未遂恢宏业，不尽长江昼夜流。"

【历史渊源】

怀葛楼的来源，说法不一。一说出自《高氏宗谱》，谓蜀汉将领高翔从武侯南征，还镇碉阳，筑碉阳楼以居，高翔因怀念诸葛武侯，改碉阳楼名"怀葛楼"。

一说出自《乾隆雅州府志》："怀葛楼，（明）治南招讨使高崧思武侯建。"[1]

《咸丰八年天全州志》说该楼群是唐初汉嘉郡都督王果所建，命名与诸葛亮无关。

1（清）曹抡彬等修，曹抡翰等纂：《乾隆雅州府志》，《中国地方志集成·四川府县志辑 63 》，巴蜀书社，1992，第 391 页。

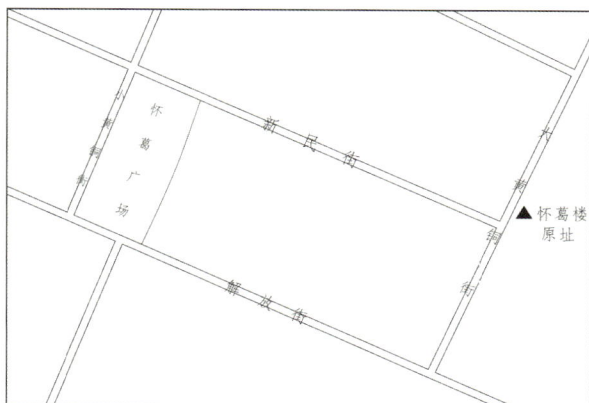

怀葛楼遗址区位图

怀葛楼原址

怀葛广场雕刻

巴中市

　　巴中市，位于四川省东北部。截至2022年底，下辖巴州区、恩阳区2个区，南江县、通江县、平昌县3个县。三国时期，该区域主要为巴西郡辖地。

巴中市三国文化遗存点位分布图

1　巴中严颜墓遗址

2　阴灵山关帝庙

3　严公台（平梁城遗址）

4　凌云桓侯庙

5　铜城寨关帝庙

6　上八庙文武宫

7　朝阳洞关羽摩崖

8　写字岩石刻

9　皇柏古道

10　二洞桥遗址

11　牟阳城遗址

12　和平乡关帝庙

13　五峰林场张爷庙

14　黑水关帝庙

15　汉中路

16　小宁城遗址

17　八台山

18　灵山张爷庙旧址

19　落箭坡

20　仙人下棋

21　斗阵坡

撰稿：吴　娲　樊博琛　谢　乾
摄影：丁　浩　彭　波　尚春杰
绘图：尚春杰

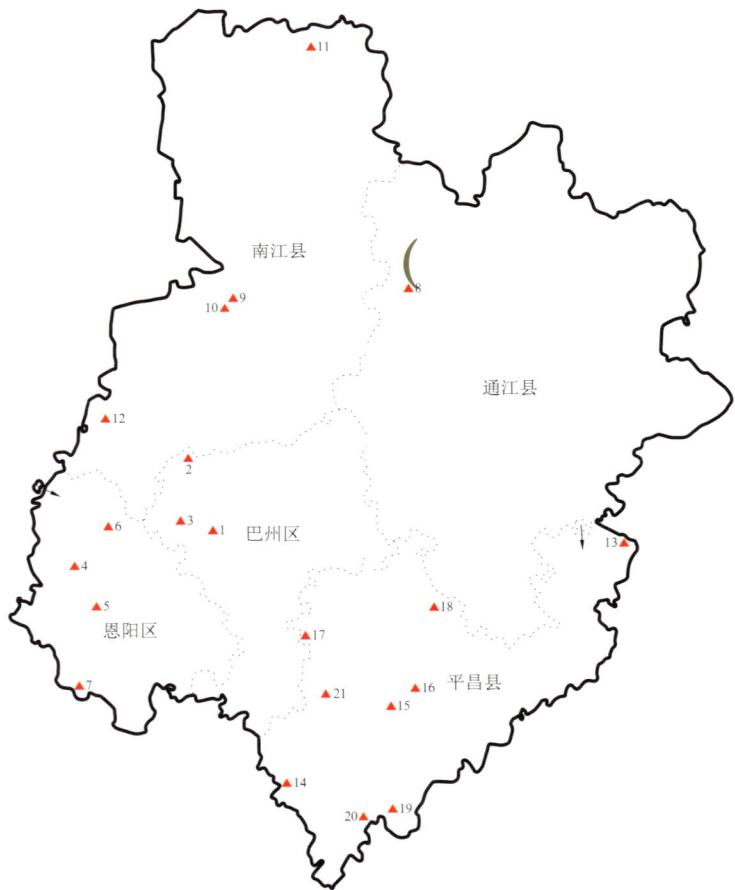

巴州区

巴中严颜墓遗址

【地理位置】

地理坐标：东经106° 45′ 29″，北纬31° 51′ 20″，海拔607米。

行政属地：巴州区严公庙街。

地理环境：遗址现位于闹市区步行街，其上及四周为大量商铺。

【保护级别】

2003年，被巴中市人民政府公布为市级文物保护单位。

【现状概述】

严颜墓及严公祠建筑、石像均已不存，仅有市级文物保护碑标明严颜墓遗址位置。遗址坐北朝南，其上是商业街店铺。附近有清乾隆丙午年（1786）季春《谒家将军·严公祠墓》碑。步行街上离遗址不远处，有一口白马井，传说严颜与张部激战时，从井里突然跳出一匹白马，助严颜作战，故名。在草坝街上，有一座严颜铜像，神情威武，持弓背箭，手握竹简。

【历史渊源】

《三国志·张飞传》载："先主入益州，还攻刘璋。飞与诸葛亮等溯流而上，分定郡县。至江州，破璋将巴郡太守严颜，生获颜。飞呵颜曰：'大军至，何以不降而敢拒战？'颜答曰：'卿等无状，侵夺我州，我州但有断头将军，无有降将军也。'飞怒，令左右牵去斫头，颜色不变，曰：'斫头便斫头，何为怒邪？'飞壮而释之，引为宾客。"这段记载，让"义释严颜"这个典故传为佳话，也让严颜的义勇形象跃然于史书之上。

巴中严公祠大概建于唐代，道光《保宁府志》卷十二载："严公祠在旧西门内，唐时建，今在城外。"[1]根据宋宣和六年（1124）巴州通判宗泽撰写的《重修英惠侯义济庙记》，从百姓到官方，都对巴郡太守严颜尊敬崇祀，官方还赐严公祠庙号"义济"，加封严颜爵号"英惠"。《重修英惠侯义济庙记》全文如下：

1（清）黎学锦、徐双桂等：道光《保宁府志》，《中国地方志集成·四川府县志辑㊶》，巴蜀书社，1992，第88页。

巴子之国，远在西南一隅，封爵卑而土地广。自秦伐蜀时，师还灭之，以其国为郡，曰巴郡。西汉因之，列郡境为宕渠等十余县，东汉又于宕渠之北置汉昌县。元魏延昌中，遣将平蜀，始以其地为州，曰巴州，则今之巴州，实昔巴郡之属封也。故州有巴郡太守严将军，事刘璋，名颜，没千有余载，巴人事之如存，岁月追祀而歌舞之，若尝亲见其人、躬被其惠、泽不可忘者。凡过其门，无老、壮、贤、不肖，必以手加顶，至于再三，如神真在其上。以至雨旸之愆，疾病之苦，率诣祠祷之，无或不验。前后郡太守数上其事于朝，朝廷嘉之，既赐之庙号，又封之侯爵，其所以旌宠神听至渥也。宣和四年冬，公被命出守是邦，下车之三日，谒于侯庙，礼甚恭。明年春，闵雨，秋复潦，皆有请于神，昭答如响，岁则大熟。六年秋，郡国修常祀，公至祠下，视其堂庑敝甚，因顾其属曰："严侯实在祀典，且有德于巴人，今栋宇倾坏，支以他木，上漏下湿，不蔽风雨，人不可舍其下，神其肯安之乎？传曰：'谁敢不斋肃恭敬，致力于神。'矧是州年谷屡丰，朝廷德泽下流，饥者哺，劳者息，囹圄空虚，盗贼不作，民安且治矣，致力于神，适其时也。"乃择属吏之事事而敏者，委以完缮，且戒之毋取于民，毋劝于众，繇太守而下，争出俸钱以助，其费数有差，皆不约而从也。始事之日，群心欣愉，工不俟呼而集，材不俟鸠而足，陶甄致良，剞劂致巧，易腐以坚，代桡以直，增卑而使高，廓隘而使广，攲者正之，溃者起之，昏污者饰之，晦朔不再，匠氏告成。公乃率僚佐落而祀之。公亲为祝辞以告之，礼成就次，众皆曰："事神若是，可谓无负矣。"因谓仆纪其事，仆曰：然！夫智有余者，常不足于忠；勇有余者，常不足于义。仆窃谓严侯兼之。方先主之将入蜀也，刘璋既遣法正结好，发兵协助。逮其来也，亲出都城三百里，与之会饮百日。璋已堕先主彀中，曾不少悟，侯独扪心叹曰："所谓独坐穷山，放虎自卫！"非曰智而忠乎？及张飞拥大兵而西，势欲吞噬巴蜀，郡县闻之，不弃城走则开门降，惟侯领一州之卒以死拒敌，力屈被获，犹数飞而骂之，且曰："我州有断头将军，无降将军！"飞怒，将斩，颜色不变，终不少屈，非曰勇而义乎？呜呼，侯之赤心，烈火之赫；侯之劲气，金石之坚。智足以谋而惟忠是效，勇足以断而惟义是为，使之遭盛时，佐明主，任之大事，假以重权，必能奋不顾身，行其所志，而尽其所长，勋烈之伟，名节之显，当与古社稷臣比肩矣。惜乎生而不幸，委质于僭窃之牧，使功名不显于天下；死而不幸，史臣不为立传，本末不见于后世。仆每读《张飞传》，见侯行事，未尝不废卷太息而为之横涕也。抑世之士大夫，有以柔声媚色，期就软熟，巧为进取，冒躐华要，或不得已而补外，犹窃名藩巨镇，坐尸宠禄，一旦事出非意，神气骇夺，莫知为计，甚至于变服杂庸，匿田舍中，以幸苟生，俾一方生灵鱼肉贼手，国家果何赖于鼠辈为哉！然则严侯之忠谊，诚可尚也，宜乎庙

严颜塑像

白马井

食巴土，万世而无替。[1]

据道光《巴州志》记载，严公祠在清乾隆八年（1743）重建，道光九年（1829）增建，有前后两重殿，石像高大威严："严公祠祀汉严颜，在州新城西门外正街，墓后旧有庙，乾隆八年重建，道光九年知州陆成本增修前殿，重镌石像，二像皆高大庄严。祠宇阔敞，神威凛凛，按宋宗泽有《重修英惠侯义济庙记》，即此。又名《胜志》，云州城内忠义庙祀汉严颜、张飞。《碑目》云严将军庙记在巴州城西门，唐贞元元年韦曾文，今未详所在，似亦指此。"[2]

巴蜀地区现今共有三座传说中的严颜墓：一在今重庆市忠县，一在今四川省巴中市，一在今四川省仪陇市。关于巴中的这处严颜墓，道光《保宁府志》卷十四载："汉严颜墓，在州新西门外。"按语云："颜，临江人，为刘璋守巴。唐贞观八年追赠忠州刺史，事详辨误。"

又按语曰："旧通志在忠州，盖以东坡诗注为证，不知东坡所提乃表里碑，非墓碑也。"[3]按语中指出严颜故里在忠州，墓在巴中。而巴中严颜墓的出现或始于明朝。道光《巴州志》记载："然俱不言有墓，今墓碑则明崇祯十五年知州业可绪所题也。正德九年，知府章应奎请崇祀，乾隆二十二年，知州张元济请崇祀，并置祀田。"[4]说明明以前的文献中，均只提及庙祠，并未提及有墓，清时所见墓碑为明崇祯年间所刻。道光《巴州志》也提到了三座严颜墓："昔人有疑墓不应在此者，通志载：忠州西南二十里有严颜墓，又载在仪陇县东南，与巴州凡三见。按宗忠简公泽《英惠侯庙记》，亦不云有墓，但血食已久，神灵至今犹赫，州人之奉将军几如阆中之祀桓侯，以事考之，当不谬耳。"[5]

3（清）黎学锦、徐双桂等：道光《保宁府志》，《中国地方志集成·四川府县志辑⑤⑥》，巴蜀书社，1992，第96页）。

4（清）朱锡谷：《巴州志》卷二《祠庙》，第14—15页，清道光十三年（1833）刻本。

5（清）朱锡谷：《巴州志》卷三《冢墓》，第24页，清道光十三年（1833）刻本。

1（清）朱锡谷：《巴州志》卷九《文》，第5—7页，清道光十三年（1833）刻本。

2（清）朱锡谷：《巴州志》卷二《祠庙》，第14页，清道光十三年（1833）刻本。

阴灵山关帝庙

地理坐标：东经106°42′39″，北纬31°58′31″，海拔1096米。

行政属地：巴州区枣林镇。

地理环境：位于阴灵山南麓，紧靠灵山场北端，阴灵山风景区内。阴灵山植被茂盛，风景优美，寺庙众多。灵山场镇古街尽头便是关帝庙山门。

【保护级别】

2020年，红四方面军第四军军部旧址（阴灵山关帝庙）被巴中市人民政府公布为市级文物保护单位。

【现状概述】

阴灵山关帝庙由正殿、东西厢房、戏楼构成四合院落，古朴典雅。正殿大梁上题有"清咸丰八年"等字。大殿面阔三间，殿内神龛基座高1.06米，其上有一木质神龛，长1.75米，宽1.3米，高2.47米。龛前有一尊木质太上老君雕像。龛内有两尊木质神像，一尊为弥勒佛，坐在莲花座上，面朝戏台，另一尊为关羽像，高1.2米，宽0.55米，木制描金，右手持青龙偃月刀。巴中阴灵山文化旅游景区管理所，现设关帝庙内。

【历史渊源】

清咸丰八年（1858），阴灵山监生李英华为纪念三国名将关羽，联合阴灵山周围十大姓的族长，商议建修关帝庙，达成协议，随即筹建，于咸丰六年夏动工。1933年，中华工农红军第四方面军军部设置于此。近年阴灵山文化旅游景区管理所对关帝庙进行了培修，又增修了砖混结构的招待所。

阴灵山关帝庙大殿

阴灵山关帝庙戏台

阴灵山关帝庙外老街

阴灵山关帝庙山门

严公台（平梁城遗址）

【地理位置】

地理坐标：东经106°41′57″，北纬31°52′30″，海拔812米。

行政属地：巴州区平梁乡炮台村。

地理环境：遗址位于巴中市的西南边，东北边为莲花山，东南边为鹰嘴山。

【保护级别】

2019年，平梁城遗址被四川省人民政府公布为省级文物保护单位。

【现状概述】

严公台处于四面环山的制高点处，目前丛林茂密，只露出两级土质台基，台基残长1米，一、二台基高6米，斜坡残长7米。

【历史渊源】

严公台相传与严颜有关，流传有两种传说，一种说此地是张飞擒获严颜处，一种说此地是严颜屯兵的点将台，均无实考。《巴州

平梁城顶两处台基残存

志》[1]载："严公台在平梁城内，高数丈。嘉庆初教匪滋扰，曾侨置州署于此，台下俗称桓侯获严将军处。《华阳国志》云：诸葛亮与张飞、赵云泝江降下巴东，巴郡太守赵莋拒守，飞攻破之，获将军严颜云云。巴郡乃今重庆，安得在此？按巴州前有严颜，后有严武，二公均在人耳目间，此台其将军遗迹耶，抑郑公旧游耶，俱不可考，但以为将军被获处则误之甚矣。"

宋代为抗击蒙古人的入侵，在此修建山寨，建造城址，屯粮屯兵，定名为平梁城（取平定梁州之意）。清嘉庆年间，白莲教起义，县衙移至此地办公。《巴州志》载："平梁城堡在州西二十五里，上平坦，四围石壁如城。宋淳祐中，都统张实筑城于此，取平定梁州之义。嘉庆二年（1797），县城被贼焚毁，官民迁居其上，十年贼平，乃复故治。"[2]

1 （清）朱锡谷：《巴州志》，卷三《古迹》，第17页，清道光十三年（1833）刻本。

2 （清）朱锡谷：《巴州志》，卷二《关隘》，第24页，清道光十三年（1833）刻本。

恩阳区

凌云桓侯庙

【地理位置】

地理坐标：东经106°29′44″，北纬31°47′39″，海拔668米。

行政属地：恩阳区鱼溪镇凌云村大同寨。

地理环境：距乡村车行公路200米，四周为山地及庄稼地，树木众多。1千米范围内还有二郎庙、豹子洞、观音洞等文化遗存点位。

【现状概述】

现存遗址坐西向东，南偏东65°，由山门、左右厢房、正殿构成四合院落。进山门后，过廊梁上有"龙飞同治三年甲子岁春王月人日后一日□□"等字，山门旁，左侧有3尊石质神像，右侧有2尊石质神像。走过过廊有一天井，长3.57米，宽2.83米。左厢房四开间，右厢房三开间。正殿通高4.6米，檐高3.3米，面阔五间16.3米，进深三间3.75米，顶梁上有"大

清光绪三十四年戊申岁三月十五日申正"等字。殿内现有塑像16尊，为20世纪90年代重塑，中间为关羽，左边依次是张飞、南海观音、送子观音、玄女娘娘、地母娘娘、普贤菩萨、刘素贞、张氏；右边依次是刘备、佛祖、太上老君、药王菩萨、财神、李孝、陈天德。塑像台高0.88米，有彩绘残存。前殿为山门建筑，通高4.24米，檐高2.65米，面阔七间16.3米，左右厢房各面阔六间12.5米，进深一间3.6米。

【历史渊源】

据庙内梁上题记判断，凌云桓侯庙修建于清代中晚期，庙内现有清光绪十九年岁次癸巳（1893）秋七月初二日立《大同砦培修桓侯庙前殿序》碑。

凌云桓侯庙殿内塑像

大同寨遗存

桓侯庙院落

铜城寨关帝庙

【地理位置】

地理坐标：东经106°32′2″，北纬31°43′13″，海拔537米。

行政属地：恩阳区柳林镇铜城寨村。

地理环境：铜城寨村属于米仓道支道上的村落，关帝庙位于村落老街上，庙后有柏树等植被和庄稼地。

【现状概述】

现存遗址坐北向南，北偏东54°，占地面积1000平方米，由大门、东西厢房、正殿、戏楼构成四合院布局。大门仿牌坊式，正中有一红五星，门牌为"文武宫"，大门左右各有一座石狮子，大门西侧有一座土地庙，内有四座塑像。东西厢房为20世纪90年代修建而成，均为二层现代砖混建筑，西厢房面阔三间，东厢房面阔二间。大殿前两根龙柱上有"积善""培德"四字。大殿内六根木柱上有后期添加的彩绘与浮雕，正殿大梁上题有"大清嘉庆二十三年岁次戊寅九月念三建立""帝道遐昌风调雨顺国泰民安"。屋顶梁上有彩绘，中间为太极图，左右为瑞图。大殿南墙有9尊泥质塑像，正中为关羽像，红脸，左手抚须，右手扶膝盖，左腿垂下，右腿抬起。关羽像前立有两像，西边为关平，右手持印章，左手扶剑把；东边为周仓，左手持青龙偃月刀。关羽像西侧依次为玉皇大帝、财神、佛祖、药王菩萨；东侧依次为王母娘娘、文昌帝君、观音菩萨、送子观音。大殿西侧墙有10尊泥质塑像，从左到右依次为：太上老君、孔子、龙王、王灵官、九尊普华天尊、鲁班、喜神娘娘、吴常二爷、方吉。东侧墙有9尊泥质塑像，从右到左依次为：金母、玄母、国母、骊山老母、苟前圣母、地藏王菩萨、月亮菩萨、闪电娘娘、雷神。戏台现存长8.45米，宽6.55米，6根木柱上有彩绘。戏台大梁上题有"皇图巩固帝道遐昌风调雨顺国泰民安""大清道光三年岁次癸未三月望五日柳林场乡街领袖众姓建立"。

【历史渊源】

铜城寨关帝庙始建于清道光三年（1823），道光八年（1828）重修。当地村民每年会在农历三月三、六月十九、九月十九的时候在关帝庙举办庙会。

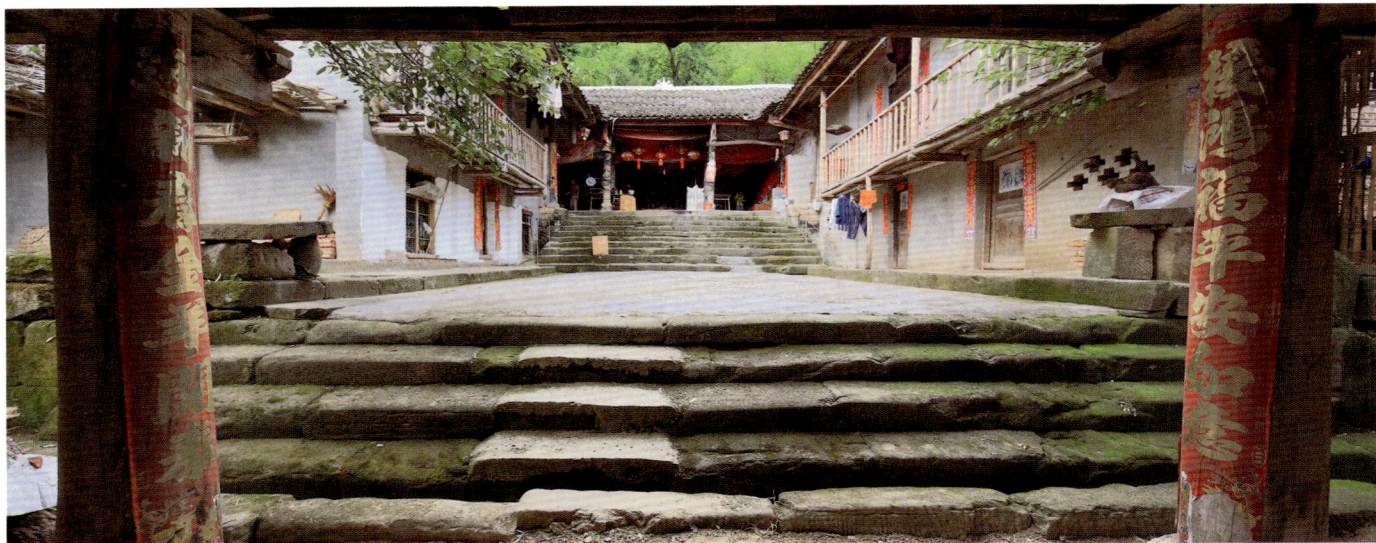

铜城寨关帝庙院落

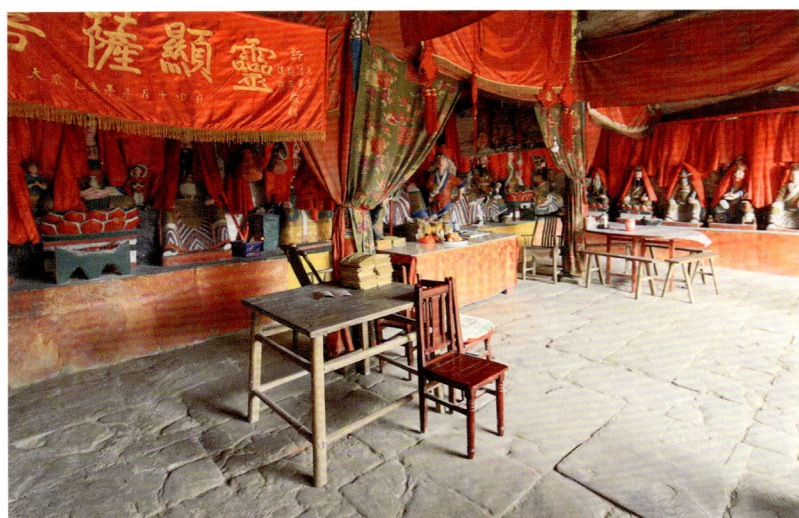

铜城寨关帝庙大殿局部

铜城寨关帝庙关羽、关平、周仓塑像

铜城寨关帝庙山门

铜城寨关帝庙戏台

上八庙文武宫

【地理位置】

地理坐标：东经106°33′30″，北纬31°51′36″，海拔685米。

行政属地：恩阳区上八庙镇文庙街81号。

地理环境：重山环绕，上八庙得名于在该地可看到周围山上有8座庙宇。文武宫周围植被良好，东北1500米处为小水河，常年流水不断。

【现状概述】

现为上八庙镇文武宫文化活动中心，庙宇四周分布现代居民住户，文武宫大门南部紧邻一栋20世纪90年代修建的砖瓦房。

现存遗址坐西向东，东偏南24°，占地面积640平方米，由大门、正殿、左右厢房、戏楼构成四合院布局。大殿面阔三间，进深三间，现有11座新塑塑像，正中间为玉皇大帝，从左向右依次为：赵公元帅、至圣先师、西方佛祖、太上老君、武圣帝君、玉皇大帝、文昌帝君、王母娘娘、观音圣母、送子娘娘、药王菩萨。院内有左右厢房，为后建。大殿外有一小塑像，名为"方吉"（法官）。大殿对面为戏台，原有上下马门，戏台长11米，宽6米，上有镂空垂花拱。戏台后有堆放道具的木台长4.26米，宽1米，戏台主梁上有"皇图巩固帝道遐昌"题记。在文武宫大门南部紧邻的砖瓦房内有3块石碑，题有"孝弟忠义""大清光绪二年孟冬二十九日修建"。

【历史渊源】

上八庙文武宫始建于清光绪二年（1876），正殿大梁上有墨书题记"大清光绪贰年丙子岁孟冬月廿九日立"。

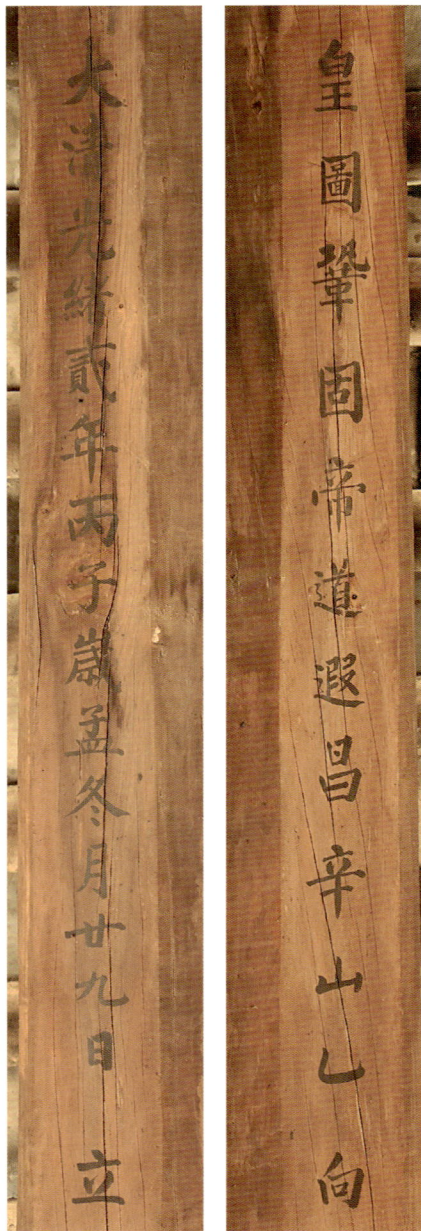

大殿纪年题记　　梁上题记

文武宫院落

文武宫山门

大殿内神台塑像

文武宫大殿

文武宫戏台

朝阳洞关羽摩崖

【地理位置】

地理坐标：东经106°29′2.96″，北纬31°35′21.5″，海拔520米。

行政属地：恩阳区下八庙镇乐丰社区1组。

地理环境：朝阳洞摩崖坐西向东，位于朝阳寨山（原名"狮子山"）半山腰的自然崖壁上，关圣帝君龛位于朝阳洞石窟的中心位置。

【保护级别】

2012年，朝阳洞石窟被四川省人民政府公布为省级文物保护单位。

【现状概述】

朝阳洞石窟现存摩崖造像16龛，根据现存可辨认的题刻推断，朝阳洞石窟为民间自发修凿，始建年代不详，主要增修年代为清代早期至中期，造像包括太上老君、药王、太阳帝君、太阴真君、释迦牟尼、观音、文殊、关圣帝君等，各龛之间以栈道相连，造像风格具有浓厚的民间乡土色彩。

关羽摩崖在现今的2号龛，整个石窟崖壁的中心位置。龛高1.14米，宽1.42米，关羽坐像高0.9米，宽0.52米，戏曲装扮，头戴插双翅夫子盔，身披铠甲战袍，胸前有护心镜，脚

朝阳洞摩崖全景

朝阳洞摩崖局部

关圣帝龛

"嘉庆七年正月、华佗……刮骨疗洗、普救万民"题记

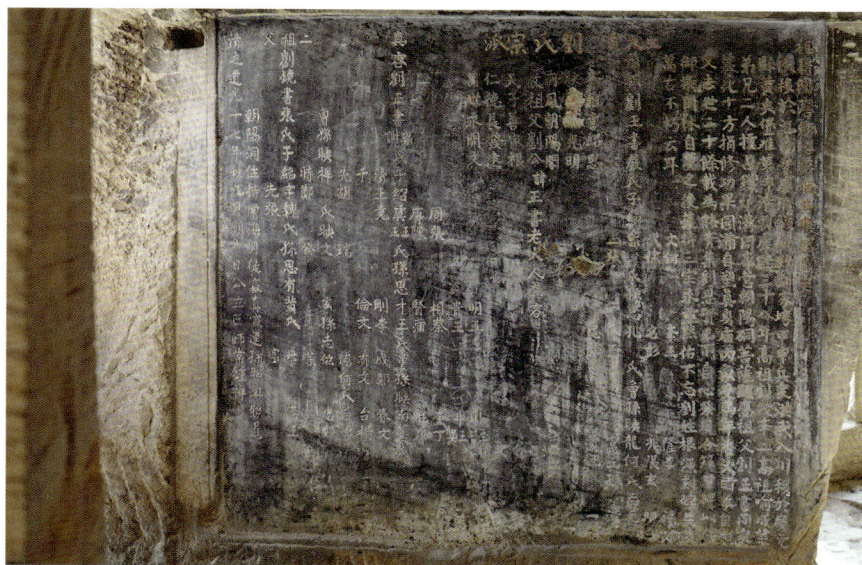

《刘氏宗派》功德碑

朝阳洞关圣帝龛

药王、华佗二菩萨龛

蹬长靴，口悬三绺长髯（只剩髯孔），抬右腿屈膝坐，左手扶膝，右手呈捻须状。关羽左侧为关平，像高0.77米，宽0.35米，眉目清秀，微含笑意，头戴巾，脚蹬靴，双手捧官印，侍立一旁。关羽右侧为周仓，高0.83米，宽0.35米，左手持青龙偃月刀，右手叉腰，双眼圆睁。

关圣帝龛北侧的1号龛为药王、华佗二位菩萨龛，隐约可见"嘉庆七年正月、华佗……刮骨疗洗、普救万民"等题记。华佗坐像高0.71米，宽0.4米，身着红色大氅，右手扶膝，左手托丹药，眉目慈祥。

【历史渊源】

关圣帝君龛正对面的岩壁上有一块道光十七年（1837）刻写的《刘氏宗派》古碑，楷书字体大部分清晰可见，记录了刘氏族人对朝阳洞石窟的增修历史："祖籍陶唐，郡名彭城，其来历远矣。后移于江南安庆府潜山县刘家湾，甲申兵变，移于广元县黄央堡难草坪。清朝康熙三十八年（1699），高祖刘茂奎、二高祖喻成业弟兄二人捶占铁炉沟、周家营，朝阳洞菩萨显应，祖父刘正书同众募化十方捐修，功果圆满，自塑真身庙内以受万年香火者矣。自祖父去世二十余载，为能齐集，刘思贤已下自心发现，合族凿碑以作御极同休自鉴，之后护持三宝，永垂默佑，不忘刘姓根源，刻碑为据，万古不朽云耳。"祖籍彭城（今江苏徐州）的刘氏族人，因元末明初战乱由安徽潜山几经迁徙，到刘正书时，见朝阳洞菩萨显灵，遂牵头募资修凿石窟。

另一面崖壁上还有清乾隆四十六年（1781）《狮子山朝阳洞碑志》，记录了朝阳洞佛道融合的地脉人文：

古者有事必书，出以某年某月举某事，非沽名也，志盛也。睎以我皇上自御极以来，凡庵、观、寺院以及仙洞溪祠，俱不得听其荒芜，诚致力于神道之微意也。况本里有朝阳洞，□其形势虽属弹丸，而□厥□脉，实自大巴山峰腰鹤膝而来，结撰于斯，□不可谓巴郡之胜景也。闻之西天之佛国，凡修真得道、护国佑民，往往钟□□地以□位焉。矧夫近来二三载，无论月合朔望，朝香礼拜，往来不绝，果然朝阳洞之名实□肖也。今洞中大观，众视观音、文殊、普贤、弥勒、文昌等佛俱穿全金换彩，怎奈一木难支。是以刘君倡之，□领和之，众姓成之，凑针合斧、集腋成裘，睎以有如是□哉。可知神有感应，人有善心，非一事之举，众人之力也。倘谓名不沽断碣之缰，不为也。而是亿万斯年，阳光普照，四方来□，但不知神灵而山显不，将福果来标于后世，或为之泯没乎？□来今之视后，□如后之视今者乎？令兹万国九州，四方远近，善男信女，□□全□，以成千年之香火，于是功完成就。同领会首寻□，余因山灵以成万古□山主。总领会首刘震书，领袖徐光炳，署四川北道保宁府巴州生员刘玉书撰，下男刘绍文笔题。（捐资人姓名略）

通江县

写字岩石刻

【地理位置】

地理坐标：东经107°8′42″，北纬32°15′34″，海拔495米。

行政属地：通江县板桥口乡石院子村。

地理环境：周围山上林木葱茏，前为洛水河。

【保护级别】

2012年，被巴中市人民政府公布为市级文物保护单位。

【现状概述】

写字岩石刻位于通江至平溪的公路旁一处高约10米的山崖上，坐西向东，前有洛水河流过，下有米仓道从北向南沿河走向。现存有多处石刻，年代为明万历戊戌年（1598）至民国十年（1921），呈"一"字形排列。石刻表现形式多样，有的直接在石壁上刻字，有的先凿刻矩形框再刻字，亦有仿石碑形式石刻。其中明代石刻"天柱中原"四字，字高0.6米，宽0.4米，外有长2.5米、宽0.8米的长方形框，字体雄厚古朴，刚劲方整，左上角刻"万历戊戌季之吉"，右下角刻"通江县令刘升书"。

【历史渊源】

通江当地民间传说，张飞从汉中经米仓道入蜀的时候，也曾用兵器在写字岩崖壁上刻下过"天柱中原"四字。

临公路的写字岩石刻崖壁

"天柱中原"石刻

南江县

皇柏古道

【地理位置】

地理坐标：东经106°48′12″，北纬32°14′41″，海拔535米。

行政属地：南江县东榆镇。

地理环境：距县城西南20千米，周边山林茂密，古柏参天。古道下方有巴南二级水泥公路。

【现状概述】

皇柏道现存道路宽约3.25米，长约65千米。道路两旁有大量古柏树，相传为三国时期蜀汉将领张飞所植。张飞在阆中任巴西郡太守时，曾经此道向诸葛亮禀报军政事务，呈送公文，但由于当时战争频繁，道路崎岖，往往误事。后来为了便于往来，张飞便整治道路，植树标道，以后经历代补植而成现在的规模。皇柏道中有一参天古柏，名"皇柏王"，旁有一通石碑，内容为《皇柏王序》。

【历史渊源】

南江皇柏林，自城南9千米镇江庙起，沿南江西岸至下两区柏杨坪，森森古柏，苍翠挺拔，百态千姿，是我国现存三片古柏林之一。古柏现存2900余株，大者径围4.5米，高30余米。幼树未计。皇柏林初植于何时，众说纷纭，传说有：刘邦植，故又名"汉柏"；张飞植，故又名"张飞林"。至于见诸文字的，则有清道光七年（1827）《南江县志》载："南江城西南东榆铺起，沿河古柏蜿蜒百余里，随山脉起伏，如龙掩映。土人云：明邑令杨某，植以护山径，勿使洪水凿齿田园，以保民地也。"皇柏林历代均属国有，由县令派专人看护，具册交接。曾规定：损一枝须报县，损一株须报省，盗伐则律以重刑，然而历代破坏，终难禁绝。近代因砍伐、盗卖、筑路、天然死亡等，大树已由4000余株下降到2000余株。1978年，当地建立皇柏林管理所，由专人管理，配合乡、村联合护林，补植幼柏120亩，加上历年补植的共634亩。1979年，达县地区行署将皇柏林定为地区保护的文物古迹林。

皇柏古道

皇柏王

古道上的古柏

二洞桥遗址

【地理位置】

地理坐标：东经106°47′22″，北纬32°13′24″，海拔418米。

行政属地：南江县东榆镇。

地理环境：遗址位于河滩之中，周围为施工破碎的石块。

【保护级别】

2012年，南江米仓古道（二洞桥遗址）被四川省人民政府公布为省级文物保护单位。

【现状概述】

二洞桥遗址距皇柏道不远，应同为米仓道组成部分。遗址现已基本被道路施工所毁，仅可见若干桥柱洞。遗址周边，面向南江河的石崖上有阴刻楷体18字石刻："天宝四载太守郑子信此南北路移险造阁记。"石刻文字上部石壁有横条型凹槽，是固定遮雨排水设施的遗痕，这是考证、研究米仓道的重要实物，具有重要的史料价值和科研价值。

【历史渊源】

二洞桥遗址是米仓道上的重要遗存。

文保碑

遗址全貌

柱洞遗迹

牟阳城遗址

【地理位置】

地理坐标：东经106°57′1″，北纬32°40′7″，海拔1424米。

行政属地：南江县光雾山镇。

地理环境：遗址位于山间平原之中，面积较大，西边有一条小溪流过。

【现状概述】

目前牟阳城遗址在地表新修有一座石砌城楼烽火台和一小段城墙。据当地相传，牟阳城兴于夏商，鼎盛于汉代，毁于民国。在鼎盛时期曾有种烟户2000余户，1万余人，兴私塾7所，屠场7个，10余酿酒作坊，30余家客栈，是一座不小的边城。

牟阳城遗址东侧，保留有一座关帝庙，坐东向西，面积较小，里面有两座神像，分别为武财神关羽、文财神赵公明，高约50厘米。在庙前可见三处柱础遗迹，直径约50厘米，应为旧关帝庙所残存。庙旁有半截残碑，字迹较模糊，据文字判断应为一块乡约碑，落款为"南江县士民"。

【历史渊源】

南江当地民间传说，西汉之初萧何追回韩信，汉王刘邦令韩信隐藏于此秘密练兵，最后夺得天下。东汉末年张鲁在此囤积军粮，练兵抗曹。三国时期，魏将张郃与蜀汉将领张飞在此交战50余日。为了北伐中原，诸葛亮也在这里大筑城池，囤积粮草，操练兵马。

牟阳城烽火台

牟阳城关帝庙

和平乡关帝庙

【地理位置】

地理坐标：东经106° 33′ 30″，北纬32° 2′ 46″，海拔419米。

行政属地：南江县和平乡。

地理环境：四周为小学学校和民居。

【现状概述】

原关帝庙在20世纪80年代已被毁，1998年在遗址基础上建小学，现为南江县和平乡九年义务教育学校，小学坐东朝西。现关帝庙位于小学南墙背后，原关帝庙内的塑像被破坏后均被埋入地下，2009年在建新庙时发现并挖出3尊塑像，进行修复。现庙内共供奉有11尊塑像，正中间为关公像，从左到右依次为：药王菩萨、佛祖、观音、玉皇大帝、夫子、关羽、地藏王菩萨、文昌菩萨、财神、送子观音、龙神。夫子像基座右侧刻有"发心弟子显国□雕刻武夫子圣像"。庙东边有2块现代石碑，一是《同结善缘录》（功德碑），二是《圆缘庙序》。庙西边现存一段原遗址的条形石墙，高2.3米，长13.4米。

【历史渊源】

民国《南江县志》记载："关岳庙，在县城南门外，清武庙祀关帝，嘉庆时毁于贼，道光二年知县胡炳重建，民国三年（1914）合祀关岳，改今名。武成殿，正位祀关壮穆（缪）侯、岳忠武王，皆南向。东奉张飞、王濬、韩擒虎、李靖、苏定方、郭子仪、曹彬、韩世忠、旭烈兀、徐达、冯胜、戚继光；西奉赵云、谢玄、贺若弼、尉迟敬德、李光弼、王彦章、狄青、刘锜、郭侃、常遇春、蓝玉、周遇吉。"

和平乡关帝庙塑像

和平乡关帝庙全貌

和平乡关帝庙原址

平昌县

五峰林场张爷庙

【地理位置】

地理坐标：东经107°33′10.70″，北纬31°49′65.21″，海拔1115米。

行政属地：平昌县镇龙镇五峰林场。

地理环境：位于五峰山五峰国有林场内，交通较为不便。

【现状概述】

张爷庙为现代独栋砖木结构建筑，位于乡村道路旁。庙内主祀张飞，左右胁侍立像。塑像为石质，均残缺头部，装彩痕迹明显。其中张飞坐像高1.1米，着甲袍，左手抚膺，右手扶膝。左右胁侍分别高1.2米、1.3米，着甲袍，双手作托物品状。

【历史渊源】

据庙内《功德碑记》及墙壁文字记载，左右胁侍分别为关羽、刘备，始建时代已不可考，现庙由村民筹资修建于2008年。这里的张爷庙与达州市万源市石窝镇张爷庙类似，多受荔枝道上流传的张飞马渡传说影响，当地遂流传张飞信仰。

张爷庙内塑像

653

五峰林场张爷庙

五峰林场张爷庙俯视

654

黑水关帝庙

【地理位置】

地理坐标：东经106°53′50″，北纬31°25′37.95″，海拔296米。

行政属地：平昌县黑水乡青松村。

地理环境：地处黑水乡集市，邻近009乡道，交通便利，南、北、西三面分别为黑水小学及场镇民居包围。

【现状概述】

黑水关帝庙是为供奉三国时期蜀汉大将关羽而兴建的庙宇，始建时间不详。庙宇主体结构保存较好，但屋顶及四周墙体残损严重，部分木柱、檩桷腐蚀严重，屋前堆放大量枯树杂草。庙内现存关公（中）、观音（左）、张天师（右）三尊较大彩塑神像及石雕文官俑一尊、木刻人物雕像三尊、观音像（小）一尊，其中关公像底宽75厘米，高180厘米，厚50厘米，肩宽50厘米，除石雕文官俑、木刻人物雕像外的其他神像均为当代重塑。[1]

关帝庙山面

---

1 据平昌县文物局提供资料。

黑水关帝庙正立面（平昌县文物局提供）

黑水关帝庙庙内神像（平昌县文物局提供）

汉中路

地理坐标：东经107°6′3.34″，北纬31°33′40.47″，海拔253米。

行政属地：平昌县江口镇。

地理环境：汉中路位于平昌县城，部分被建筑占用，现石梯两旁常年为商贩所用，常有市民经由此路往返上下城区。

【现状概述】

汉中路位于平昌县县城新城区和老城区之间，为石梯路，长4.5千米，宽1.5—4米，悬崖险峻，道路曲折。汉中路的形成具体历史已无从查考。汉中路石梯目前保存完好，仍具有使用功能，且位于新老城区衔接处，交通便利，人流量大。沿线存有清光绪时期廖伦所题的两幅石刻《群山开路让人行》和《石峡颂》。

【历史渊源】

《平昌县文史资料汇编·江口卷》记载，传说诸葛亮率兵六出祁山，部分兵力曾由重庆经达川路过平昌江口镇到达陕西汉中，"汉中路"的名称由此而来。旧时由于龟碑湾山势峻峭，林木茂盛，溪水长流，汉中路是仅容一人通过的羊肠小路。到清朝时，道路有所扩展，形成了北起陕西汉中、南至四川重庆的千里汉中大道。[1]

汉中路石梯下行（平昌县文物局提供）

---

1 据平昌县文物局提供资料。

"群山开路让人行"石刻日照（平昌县文物局提供）

《石峡颂》题刻（平昌县文物局提供）

小宁城遗址

【地理位置】

地理坐标：东经107°8′49.3″，北纬31°35′3.0″，海拔390米。

行政属地：平昌县江口街道荔枝社区。

地理环境：遗址周围有村民百余户，东150米为平昌至镇龙的县级公路。

【保护级别】

2019年，被四川省人民政府公布为省级文物保护单位。

【现状概述】

小宁城遗址位于四川省平昌县东北20千米的江口镇杨柳村小宁山上，东、西、北三面临荔枝河。传说三国时期，关羽的儿媳鲍三娘领兵驻扎小宁城三年，后沿江逃走，当地代代流传其出逃方式的民谣："羊打鼓，马摇铃，鲍三娘一夜逃过柳州城。"

小宁城始建于宋淳祐五年（1060），竣工于宋淳祐九年（1064），城址高出河面300米，东西长1000余米，南北宽800余米，总面积80万平方米。四周绝壁，三面环水。东有小径通山顶。外筑午城，内筑子城，东、南、西、北四门城楼高悬。城中建衙门、庙宇、钟楼、寨栅、较场、炮台、仓廪等。同时在城外的稳峰、石城、卧虎山、吕家梁、新寺坪等关隘建寨设防，城东北设渡口，白垭口设小镇。现东、西、北门完整，南门毁，内墙及炮台存。西门右侧石壁上有宋淳祐乙巳年石刻《小

宁州记》，字迹尚可辨。[1]

遗址现状保存较好，部分城墙南门损毁，东门（朝阳门）为平顶，宽2.4米，高3.4米；西门为拱形顶，宽3.46米，高3.8米；北门（重禧门）为平顶，宽4.5米，高2.7米。东门至南门有长390米，南门至西门有长800米，北门左侧有长15.8米，右侧有长4.7米，高度2—4米不等的城墙，均用长1.5米、宽0.4米、厚0.4米的条石砌成。[2]

【历史渊源】

《平昌县文史资料汇编·江口卷》记载，小宁城当地传说鲍三娘是夔州（今重庆市奉节县）鲍家庄鲍员外的小女儿，自小聪明伶俐，深受大家的喜爱。父亲授其武艺，文武双全。后嫁于关羽之第三子关索，随关索一同投奔蜀汉，随诸葛亮出汉中，越米仓，经汉昌、江口下巴郡去云南、贵州平定南中。后夫妻二人就留守南中。

蜀汉炎兴元年（263），曹魏将领钟会率15万大军攻蜀，关索、鲍三娘从南中回军在今昭化古城西岸阻敌。关索不幸败死江中，鲍三娘则含恨托人掩埋好丈夫的遗体，找一个已经战死的女尸换上自己的袍帽入土，自己则乘夜带200名士卒，过汉昌城，越水宁寺，上得胜山，下溆滩河，在小宁城准备长时间的镇守和对抗。

1 四川省平昌县地方志编纂委员会：《平昌县志》，四川科学技术出版社，1990，第575页。

2 据平昌县文物局提供资料。

小宁城全景（平昌县文物局提供）

传说中鲍三娘的梳妆台（平昌县文物局提供）

小宁城北门（平昌县文物局提供）

遗址东门（平昌县文物局提供）

遗址西门（平昌县文物局提供）

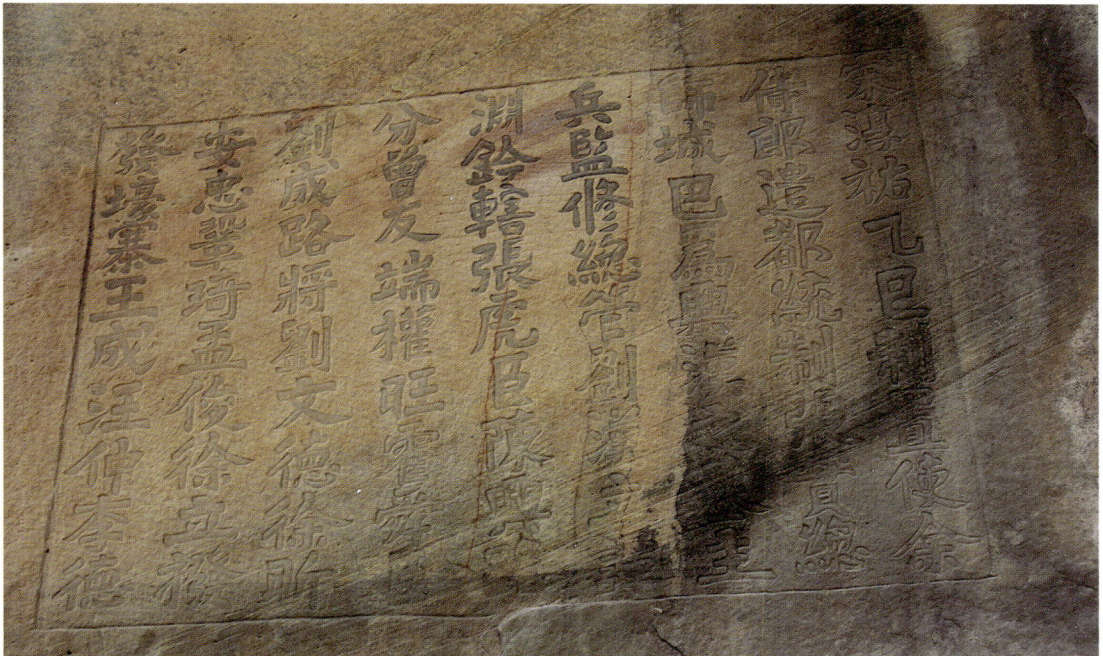

小宁城石刻（平昌县文物局提供）

小宁城当时没有城墙，但它三面峭壁环水，只东面一路可通，确有一夫当关万夫莫开的态势。鲍三娘在此一住就是三年。她长得很好看，也爱打扮，闲时还经常爬上一块巨石，坐在上面梳头，后来她走了，人们就把这块巨石叫"梳妆台"，至今也没有变过名字。

　　蜀汉灭亡三年后，蜀地已属晋武帝司马炎管辖了，但他听说曾令魏兵闻风丧胆的鲍三娘还守在汉昌的一个小山上，三年不肯投降，立即严诏益州、阆中"速派军兵剿除"。阆中派来的3000军士，见小宁城是一处易守难攻之地，加之当地老百姓传说鲍三娘有呼风唤雨之术、飞檐走壁之能，先就有三分害怕，加上人生地不熟，也就围住东、南、西三面，白天摇旗呐喊，晚上灯火不灭，虚张声势。

　　鲍三娘面对十数倍于己的强敌，想到自己的公公和丈夫都已血洒疆场，自己苦力支撑的蜀汉政权也已不复存在，决定潜回老家，叶落归根。她向村民借来十几只山羊，将其两腿吊在树枝上，前脚则贴在鼓面上，羊挣扎而鼓鸣；将战马铜铃全部拴于马尾，马摆尾而铃响，把大部分兵丁分散在当地家庭，自己半夜乘船从北门外的巴水远走高飞。

　　从此，当地留下三句顺口溜说："羊打鼓，马摇铃，鲍三娘一夜逃过柳州城。"至今这小宁城的人们不分男女都记得鲍三娘、梳妆台。[1]

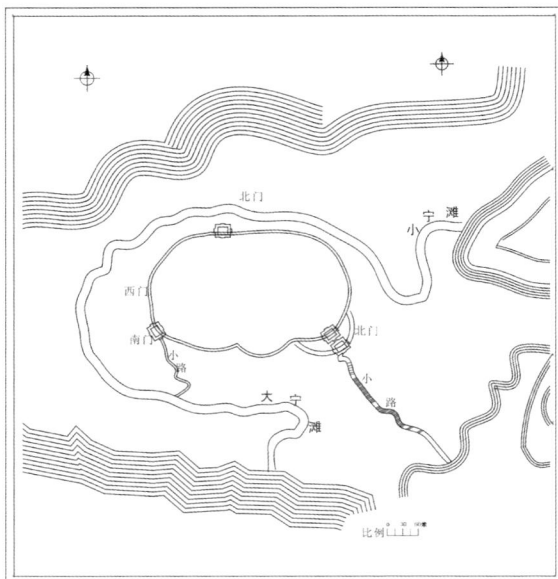

小宁城遗址平面图（平昌县文物局提供）

1《平昌县文史资料汇编·江口卷》。

八台山

【地理位置】

地理坐标：东经106°56′3.12″，北纬31°40′24.68″，海拔510米。

行政属地：平昌县兰草镇五枝村。

地理环境：八台山四周为五枝村住户。

【现状概述】

八台山位于兰草镇五枝村五枝垭，是五条人行道的交会点，此山由下至顶共八台，现已长满青松翠柏，秀美可观。

【历史渊源】

当地相传，张飞曾在这里与严颜手下的守关部队较量，张飞战胜后直驱巴州。五枝垭中原建有"五枝垭庙"，又名"严军庙"，传说严颜老将修八台山的关口颇有见识，故修此庙作纪念，现该庙已不存。[1]

八台山远景（平昌县文物局提供）

1 据平昌县文物局提供资料。

灵山张爷庙旧址

【地理位置】

地理坐标：东经107°10′59.63″，北纬31°43′35.86″。

行政属地：平昌县灵山镇金星村。

地理环境：张爷庙南面有平通路至灵山旅游环线，北面有通江县三溪乡至灵山镇道路。

【现状概述】

灵山张爷庙建筑已不存，遗址周边有谢氏居民60余户580余人，以农耕为主，民风淳朴。遗址右侧现存两龛摩崖造像。

【历史渊源】

当地相传，约在唐朝时期，在巨石东、西、北面刻有佛像，并供奉有香火。明代初年于巨石东侧建张爷庙，至清乾隆年间，张爷庙小而破败。一日，书生谢慧昌归家，于该处农舍板凳上题诗云："昔日雄气吞曹吴，而今此地结草虚。"后平昌县张耀根回家省亲，增添两句："惟望川人报忠义，集贤与公建新屋。"并捐资重修张爷庙。民国时期，灵山镇巴灵寨村谢映冕取诗意，题写张爷庙横额"气吞曹吴"。后此庙于1956年因雷电击中院内古柏，庙宇烧毁，现仅存留石刻。[1]

张爷庙旧址附近造像龛（平昌县文物局提供）

----

1 据平昌县文物局提供资料。

落箭坡

【地理位置】

地理坐标：东经 107° 6′ 22.94″，北纬 31° 23′ 24.22″，海拔 296 米。

行政属地：平昌县涵水镇花桥村。

地理环境：花桥村位于涵水镇北端，北与白衣镇接壤，南与社区居委会相连，是平昌县进入涵水镇的前沿。

【现状概述】

落箭坡位于涵水镇花桥村 7 社犀牛沱附近。

【历史渊源】

当地相传，三国蜀汉大将张飞夜过巴州，骑马飞奔路过此地，失落一支箭，故而得名。[1]

落箭坡远景

1《平昌县文史资料汇编·涵水卷》。

仙人下棋

【 地理位置 】

地理坐标：东经107° 3′ 0.09″，北纬31° 22′ 17.07″，海拔641米。

行政属地：平昌县西兴镇皇家山村。

地理环境：地处亚热带季风气候区，四季分明，丘陵地貌，植被茂密，土壤为黄黏土。现为国家AAAA级旅游景区皇家山风景区西南入口，交通便利，北邻皇家山村村民委员会。

【 现状概述 】

属于传说类遗存，因村落建设，相关遗迹已不存，仅保留地名，位于村落街道岔路口。

"仙人下棋"现状

【 历史渊源 】

相传在皇家山林海中有一处四方平地，即松林坪，坪中有一个直径2米的大圆盘石，四方各有石凳一个，曾有四位神仙相聚于此下棋。张飞过巴州时，曾途经此地，见此石盘十分惊奇，下马歇息，并驻足凝神观看，当地百姓献来"皇山雀舌"茗茶，张飞品尝半日，赞叹不已，走时，还在此石上留下了三个脚印。[1]

---

1 据平昌县文物局提供资料。

斗阵坡

【地理位置】

地理坐标：东经106°58′51.79″，北纬31°34′48.59″，海拔633米。

行政属地：平昌县青云镇。

地理环境：属亚热带季风气候区，四季分明，植被茂密，多松柏，土壤为黄黏土。山腰及山脚周边约有居民30户，南侧有通往场镇的公路。

【现状概述】

斗阵坡位于平昌县城西北，距场镇约5千米，青云镇主要名胜之一，为一马鞍形垭口的东侧坡地，相传张飞与严颜曾于此一战。现仅为地名，遗迹不存。

【历史渊源】

当地传说，刘备据荆州进兵益州，行至绵竹被刘璋部将张任阻挡，欲破不能，写信请诸葛亮出兵增援。诸葛亮率兵从嘉陵江逆水而上，并命令张飞领兵从荆州入川。张飞至斗阵坡时，遇把守这一重要关口的刘璋部将严颜，两军于此地激烈交锋，最后严颜战败，向巴州方向撤退。为了纪念张飞在斗阵坡的战绩，人们在山垭处修建了一座石木结构的张飞庙，占地约60平方米，内塑张飞神像一尊，后因村落建设，庙宇及神像均不存。[1]

斗阵坡

1 据平昌县文物局提供资料。

资阳市

资阳市，位于四川省东部。截至2022年底，下辖雁江区1个区，安岳县、乐至县2个县。三国时期，该区域主要为蜀汉益州犍为郡辖地。

资阳市三国文化遗存点位分布图

1 忠义镇飞来石
2 关公湖
3 中天镇三圣寺
4 中和场镇老君观

撰稿：谢 乾
摄影：尚春杰 彭 波
绘图：尚春杰

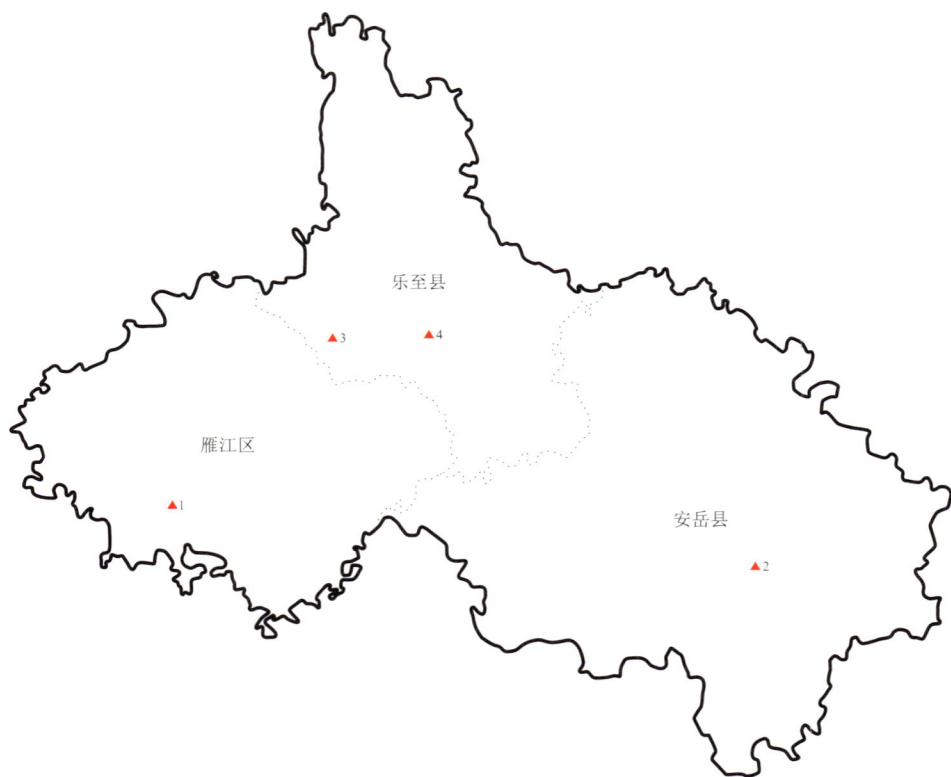

雁江区

忠义镇飞来石

【地理位置】

地理坐标：东经104° 39′ 36.35″，北纬30° 0′ 34.98″，海拔331米。

行政属地：雁江区忠义镇长沙村3社。

地理环境：哑口石山位于沱江西岸丰高路旁，北距忠义镇政府约500米，雁江区城区约20千米。

【现状概述】

哑口石山顶一直立石柱，高三四丈，直径丈余，因开山取石，路毁不得入。山脚下有民居，此地邻近成渝铁路长沙埂站，目前已废弃。石柱旁有疑似砖砌寨堡遗址。

【历史渊源】

雁江区原有忠义镇建制，为雁江三贤之一苌弘的故乡。传说关羽、张飞都与飞来石有关：一说关羽败走麦城后，头颅为义士埋葬于此，东吴挖寻时，巨石从天而降，将东吴士卒压在石下；一说张飞母亲不得渡沱江而哭泣化为巨石。后人敬佩关羽、张飞的忠义，此地遂名"忠义场"。两说均无确凿的史料证据。另据长沙村民张德会（72岁）讲述，1950年修建成渝铁路时，曾于此山取石，巨石为当时遗留。因发现巨石较为稳定，没有滚落毁坏铁路的风险，所以得以保存下来。

飞来石

安岳县

关公湖

【地理位置】

地理坐标：东经105° 28′ 28.38″，北纬29° 56′ 11.80″，海拔277米。

行政属地：安岳县横庙乡芭蕉村12组。

地理环境：位于乾龙镇、横庙乡交界处，南距安岳县城约35千米。

【现状概述】

目前为关公湖水利工程，关刀桥遗址位于大坝下侧，已不存。新修堤坝护栏有关羽浮雕。

【历史渊源】

关公湖原名"关刀桥水库"，传说关羽被封为圣人后，到处游历，体察民间疾苦。一日来到安岳地区，见风光如画，一行人陶醉不已，侍从周仓在经过河上的大石桥时，不小心把青龙偃月刀掉在桥上，将石桥砸了一个深深的刀痕。于是石桥便被称作"关刀桥"。2013年安岳县政府建设关公湖水利枢纽工程后，关刀桥不存。

关刀桥遗址现状

关公湖大桥上的关羽元素

关公湖鸟瞰

乐至县

中天镇三圣寺

【**地理位置**】

地理坐标：东经104° 53′ 16.85″，北纬30° 13′ 31.61″，海拔390米。

行政属地：乐至县中天镇桂林社区三圣街106号。

地理环境：中天镇位于乐至县西南部丘陵地带，三圣寺旁有桂溪、阳化河等河流。

【**保护级别**】

2012年，被四川省人民政府公布为省级文物保护单位。

【**现状概述**】

坐东北朝西南，为会馆式建筑，依地势而建，由牌坊式门楼、戏台、大雄宝殿、观音殿和二层偏殿等构成。塑像多为佛教及道教人物，无三国人物塑像。

【**历史渊源**】

据乐至县文管所李海东介绍，三圣寺始建于清道光十三年（1833），原名"三圣宫"。一说因供奉佛教西方三圣而得名，一说因祭祀刘备、关羽、张飞三位英雄而得名。今已不可考。据民国《乐至县志》记载，桂林场外有万寿宫、禹王宫等[1]，结合其会馆式建筑形式，疑为其中之一。

---

1 杨祖唐等修：《乐至县志又续》，《中国地方志集成·四川府县志辑㉔》，巴蜀书社，1992，第339页。

三圣寺山门

三圣寺鸟瞰

673

中和场镇老君观

【地理位置】

地理坐标：东经105° 1′ 19.12″，北纬30° 13′ 31.19″，海拔436米。

行政属地：乐至县中和场镇中和社区老君山上。

地理环境：老君山坐北朝南，北距中和场镇约3千米，乐至县城约40千米。

【现状概述】

武圣殿为老君观第一重殿，歇山顶木结构，面阔五间长15.8米，进深6.8米，有前廊、耳室。殿内主祀武圣关羽。关羽为木胎泥塑坐像，左手倚膝持《春秋》，右手捻须，像高2.7米，宽1.6米。左侧关平双手托官印，右侧周仓双手持青龙偃月刀，二侍均为木胎泥塑立像，像高2.1米，宽0.7米。石质神台高5.3米，宽0.7米，长4.18米。神龛后为电王爷、电王母神仙位。

【历史渊源】

老君观，原名"老庙子""菩萨岩"，后改今名。据民国《中江县志》记载，老君观位于县城南二百里的老君山上，建于宋绍圣二年（1095）[1]，后历经元、明、清及现代多次重建，建筑整体依山而建，占地规模较大。

1953年，老君观所在的中和场镇，由德阳市中江县划转而来。据老君观田诚宗道长介绍，武圣殿原址位于今老君殿，20世纪50年代迁建于现址，曾作为学校使用。目前的武圣殿重建于1996年。此地流传着武圣殿关羽神马显灵，数度下山去吃草喝水的传说。

老君观鸟瞰

---

1 谭毅武修：《中江县志》，《中国地方志集成·四川府县志辑㉑》，巴蜀书社，1992，第688页。

武圣殿后视鸟瞰

老君观山面鸟瞰

武圣殿门额

武圣殿

武圣殿内关羽坐像

阿坝藏族羌族自治州

阿坝藏族羌族自治州，位于四川省北部，东面与德阳市、绵阳市相接，南面与成都市、雅安市相连，西面与甘孜藏族自治州相邻，北面与青海省、甘肃省接壤。截至2022年，全州下辖马尔康市1个县级市，汶川县、理县、茂县、松潘县、九寨沟县、金川县、小金县、黑水县、壤塘县、阿坝县、若尔盖县、红原县12个县。三国时期，该州主要为蜀汉益州下辖的汶山郡辖地。

阿坝藏族羌族自治州三国文化遗存点位分布图

1　威州姜维城
2　威州"玉垒山"题刻
3　水磨僚泽关遗址
4　威州姜射坝
5　威州堡子关姜维藏兵洞
6　克枯栈道
7　杂谷脑维州城（姜堆）遗址
8　桃坪镇佳山姜维城
9　杂谷脑维关遗址
10　杂谷脑百丈房栈道
11　朴头山隋唐石刻题记
12　太平普安武圣宫
13　赤不苏镇维城遗址
14　南新周仓坪
15　关庙沟关公石肖像
16　黄龙胡羌关帝庙旧址
17　小河峰岩堡关帝庙旧址
18　小河关帝庙旧址
19　黄龙三舍驿关帝庙旧址
20　安宏德胜堡关帝庙旧址

21　岷江北定关关帝庙旧址
22　岷江龙潭堡关帝庙旧址
23　岷江新塘关关帝庙旧址
24　镇坪金瓶岩武庙旧址
25　安乐武圣楼观音阁
26　黑河镇碧历村关公楼子
27　九寨沟城关武圣宫旧址
28　双河下马岩栈道及阴窝子栈道
29　郭元柴门关栈道
30　南坪邓至山
31　武圣大楼旧址
32　马尔邦武庙（雷音寺）
33　安宁关帝庙旧址
34　绥靖武庙旧址
35　八角武圣宫
36　达维滴水关帝庙
37　抚边文武庙
38　结斯关帝庙
39　高店子关帝庙
40　老营关帝庙

撰稿：陈学志　李勤学　李　俊　范永刚

摄影：李勤学　陈学志

绘图：李勤学　邓　勇　尚春杰

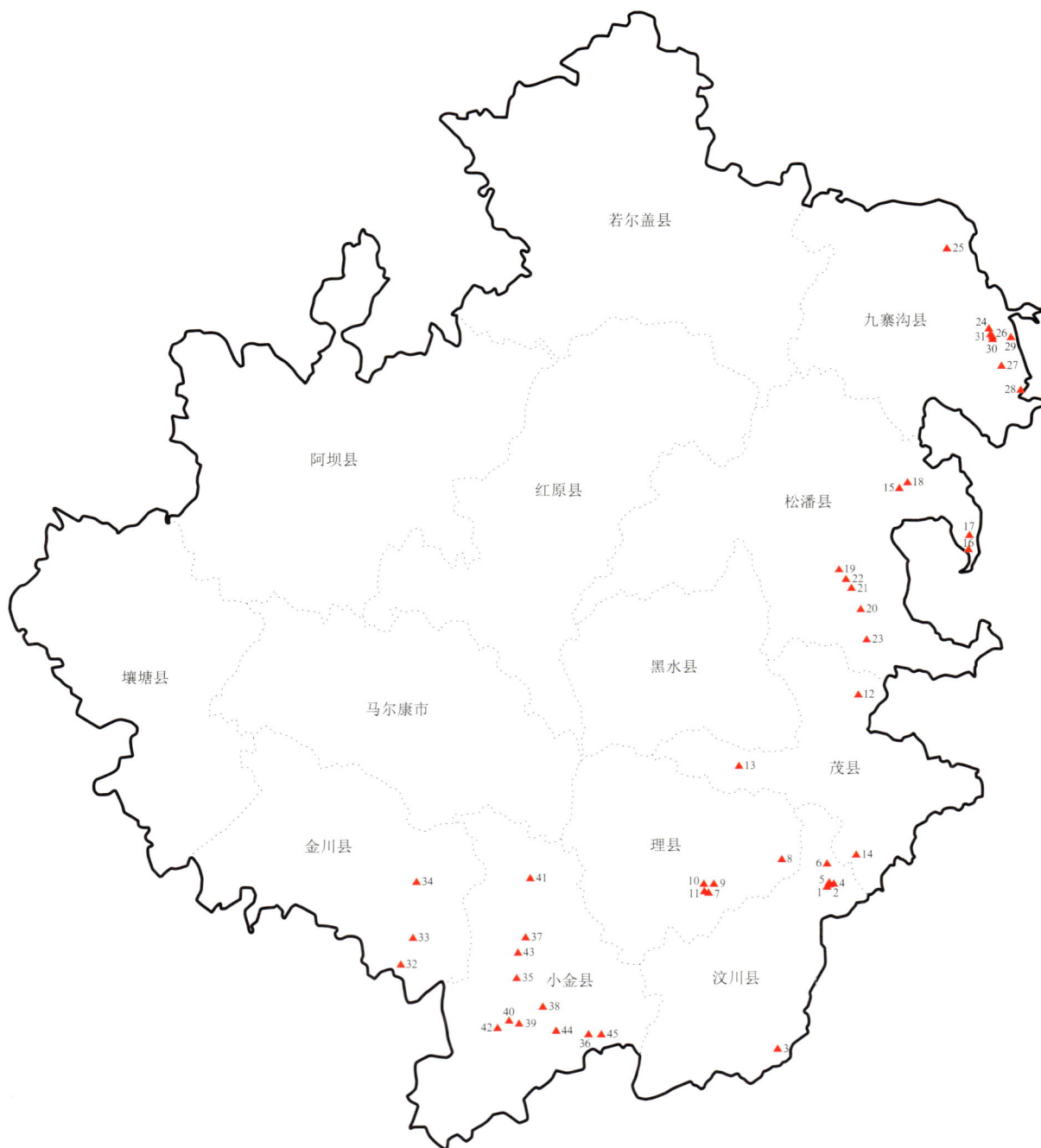

若尔盖县

九寨沟县

▲25

24 ▲26
31 ▲ 29
30 ▲ 27

▲28

阿坝县

红原县

松潘县

▲15 ▲18

▲17
▲16

▲19
▲22
▲21
▲20

▲23

壤塘县

黑水县

▲12

马尔康市

茂县

▲13

金川县

理县

▲8　▲14
6 ▲
▲34　　　　　▲41　　　　　10 ▲ ▲9　　5 ▲ 4
　　　　　　　　　　　　　11 ▲ 7　　1 ▲ 2

▲33　　　　　▲37
▲43
▲32　　　　▲35　小金县　　汶川县

40 ▲ 38
42 ▲ ▲39
　　　▲44 ▲45
　　36

▲3

汶川县

威州姜维城

【地理位置】

地理坐标：东经103° 35′ 5.91″，北纬31° 28′ 26.84″，海拔1450米。

行政属地：汶川县威州镇。

地理环境：姜维城，亦称"古城坪""旧县坪"，位于汶川县威州镇西北部半山腰，岷江与杂谷脑河交汇处岷江南岸二级台地上，东接高山，北邻南沟及威州师范学校，西为农田及民居，南为陡坡，下为威州镇。

【保护级别】

2006年，营盘山和姜维城遗址（新石器时代）被国务院公布为全国重点文物保护单位。

【现状概述】

姜维城位于台地北半部分，直接叠压在新石器时代彩陶文化遗址之上，现已毁坏，仅存断壁残垣，但基本轮廓仍清晰可辨。整个城址呈长方形，东西长约200米，南北宽约150米，总占地面积约30000平方米。城墙墙体内直外斜、下大上小、密布木筋，乃分层夯筑而成。墙基距地表深2.30米，分12层，第一夯层厚约0.15—0.20米。整个墙体结构紧密坚硬，夯窝清晰密集。夯窝呈浅圜底形，直径约0.08米，深约0.01米。现南墙残长50米，高10米，底宽5米，顶宽1—1.5米。西段城墙残长50米，高10米，底宽5米，顶宽2—3米。墙体拐角处施一突出马面，高10米，残长5米。此外，在城外东面约250米的山梁上夯筑一长方形土台，长10米，宽6米，高8米，俗称"点将台"，传为三国蜀汉大将姜维点兵操练之处。从其所处的位置来看，土台应为古城的附属建筑，起瞭望、预警作用。

【历史渊源】

民国《汶川县志》卷一《城邑》载："汶川故城，在今理番县新堡乡东山腰之坦平处，即清古城坪，今俗称之姜维城是也。"关于古城的始筑年代，历来争议较大，一种观点是据《汶川县志》"（宋）熙宁九年（1077）置威戎军使，始筑土城"，因此认为是宋代所建；另一种观点则以《三国志·姜维传》"延熙十年（247），汶山平康夷反，（维）率众讨定之"及附近大量有关姜维的传说，认为夯土城是三国时期蜀汉所建。但据最新的考古发掘以及古城墙的建筑特点，包括对墙内的包含物等材料的综合分析，认为古城的始筑年代不会晚于汉代，并且应与汉武帝元鼎六年（前111）批准设置的汶山郡址有关。如果再结合《三国志·姜维传》等文献记载分析，三国蜀汉时期在原有的汉城基础上进一步加固修建也是有可能的。因此，千百年来当地百姓口耳相传此处为"姜维城"并非空穴来风。

姜维城遗址全景

姜维城城墙

姜维城西南角城墙及马面

威州姜维城航拍

威州"玉垒山"题刻

【地理位置】

地理坐标：东经 31°28′34.53″，北纬 103°35′24.87″，海拔 1352 米。

行政属地：汶川县威州镇。

地理环境：威州镇汶川县委办公楼后面的玉垒山北侧崖壁顶一孤峰上。

【保护级别】

1989 年，威州石刻群被公布为阿坝州文物保护单位。

【现状概述】

玉垒山是汶川县威州镇汶川县委办公楼后面的一座小山。山虽不大，然危峰耸峙，奇石险峻，灌木葱茏，日出东方之时，白云飘浮其上，尤为雄奇秀丽，云蒸霞蔚，薄雾缭绕，更显娇小玲珑，神奇秀丽。"玉垒浮云"为古汶川著名的八景之一。

在山之北侧崖壁顶上，耸立着一座形如玉笋的孤峰，在孤峰的下半部分，竖刻着"玉垒山"三个大字，字大盈尺，笔锋雄厚，遒劲有力，堪称佳品。

【历史渊源】

《三国志·蜀志·后主传》载："（蜀汉建兴）十四年夏四月，后主至湔，登观阪，看汶水之流，旬日还成都。"

《蜀中名胜记·威州》载："威州治后即玉垒山，蜀后主观湔江至此，亲书'玉垒山'三字于州治后，其大盈尺。"

清嘉庆《汶志纪略》卷三《山川》、民国《汶川县志》卷一《山川》载："旧治城里许，县徒为威州，主山奇石千尺，翠苍可揽。镌'玉垒山'三大字，其奇古。或曰蜀后主刘禅书也。《华阳国志》载：'蜀山氏王蜀，以褒斜为前门，以熊耳灵关为后户，以峨眉、玉垒为城郭。'或谓在灌县西二十五里。今灌西山巅有玉垒峰、有玉垒墩，灌城有玉垒关，成都有玉垒坊，又有玉垒堂，皆非。"

汶川民间关于玉垒山的传说也很多，传说蜀后主刘禅（小名阿斗）为避酷暑，率大批随从浩浩荡荡前往汶川郡"巡察"。一天酒后，刘禅与随从兴致勃勃地来到玉垒山山腰处，见对面一石峰如削，顿时书兴大发，命人铺纸研墨。此时，姜维前来传报前方打了胜仗，阿斗皇帝听了，兴奋异常，经微风一吹，酒性发作，飘然如仙，不假思索，挥毫写就"玉垒山"三字。不知是阿斗皇帝醉酒眼花，还是手不听使唤，抑或是为了标新立异，竟将"玉"字右下一点打在左边。自古皇帝金口御笔，说一不二，手下的人也只好照此刻于岩壁上，就是今天人们见到的点在左边的"玉"字模样。清人高肇远还以此赋诗一首以示讥讽：

蜀帝亲题玉垒山，深岩宭宭水潺潺。
渊沉静处青云里，峰插高标碧汉间。
丞相营田屯渭上，将军卷甲赴天关。
遥怜舆驾登临日，曲唱无愁避暑还。

"玉垒山"题刻近景

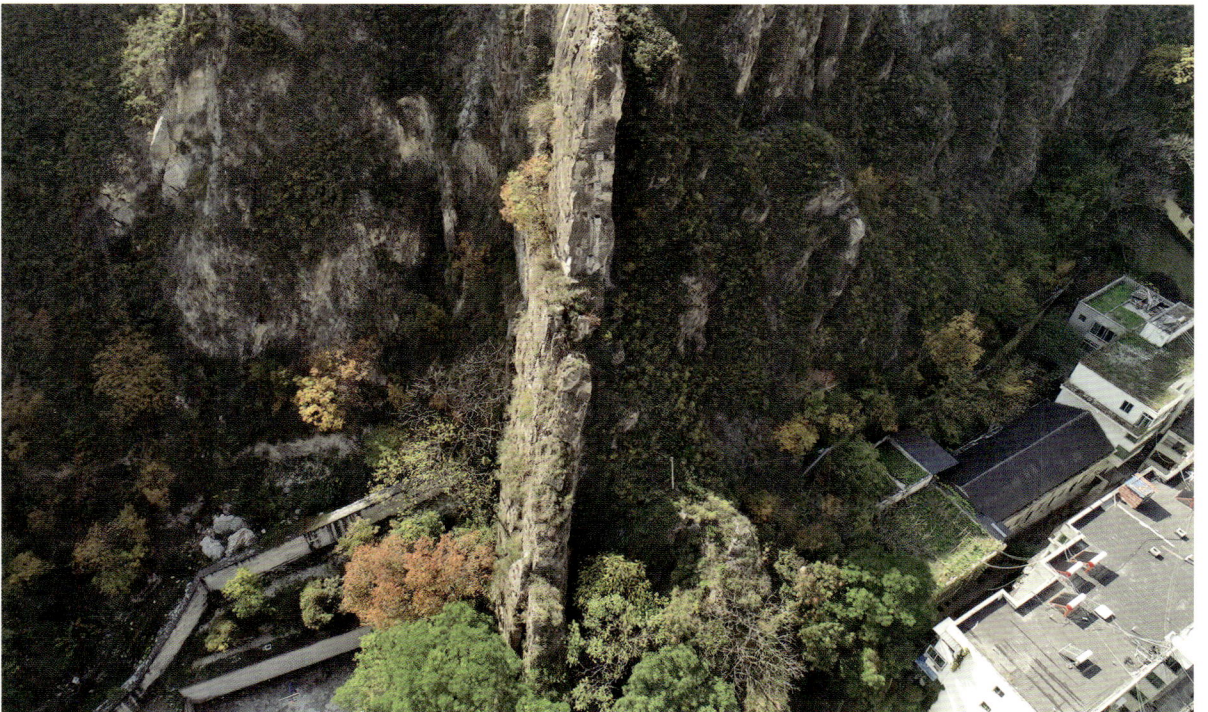

"玉垒山"题刻鸟瞰

水磨僚泽关遗址

【地理位置】

地理坐标：东经103°25′37.25″，北纬30°56′8.11″，海拔911米。

行政属地：汶川县水磨镇。

地理环境：水磨镇凤城街水磨羌城入口处，寿溪河西岸。

【现状概述】

僚泽关历来为交通要道，是通往小金、金川的重要关隘，曾建有关门一道，旁有石碉楼一座，屯兵驻守，盘查行商，缉私捕逃。20世纪50年代被全部拆除，现为山地荒坡，仅有地名保留。

【历史渊源】

《明史》卷四三《地理志四》载："灌府西……又西有蚕崖关巡检司，西南有獠（僚）泽关。"

《汶志纪略》卷二《乡里》及《汶川县志》卷四《附关隘》载："獠（僚）泽关，距城一百五十里，今名鹞子山。当瓦寺土司与灌县交界处，有设关遗址，为金川小道。"

相传诸葛亮曾迁5000家僚人入蜀，安置在此。又说诸葛亮曾派马超在此扎营练兵，镇守都江堰。马超临走时，诸葛亮特地请他前去相府，摆酒饯行。诸葛亮与马超相约两人分别在手心用一个字写下这次出行的方针。当两只手都展开后，两个"和"字出现在眼前，两人相视而笑。

第二天，马超就带起大队伍，开到都江堰镇夷关与兴仁场僚泽关一带安营扎寨。那时候都江堰一带居住的人户，除汉人外，岷江东岸数羌人最多，西岸僚人虽说不多，但也不算少。他们听说马超领着大队人马来了，认为必有一番厮杀，都摩拳擦掌，调动兵丁，严加戒备。马超派他手下对羌、僚情况最熟悉的得力将校，带上诸葛亮的亲笔信件，去到羌寨、僚村，拜见他们的头人。信里说：蜀汉皇帝决定与羌家、僚家世世代代友好下去。还把早先刘璋取名的"镇夷关"改为"镇坪关"，把"镇僚关"改为"僚泽关"，永远让两边百姓自由自在地串亲戚、做买卖。除了信件，将校们还带去了马超的请帖，邀请羌、僚首领在这两座边关挂新匾的时候前来赴会。马超此举，得到羌、僚首领与群众的欢迎和认同。每至水利工程岁修，羌、僚首领还派人帮忙，不仅维护了民族团结，还保证了大堰安全。

水磨僚泽关全景

威州姜射坝

【地理位置】

地理坐标：东经103°35′5.99″，北纬31°28′41.51″，海拔1350米。

行政属地：汶川县威州镇。

地理环境：威州镇东1千米岷江河南岸，双河村姜射坝组。

【现状概述】

姜射坝，又作"姜舍坝""姜室坝"。

【历史渊源】

蜀汉延熙十年（247），姜维前往汶川平叛。相传，当他来到威州（当时的郡治绵虒县）时，见后山有一台地，三面陡坡，一面连山，地势险要，易守难攻，实为军事重地，防御要冲，故征调兵民，于此筑城。然筑城工程巨大，耗时费力。但武备不可一日荒废，姜维骑上战马，带着随从，四处考察，终于在郡东不远处发现了江边的一块宽阔空地。于是在此安营扎寨，操练士卒射箭。后来，当地百姓为纪念姜维而将此地取名"姜射坝"。待后山上的古城修筑完毕，姜维率其家眷及军队入驻城内。不料他的老母患气短心慌、胸闷头痛之病，长期待在城内非常郁闷，整日嚷嚷要出城居住。不得已，姜维只好在曾安营扎寨、骑马操练之地，按当地民房式样修建几幢片石房屋，安置老母及妻女。姜母在此居住，养花弄草，心情舒畅，加之空气清新，视野开阔，不久患病痊愈。所以此地又名"姜舍坝"或"姜室坝"，其义为姜维安置其母及夫人居住的地方。[1]

按《三国志·蜀志·姜维传》载："（蜀汉延熙）十年（247），迁卫将军，与大将军费祎共录尚书事。是岁，汶川平康夷反，维率众讨定之。又出陇西、南安、金城界，与魏大将郭淮、夏侯霸等战于洮西。"

1 陈晓华、陈阳天：《汶川地名故事》，白山出版社，2015。

姜射坝全景

姜射坝俯视

姜射坝天门洞

威州堡子关姜维藏兵洞

【地理位置】

地理坐标：东经103°59′06.14″，北纬31°48′01.51″，海拔1400米。

行政属地：汶川县威州镇。

地理环境：威州镇新汶川宾馆对面的岷江西岸，岷江和杂谷脑交汇处堡子关的北面，龙山南坡半山腰上。

【现状概述】

汶川县威州镇新汶川宾馆对面的岷江西岸，岷江和杂谷脑交汇处堡子关的北面，龙山南坡半山腰上，分布着许多大大小小的水蚀岩洞，当地人称之为"姜维藏兵洞"，传说为姜维藏匿军队之地。

【历史渊源】

相传三国时期，川西为蜀国的战略大后方，而当时汶川郡治绵虒县是为川西军事要冲，由于年年征战，税赋沉重，民不聊生，苦不堪言，当地部落与蜀军关系紧张，纷争不断，故蜀国派姜维率重兵把守。但蜀汉为了联吴抗魏，进军中原实现统一大业，又急需抽调重兵赶赴前线。如此一来，威州一带便是无兵可用，当地部落当会趁虚而入，蜀国后方将面临严重威胁。为断后患，丞相诸葛亮为姜维设计了反"空城计"的用兵策略，即"藏兵于无形"。在白天有意将一批一批军队开走，夜深人静之时又悄悄调转回来，藏进山洞隐蔽。当时以河西部落首领"木王"为首的川西四十八个部落误以为郡城是空城一座，意欲起事造反。姜维得讯后，即刻启用原定计谋——藏兵计。在四十八部落首领率兵会聚郡城时，突然蜀国军队如天降神兵，将四万多羌兵围困在城，插翅难逃，造反失败，只好签订盟约，接受蜀国领导，蜀国后方得以长久巩固。

堡子关姜维藏兵洞

堡子关姜维藏兵洞全景

克枯栈道

地理坐标：东经103° 36′ 27″，北纬31° 30′ 48″，海拔1358米。

行政属地：汶川县灞州镇克枯村。

地理环境：灞州镇克枯村南800米关门至河坝组"高尔普"的杂谷脑河北岸峭壁上。

【保护级别】

2013年，被国务院公布为全国重点文物保护单位。

【现状概述】

现栈道残长1000余米，其中关门东西走向共计158米保存较为完整，宽0.4—2米不等，下距河面10—20米。

【历史渊源】

蜀汉延熙十年（247），平康（今黑水县境内）羌人暴动，蜀汉大将姜维率军前往平定，相传该栈道为姜维途经此地时开凿，此后历朝历代多次维修扩建而保存至今。

克枯栈道为古代由岷江上游西行通西部各地的交通要道，唐代称"西山南路"，清代称"威保大路"。《理番厅志》载："威保大路，皆上傍危峰，下临恶浪，无步平夷，然地路虽险，或在山坡微有依倚叠木为梁，实以土石，犹为坦途。惟偏桥设处，石壁陡立，虚凿石窝而架木其上，号称极险。"偏桥即栈道之别名。克枯栈道前端崖洞内尚存清乾隆二十四年（1759）、嘉庆九年（1804）的修路碑两通，备说古道的险峻与修路的艰辛。

栈道垒石砌筑局部

栈道鸟瞰

克枯栈道关门

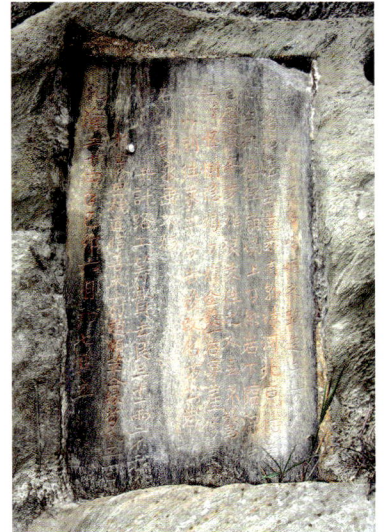

清乾隆二十四年修路碑

汶川克枯清乾隆二十四年修路碑记

盖闻修千万里崎岖之路，造千万人来往之桥，功德无量。兹有县城河北克枯岩，路途窄狭，屡经崩塌，上有悬岩，下临深渊，携厄屣险，举步维艰。来往之人，无不惊心丧胆。予怀恻隐，竭力捐金，凿岩穿崖，修理坦平，以利往来。予今告竣，改名"万公岩"，勒珉石以志，永垂不朽。

共计路工筹费银三十一两二分二钱。

捐金修理栈道信善木上村赵顺萃、仝缘苟氏立石。

乾隆二十四年己卯六月初七日立。

汶川克枯清嘉庆九年修路功德碑

履险如夷。

道路所以通往来，□我里万功崖，上属层峦，下临大江，实为崎险。前木上村赵文斗、文星捐金修理，今又倒塌。构木度行，不亦难乎？兹集同人，再行修理。所有捐资姓名，共泐于左：

杨明富上银拾两五分；夏王全上柏木一根；□□□、□□□、□□□各□顺明一上银□分；□□□上银二两；康开文一两八分；张学伦一两五分；杨文富、陈之富、王有道、余文才、康开明、张学真各一两二钱八分；余芝美六钱四分；王忠学六分；陈元六分；宋琪六分；我若贴六分；杨成德六分；陈应全五分；余耀龙五分；杨金玉五分；陈朝恕五分；康荣贵、康荣华五分；张朝贵、王开来五分；义保、赵□□、□□□、□□□四分；□绍富、余怀金、耿忠良、必色甲各四分；余正明、肖开亮、欧耳各三分；来五保、登保各二分；偶察吉二分五；陈朝相三分；杨全二分；张文贵、曾本祯、郭万□、王文秀、王富、韩宗道各二分四；我若西一分；张柏万五分；董□□一分。

共化银四十三两：使□银四十五两，□□亏空银二两五钱。大元元二钱四分，周宏义一钱四分，上木一钱。

嘉庆九年十一月中浣吉旦。

石工：陈龙。

克枯栈道碑亭

清嘉庆九年修路碑

理县

杂谷脑维州城(姜堆)遗址

【地理位置】

地理坐标：东经103°10′31.87″，北纬31°26′34.25″，海拔1884米。

行政属地：理县杂谷脑镇兴隆村。

地理环境：杂谷脑镇兴隆村杂谷脑河北岸一级台地。背靠山坡，三面临江，地势险要，易守难攻。

【保护级别】

1989年，杂谷脑维州城（姜堆）遗址被公布为阿坝州文物保护单位。

【现状概述】

第三次全国文物普查资料表明，维州城平面呈长方形，分内、外二城，一字形排列，城墙系黄泥加密集木筋夯筑而成，底大上小，呈梯形，底宽7.20米，顶宽6米，残高8.60米。城墙之四角及东墙中部施有马面，东、南两段总残长18米，余仅剩墙体基础。墙体内包含大量汉代陶器残片，地层中亦有大量汉代陶片及唐、明、清陶片与砖瓦等。汶川大地震后，城址已改建为居民安置小区，现仅残存东面部分墙体及东北角马面一垛。

【历史渊源】

维州城，传说三国蜀汉大将姜维曾于此屯兵，故名。又因城墙保存不太完整，多处残段成土堆，故当地人又称"姜堆"。唐代宗广德元年（763），为吐蕃所占，并易名叫"无忧城"。

又据《旧唐书·地理志》："武德七年（624）白苟羌降附，乃于姜维城置维州。"清乾隆《保县志》载："高碉山：在旧保西北三十里。三面悬崖，状若番俗碉房，上有姜维故城。威州故城：古冉駹国，汉为广柔县地，季汉属汶川郡，姜维讨叛羌，于高碉山筑城。……唐武德七年内附，置维州，因姜维故城而名。薛城废县：在县北高碉山上，亦曰姜维城。《元和志》：姜维故城在高碉山上，维州故城在姜维城东十里，垒石为之。按：杂谷日驻寨旧有'无忧城'，系姜维城遗址。城后山顶平敞，可容万余人，相传古演武地。番民曾掘土，得断镞、折戟、古砖瓦，则维州故城在姜维城东十里者即此地，疑皆姜维筑也。"

杂谷脑维州（姜堆）城遗址鸟瞰

遗址东面残墙

姜堆路标

桃坪镇佳山姜维城

【地理位置】

地理坐标：东经103°26′51.31″，北纬31°33′3.73″，海拔1799米。

行政属地：理县桃坪镇。

地理环境：理县桃坪镇佳山村佳山寨两根碉，东面为畅水湾沟。地处杂谷脑河南岸半山腰坡地上，距离河面高约300米。

【现状概述】

古城依山就势而建，平面布局呈长方形，南北长约83.5米，东西宽61米，占地面积约5100平方米。城墙为条石和片石错缝砌筑而成，以石灰、糯米浆勾缝，为典型的明清时期岷江上游地区城墙建筑方法。根据砌筑工艺和石材初步判断，城墙按南北向分两个不同时期修筑。南侧城墙高于北侧城墙，长58.5米，墙厚5米，采用内筑夯土外包块石工艺。北侧城墙略低，石砌城墙，长25.2米，墙厚2米。城内原有残碑1通，上刻"大明万历二年"题记。现代机耕道东西向穿城而过，道路宽约2.5米。城墙内有现代房屋一座，另种植苹果树等经济林木。

【历史渊源】

当地人称之为"姜维城"，有可能蜀汉时期姜维在此筑城，明清时期改建，也可能为后人附会而成。另据《三国志·蜀志》记载，在蜀汉后期，姜维曾调整蜀汉前期的围守布局，大力向川西北和陇右地区发展，在地势险要之处设置围守屯兵据点。《华阳国志》则载："初，蜀以汶山郡北逼阴平、武都，故于险要置守，自汶山、龙鹤、冉駹、白马、匡用五围，皆置修屯牙门。"

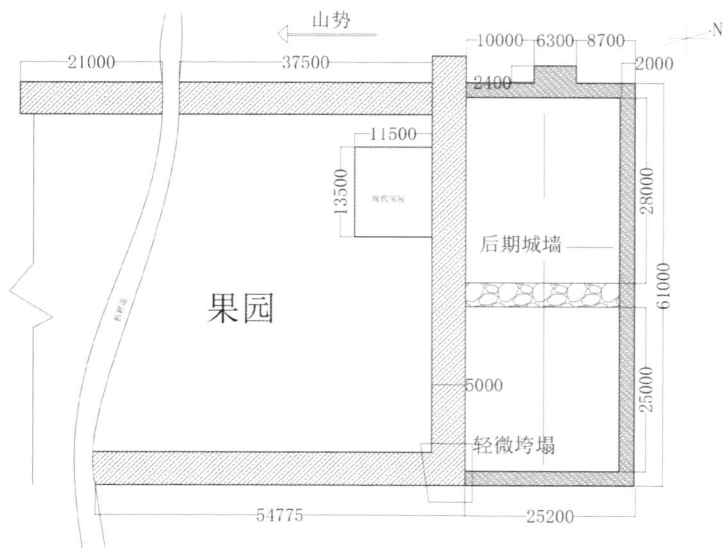

城墙分布部

理县佳山村姜维城地理位置图

佳山村姜维城航拍

城墙局部

东南角墙体

杂谷脑维关遗址

地理坐标：东经103°10′42.1″，北纬31°28′06.5″，海拔1851米。

行政属地：理县杂谷脑镇兴隆村。

地理环境：位于兴隆村维关组，是古代西山大道的重要隘口之一。

【现状概述】

维关，又名"危关"，相传蜀汉名将姜维曾在此驻军。地势险要，山下杂谷脑河自西向东奔流，悬崖浮于河面，山峰直插云霄，山腰中悬一线，真有一夫当关，万夫莫开之势。自唐时起，就为通往杂谷脑河上游及鹧鸪山外的重要隘口。关下有驻军营地，石砌房屋，左右连排，巷道相通。关上有清代杂谷土司修建的四角碉，名"维关碉"，与营盘碉、老街碉共同构成省级文物保护单位——杂谷土司碉群。碉矗立于山腰平台，视觉宽阔，前后数千米范围尽收眼底，一览无遗，战略地位显著。碉身墙面如削，棱角分明，显示较高的片石砌筑技艺，具有较高的历史、艺术、科学研究价值。

维关关门下的废弃营房全景

【历史渊源】

《三国志·蜀志·姜维传》载：延熙十年（247），姜维曾经率军平定平康地区。平康在今黑水县知木林一带。姜维行军路线是经成都、都江堰，溯岷江而上，在汶川分路而逆杂谷脑河而上，经杂谷脑镇到米亚罗而到岷江上游支流黑水河。

据民间传说，蜀汉时姜维在汶川屯驻期间，曾经在此建关设堡，从此当地获得长久安宁。为了铭记姜维的恩情，当地人就将此地称为"维关"以示纪念。

维关及维关碉

维关上的四角碉

民国初期的维关

杂谷脑百丈房栈道

【地理位置】

地理坐标：东经103° 10′ 04.3″，北纬31° 27′ 38.6″，海拔1813米。

行政属地：理县杂谷脑镇。

地理环境：杂谷脑镇日底村百丈房组西北100米，甘堡藏寨至杂谷脑镇古道末段。上为悬崖，下临杂谷脑河，隔河为国道317线。

【保护级别】

2013年，被国务院公布为全国重点文物保护单位。

【现状概述】

栈道凿于杂谷脑河北岸悬崖峭壁上，蜿蜒曲折，东北—西南走向。现存为清代扩建后再屡经修葺的遗迹，全长1620米。其中百丈房段在沿河悬崖峭壁上开凿，于陡险处打孔，锲入木桩，上横排圆木，再用石块垒砌圆木之上作路基。部分地段因路基太高，为减轻圆木的荷载压力，又在路基中再加圆木形成分层分段式承重。使用当地材料和传统工艺制作，具有较高的艺术价值。

【历史渊源】

百丈房栈道，为古代岷江上游西行通往西部各地的交通要道的一部分，唐代称"西山南路"，清代称"威保大路"。《理番厅志》载："威保大路，皆上傍危峰，下临恶浪，无步平夷，然地路虽险，或在山坡微有依倚。叠木为梁，实以土石，犹为坦途。惟偏桥设处，石壁陡立，虚凿石窍而架木其上，号称极险。"

始建于汉代。相传三国蜀汉延熙年间，大将军姜维率军平定平康地区时曾整治此道。

从东向西方向百丈房栈道

百丈房栈道全景

百丈房栈道局部

朴头山隋唐石刻题记

【地理位置】

地理坐标：东经 103° 10′ 4.08″，北纬 31° 26′ 48.57″，海拔 2617 米。

行政属地：理县杂谷脑镇。

地理环境：杂谷脑镇兴隆村黄龙电站西北 1000 米，岷江北岸朴头山山腰茶马古道旁的崖壁上。山脚下为杂谷脑河与国道 317 线。

【保护级别】

2013 年，被国务院公布为全国重点文物保护单位。

【现状概述】

朴头山石刻由隋代碑刻、唐代碑刻和宋代碑刻组成。其中宋代碑刻已风化严重，字迹模糊，不能辨认。隋碑又名《通道记》碑，竖长方形，高 0.8 米，宽 0.5 米，行书竖刻 11 行，字径 0.03 米，记述复修古道是"自蜀相姜维尝于此行，尔来三百余年，更不修理。山则松草荒芜，江则沇（沿）沤出岸。猿怯高拔，鸟嗟地险，公私往还，并由山上。人疲马乏，筋力顿尽"，故"愍人生之茶苦，报委寄之天恩。差发丁夫，遂治旧道"。唐碑位于隋碑左上方，相距约 2 米，刻于开元十五年（727），横长方形，高 0.5 米，宽 0.6 米，隶书竖刻 8 行，字径 0.04 米，记录了唐军与吐蕃在川西北地区的一次战事经过。

朴头山《通道记》石刻

朴头山《通道记》石刻拓片

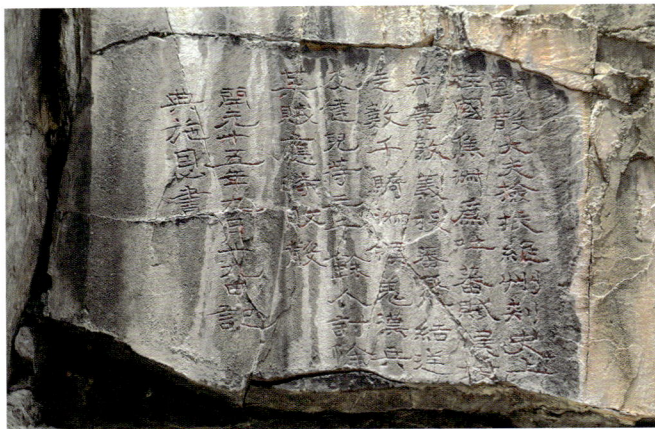

朴头山唐代战事碑

朴头山唐代战事碑拓片

【历史渊源】

朴头山两处石刻均保存完好，对于研究川西北高原古代交通史及唐蕃对峙历史具有很高的研究价值。其中朴头山隋代《通道记》是目前关于姜维率军途经杂谷脑河的唯一一件石刻资料。

【文献资料】

理县朴头山隋代通道记

自蜀相姜维尝于此行，尔来三百余年，更不修理。山则松草荒芜，江则沿（沿）沤出岸。猿怯高拔，鸟嗟地险。公私往还，并由山上。人疲马乏，筋力顿尽。大将军开府仪同三司、总管二州五镇诸军事、会州刺史、永安郡开国公姜须达，愍人生之荼苦，报委寄之天恩。差发丁夫，遂治旧道。开山伐木，不易其功。遣司户参军事元博文、县丞郭子鸿、王文诚、晏荣、刘仲景监督。

大隋开皇九年九月廿三日记。

理县朴头山唐代战事碑

朝散大夫、检校维州刺史、上柱国焦淑，为吐蕃贼侯坝并董敦义投蕃，聚结逆徒数千骑。淑领羌、汉兵及健儿等三千余人讨除，其贼应时败散。开元十五年九月十九日记。典施恩书。

朴头山远眺

茂县

太平普安武圣宫

【地理位置】

地理坐标：东经103°43′20.28″，北纬32°5′17.59″，海拔2273米。

行政属地：茂县叠溪镇胡尔村。

地理环境：位于叠溪镇胡尔村普安组，岷江东岸一级台地的山脊梁子上。背依高山，下临悬崖，崖下为国道213线及岷江。左、右为农田。

【现状概述】

普安武圣宫为单体建筑，重檐歇山式顶铺机制板瓦，石木结构，混合梁架。坐南朝北，主体建筑占地面积104平方米，通高约6.5米，水泥地面。面阔三间12.1米，进深四间8.6米、墙厚0.54—0.68米。明间抬梁式结构，宽4米，中心四根通柱支撑至屋顶形成天井，筑杉板墙。次间山墙为穿斗式结构。大殿内东、南、西三面砌筑水泥台，南面主尊供奉关羽坐像，周仓居西，关平居东，另供奉火神、文昌帝君、马王、观音菩萨、妙欲仙女、药王、牛王和韦陀等。檐柱下有柱础，明间为圆形仰覆莲石柱础，次间为正六边形石柱础。西侧有后期添建厨房一间，作为庙会期间待客之用。大门门额上方悬挂一木质匾，上书"忠义参天"。大门两边挂木刻楹联为："赤胆忠心，精忠昭日月；威镇华夏，浩气正乾坤。"

【历史渊源】

清道光《茂州志》卷二《关隘》记载："普安堡，州北一百四十里，明宣德间建。"据实地调查，普安堡原在岷江东岸河滩地上，分上、下两城，扼松茂茶马古道之要冲。下城在今太平镇沙湾村，上城即今河滩地上的普安二组，武圣宫在上城内，始建年代不详，1933年地震后被叠溪上海子淹没城毁。20世纪40年代当地人在高半山搭一简陋草棚祭祀供奉关帝圣君。到20世纪80年代，随着宗教政策的落实，当地百姓自筹资金，将庙宇按原貌迁建于此。1997年又进行大的改扩建，终成今日之规模。

普安武圣宫

关平关羽周仓塑像

武圣宫门额

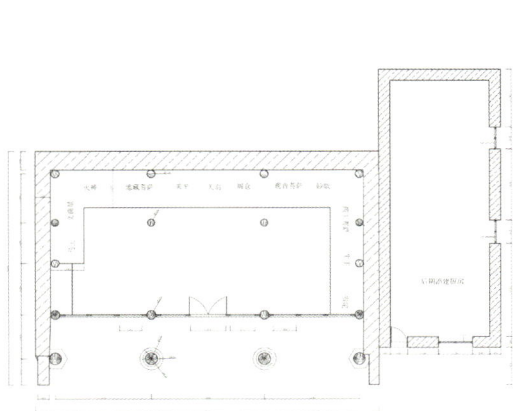

普安武圣宫平面图

武圣宫山墙

普安武圣宫俯视

普安堡上城

赤不苏镇维城遗址

地理坐标：东经103°16′24.6″，北纬31°51′33.8″，海拔2673米。

行政属地：茂县赤不苏镇。

地理环境：赤不苏镇前村1组，岷江上游支流赤不苏河北岸半山斜坡地上。其东、西为山坡耕地，北部背靠大山，南面下临赤不苏河。

【保护级别】

1989年，被阿坝州人民政府公布为州级文物保护单位。

【现状概述】

城址坐北朝南，依地形而建，北高南低，平面呈长方形，南北长约120米，东西宽约45米，总面积约8400平方米。东、南、西三面城墙基本完整，用夯土筑成，土质纯净，无包含物，高16米，顶部宽3.4米，底部宽8米，夯土层厚约0.1米。城址东、南、西墙共残存六个马面，高13—16米，其中西墙中部马面高16米，顶部长8米，宽4米，底部长12米，宽11米。城北左下角残存出水口一处，系石板砌成，宽0.3米，高0.2米，未发现引水槽。南面城外尚残存有弧形夯土瓮城。城内现已改造为梯田，中间有高约3米的断坎，将城内分为南北两阶地。

【历史渊源】

相传蜀汉延熙十年（247），大将姜维率军途经此地时，曾屯兵驻扎，修筑土城，故此地名为"维城"。遗址中原有一庙宇，内供姜维塑像，现已不存。

根据文献记载及城墙夯筑方式等，可以推断此城实为唐时左封县城。《太平寰宇记》谓："（北周）天和元年（566）雁门郡公纥干略于此讨浑胡（吐谷浑），因置同昌郡，寻又改为覃州……特敕于通轨县置当州，以州土出当归为名，领通轨、左封二县。""悉州归诚郡，今治左封县……在当州东南四十里，唐显庆元年（656）乃于县置悉州，在悉唐川故也；载初元年（757）移州于东南五十里匪平川。"

赤不苏镇维城遗址全景

赤不苏镇维城遗址航拍

赤不苏镇维城瓮城

赤不苏镇维城西南角城门

赤不苏镇维城夯土城墙断面

南新周仓坪

【地理位置】

地理坐标：东经103° 14′ 7.81″，北纬33° 15′ 8.23″，海拔1459米。

行政属地：茂县南新镇。

地理环境：南新镇南1千米的岷江东岸一级台地，三场村村委会所在地。台地略成三角形，东靠高山，西临岷江，老威（州）凤（仪镇）公路穿寨而过，现为民居和农田。

【现状概述】

相传此地为三国蜀汉大将周仓背石堵雁门，闻听鸡鸣时放置巨石而飞身纵马跃上天庭的所在地。巨石现已不存，仅有崖壁上的马蹄痕迹和行人脚印。

【历史渊源】

周仓，是历史小说《三国演义》中的人物，在《山西通志》中也有记载，但是在陈寿

周仓坪航拍

《三国志》中无记载。传说中的周仓是身材高大、黑面虬髯的关西大汉，本是黄巾军出身，关羽千里寻兄之时请求跟随，自此对关羽忠心不二；在听说关羽兵败被杀后，周仓也自刎而死。在《三国演义》及此后的各种民间传说中，周仓均以关羽护卫的形象出现，在各地的关帝庙中，关羽神像的两侧也经常供奉周仓、关平（关羽之子）的神像。

在岷江上游地区，有关周仓的传说故事很多，这应该与人民崇敬他出身寒微、性情豪放、办事果断、待人赤诚、忠心不二有关，同时也与明清时期大量西北民众迁徙至岷江上游戍边、经商、定居有关。

《汶川县高原山水文化》载：当地传说，这一带的江中大石很多，周仓是宗渠的人（宗渠，也叫"周仓坪"），想在江中驶船筏，就运起神功，准备用一个晚上"三铲盘，九扫帚，一扫平阳成都府"。观音菩萨在他第一铲盘下去时，幻化出鸡叫声阻止他。周仓听见鸡叫，以为要天亮了，于是停手。但是这一铲盘已把从周仓坪到下游磨刀溪几十里江中的大石头扫平了，至今没有一坨大孤石。又有传说周仓背一坨几间房子大的石头，准备塞断雁门关。观音菩萨以为他在闹脾气，又幻化出鸡叫，听见鸡叫的周仓于是把石头放下。该书成书时石头尚在富杨坪的古道旁，上有周仓的屁股墩顶进石头的痕迹。

周仓的故事广为传播，在诗词中也有反映。清代苟廷一《雁门览周仓遗迹》诗："笳声送我过雁门，边云漠漠气萧森。有怀前代匹夫勇，烟墩看罢又靴痕。"又董湘琴《松游小唱》词："锁钥西来一雁门，是松州重镇。边气郁萧森，江间波浪兼天滚。周将军到此何曾？偏有这脱靴痕，双撑如笋。长途有空城，塘所烟墩，汉唐古迹今犹剩。教人想前朝战争，羽檄征兵，进尺则尺，进寸则寸，处处劳鞍镫，由来弃地有明征。何事最撩人？野鸟山花，幽崖曲涧饶风韵。明妃出塞最销魂，青冢黄昏。纵文姬寒食归来，已不堪飘零红粉。往事怕重论，同是天涯沦落人，司马青衫，年年都向泪痕损。"

传说周仓策马上天处

周仓坪远景

714

关庙沟关公石肖像

【地理位置】

地理坐标：东经 103° 43′ 13.88″，北纬 31° 34′ 4.70″，海拔 1459 米。

行政属地：茂县南新镇。

地理环境：南新镇南 1 千米的岷江东岸一级台地，三场村村委会所在地。台地略成三角形，东靠高山，西临岷江，老威（州）凤（仪镇）公路穿寨而过，现为民居和农田。

【现状概述】

关公石肖像位于关庙沟进沟约 1 千米处北侧的一岩嘴上，侧面神似关公头像，头戴冠帽，丹凤眼，卧蚕眉，美髯飘飘，表情威严，若有所思。肖像离地表高约 50 米，头像高约 8 米，宽约 5 米。身临其地，不得不惊叹大自然的鬼斧神工，创造出这般栩栩如生的关公形象。

关庙沟关公石肖像近景

715

松潘县

黄龙胡羌关帝庙旧址

【地理位置】

地理坐标：东经103°52′40.04″，北纬32°45′41.14″，海拔2891米。

行政属地：松潘县黄龙乡大湾村。

地理环境：大湾村1组胡羌道班前空地。北临平（武）松（潘）公路，南为胡羌道班，东、西两侧为围墙。

【现状概述】

胡羌关帝庙始建于清代，现已无存。

【历史渊源】

民国《松潘县志》卷五《坛庙》载："县属东区各堡坛庙、关帝庙，共三处，一在伏羌，一在三舍，一在峰岩堡。"伏羌，现更名为"胡羌"。

胡羌关帝庙旧址

胡羌关帝庙旧址外围

小河峰岩堡关帝庙旧址

【地理位置】

地理坐标：东经104°8′8.03″，北纬32°33′6.11″，海拔1321米。

行政属地：松潘县小河镇丰岩堡村。

地理环境：位于小河镇丰岩堡村委会，东临村道，西依高山，南、北两侧为民居。

【现状概述】

峰岩堡关帝庙现已无存。今在原址修建有丰岩村委会办公楼。

【历史渊源】

峰岩堡，文献中又记载为"凤岩堡""丰崖堡"。现更名为"丰岩堡"，为松潘东路至平武的必经之路，清朝在此设堡屯兵，属小河营管辖。关帝庙为屯兵所建，始建于清，20世纪50年代除大殿外其他附属建筑被拆除，20世纪80年代大殿又被全部拆除，现原址建有丰岩村委会办公楼。

【文献资料】

民国《松潘县志》卷五《坛庙》载："县属东区各堡坛庙。关帝庙共三处，一在伏羌，一在三舍，一在峰岩堡。"

峰岩堡关帝庙旧址

小河关帝庙旧址

　　地理坐标：东经104°8′25.18″，北纬32°36′0.77″，海拔1493米。

　　行政属地：松潘县小河镇镇政府驻地丰河村。

　　地理环境：位于小河城南城门洞顶西侧。

【现状概述】

　　小河关帝庙现已无存，原址现已开辟为菜地。

【历史渊源】

　　民国《松潘县志》卷五《坛庙》载："县属小河城各坛庙（距县城一百八十里）。关帝庙，南城上。"

　　小河关帝庙始建于清代，石墙体，外抹白灰，木构架二层，歇山式顶施小青瓦，二楼外有回廊一周。20世纪60年代被毁，现已开辟为农田。

　　小河城始建于明宣德四年（1429），东靠二道坪，西距涪江100米，占地11.22万平方

小河古城南门洞及瓮城全景

米，光绪九年（1883）溪水泛涨，冲塌西北隅，至清光绪十八年（1892）补修完固。城址为长方形，设城门4座。现存南、北城门和北瓮城，城门为砖砌券拱顶，南城门高4.5米，宽4.9米，进深14.3米；北城门高4米，宽5.2米，进深14.85米，城门均用长0.58米、宽0.65米、厚0.24米的石块和长0.4米、宽0.16米、厚0.05米的砖砌成。现存城墙残长1350米，东、南、北面部分城墙完整，高2—8米不等，厚2—6.7米不等，西面城墙多处倒塌或断缺，部分仅残留外砌墙体，西北爬山城残垣基本只留遗迹。小河古城是研究涪江上游明代古城建筑的实物见证，1989年被公布为州级文物保护单位，2003年又被公布为省级文物保护单位。

小河关帝庙旧址

1920 年代的小河关帝庙

黄龙三舍驿关帝庙旧址

【地理位置】

地理坐标：东经103° 54′ 35.33″，北纬32° 46′ 55.03″，海拔2708米。

行政属地：松潘县黄龙乡三舍驿村。

地理环境：位于三舍驿村中部，四周为民居所环绕。

【现状概述】

三舍驿关帝庙现已无存。原址现已开辟为菜地。

三舍，一说此地距松潘县城九十里，古时三十里为一舍，故名"三舍"。一说此地为驿站，仅有房屋三间，故名"三舍"。

【历史渊源】

始建于清代，20世纪初被毁，现为农田。从现场调查来看，关帝庙规模不大，占地面积约30平方米。地面尚散存有少量红褐色筒瓦及大量石块，估计原建筑为石墙木构架，顶施红褐筒瓦。

民国《松潘县志》卷五《坛庙》载："县属东区各堡坛庙。关帝庙共三处，一在伏羌，一在三舍，一在峰岩堡。"

民国《松潘县志》卷一《里镇》转录《天下郡国利病书》："三舍者，云卫城九十里而遥也，为小河适中地，有把守指挥一员，管辖上至望山，下至四望，共十三关堡。"

三舍驿关帝庙旧址全景

安宏德胜堡关帝庙旧址

【地理位置】

地理坐标：东经103°38′59.71″，北纬32°29′9.64″，海拔2710米。

行政属地：松潘县安宏乡德胜堡村。

地理环境：位于德胜堡村内原德胜堡城南瓮城内，西临村道，余三面为农田。

【现状概述】

德胜堡关帝庙始建于清代，现已无存，原址上新建观音庙。

德胜堡，原名"得胜堡"，始建于明代，东靠白公岩，西距国道213线20米、岷江100米，东南临大沟。城址平面呈长方形，占地面积6000平方米，城墙基本保存完好，用不规则的条石包砌外面，内夯土石而成。现存南城墙长51.5米，高3.1—4.3米不等，厚1.2—2.5米不等；东城墙长65米，高3.1—4.6米不等，厚1.2—3.1米不等；西城墙长65米，高5.6—8.2米不等，厚1.2—2米不等；北城墙长76米，高3.2—5.2米不等，厚0.4—1.2米不等。马面长5.7米，宽1.5米。有南北两道城门，穿城而过的道路与今日村内南北主道基本一致。

【历史渊源】

民国《松潘县志》卷五《坛庙》载："县属南区各堡坛庙。关帝庙，得胜堡。"

安宏德胜堡关帝庙旧址

安宏德胜堡村俯视

岷江北定关关帝庙旧址

【地理位置】

地理坐标：东经103°43′40.79″，北纬32°21′17.40″，海拔2531米。

行政属地：松潘县岷江乡北定关村。

地理环境：北定关关帝庙位于北定关村195号，现为北定关幼儿园，周围被民居所包围。

【现状概述】

北定关关帝庙始建年代不详，现已无存。原址上现建有北定关幼儿园。

据民国《松潘县志》记载，北定关建于明代。平面呈长方形，南北长69米，东西宽80米，占地面积5520平方米。城墙用土石筑成，用不规则的条石包砌外沿。现存东城墙长36.3米，高5.6米，厚2—3.1米不等；南、北、西城墙已毁。

【历史渊源】

民国《松潘县志》卷五《坛庙》载："县属南区各堡坛庙。关帝庙，北定关。"

北定关俯视

北定关关帝庙旧址俯视

岷江龙潭堡关帝庙旧址

【地理位置】

地理坐标：东经 103° 41′ 43.56″，北纬 32° 25′ 28.51″，海拔 2638 米。

行政属地：松潘县岷江乡龙潭堡村。

地理环境：位于岷江乡龙堡村原龙潭堡东北角处。

【现状概述】

始建于清代，20 世纪 60 年代被毁，原址上现建有民房。

龙潭堡始建于明代，东临大头山，西隔岷江为小咕噜山，南、北两面为民房。城址平面略呈正方形，占地面积 3844 平方米，城墙用不规则的条石包砌外沿，内筑土石而存。清末因岷江洪水泛滥，北、西墙及城门被冲毁。现存东墙长 36 米，高 4—5.1 米不等，厚 2—3 米不等；南墙长 21.7 米，宽 2—7 米不等，高 5 米。南门洞为砖石券拱顶，高 3.65 米，宽 3.15 米，深 6.9 米，拱券厚 1.75 米。

【历史渊源】

民国《松潘县志》卷五《坛庙》载："县属南区各堡坛庙。关帝庙，龙潭堡。"

龙潭堡村鸟瞰

龙潭堡关帝庙旧址

龙潭堡南城门洞

岷江新塘关关帝庙旧址

地理坐标：东经103°67′42.53″，北纬32°45′32.82″，海拔2667米。

行政属地：松潘县岷江乡新塘关村。

地理环境：位于新塘关村新塘关城堡城内东北角楼附近。现建有砖混水泥民房一幢，编号为新塘关村47号，周围为民居所环绕。

【现状概述】

新塘关关帝庙始建年代不详，民国时期被毁。

新塘关城堡东靠后山，西望范林，西临国道213线，距岷江35米。建于明代，面积2400平方米，平面呈矩形，城墙用不规则的石块砌成。现残存东、北城墙及马面。东墙长31米，高4.6—6.5米不等，厚1.5—2.7米不等；北墙长45米，高3.5—6.5米不等，厚0.95—3.5米不等。东、北马面各长1.45米，宽7.5米。是研究明代岷江上游古城建筑的实物见证。

【历史渊源】

民国《松潘县志》卷五《坛庙》载："县属南区各堡坛庙。关帝庙，新塘堡。"

新塘关村航拍

新塘关城内城墙

新塘关关帝庙旧址

镇坪金瓶岩武庙旧址

【地理位置】

地理坐标：东经103°45′14.37″，北纬32°15′17.48″，海拔2443米。

行政属地：松潘县镇坪乡金瓶岩村。

地理环境：位于镇坪乡金瓶岩村金瓶堡城内中部，现遗址上建有民房一幢，周围被民居建筑环绕。

【现状概述】

现遗址上建有民房一幢，门牌号为金瓶岩村46号。

据民国《松潘县志》载：金瓶岩始建于明代，东靠垮岩山，北临大坡地马场沟，南临格子沟，西距岷江70米，平面略呈长方形，南北长90米，东西宽64米。面积5760平方米，城墙用土石筑成，用不规则的条石包砌外沿。现存西城墙长25.3米，高3.9米，厚4.9米；东城墙长47.3米，高3.9米，厚4.9米；南城墙长64米，高3.1—7.8米不等，厚2—2.7米不等。留存马面长4.5米，宽4.9米。

【历史渊源】

民国《松潘县志》卷五《坛庙》载："县属平番城各坛庙。武庙，金瓶岩。"

金瓶岩北面梯

金瓶岩村航拍

金瓶岩武庙旧址

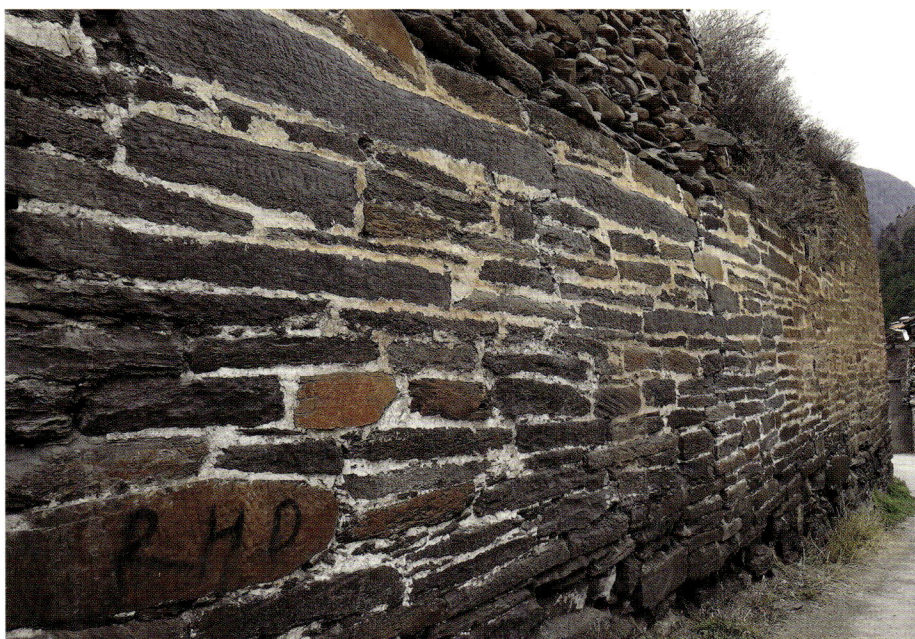
金瓶岩西面城墙局部

九寨沟县

安乐武圣楼观音阁

地理坐标：东经104°13′47.24″，北纬33°16′46.57″，海拔1440米。

行政属地：九寨沟县南坪镇中安乐村。

地理环境：位于南坪镇中安乐村1组中部，坐西北朝东南，横跨于村道上，周围被民居所环绕。

【现状概述】

中安乐武圣楼观音阁，当地俗称"过街楼"，单体建筑，上下两层，歇山顶，抬梁式结构。坐西北朝东南，横跨在村道上面，占地面积约50平方米，通高8.22米。屋顶梁架作透空式山花，山花下梯形屋面铺小青瓦。正脊、垂脊间铺青筒瓦。底层面阔三间6.4米，进深四间7.08米，高2.94米，柱身髹红漆，直径0.28—0.32米，部分立柱用天然石块做柱础。明间宽3.47米，可过车辆；次间作人行通道。西侧砌筑封闭山墙，东侧半封闭。二层通铺木地板，面阔三间，进深四间，板壁隔断，现代吊顶。明间分南、北两部分。北部东侧开单扇木门，门宽1米，高1.9米，供奉泥塑关

羽坐像，周仓、关平立像各居东、西提刀奉印。板壁内侧彩绘三国题材故事：桃园结义、三让徐州、虎牢关、千里走单骑、单刀赴会、白马坡、三顾茅庐、千里送皇嫂。南部东西两侧对开单扇木门，宽0.92米，高1.9米，供奉送子观音及善财童子、小龙女像。板壁两侧彩绘花鸟山水等图。西次间北侧为封闭式廊道，供奉土地公；南侧筑靠背栏杆（俗称"美人靠"），地面开天井式门洞，长1.47米，宽0.7米。东次间筑靠背栏杆。

【历史渊源】

始建于清光绪十年（1885），1985年建楼100周年时，由乡政府拨款3000元维修。1999年冬天村民集资10000元请甘肃文县画匠再次维修，顶楼中梁上有墨书"大清光绪十年四月二十日丑时上立柱，寅时上梁，安乐坝……"2013年再次维修。

民国《南坪乡土志·舆地总志·祠庙寺观》载："武圣楼观音阁，在下安乐街中，上有观音、武圣像。光绪十年建。"

武圣楼观音阁俯视

武圣楼观音阁

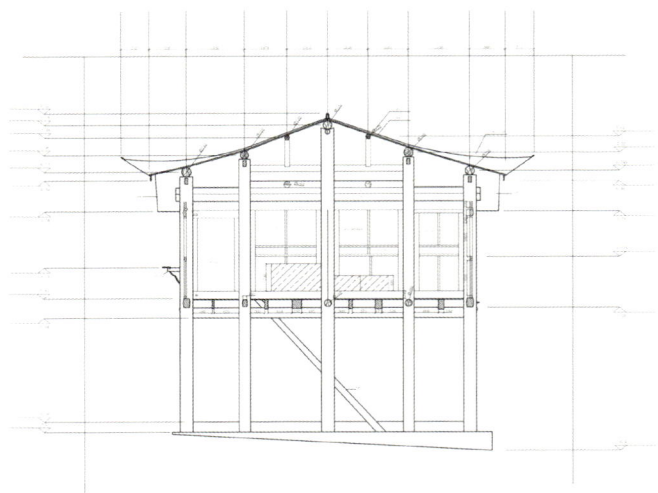

武圣楼观音阁剖面图

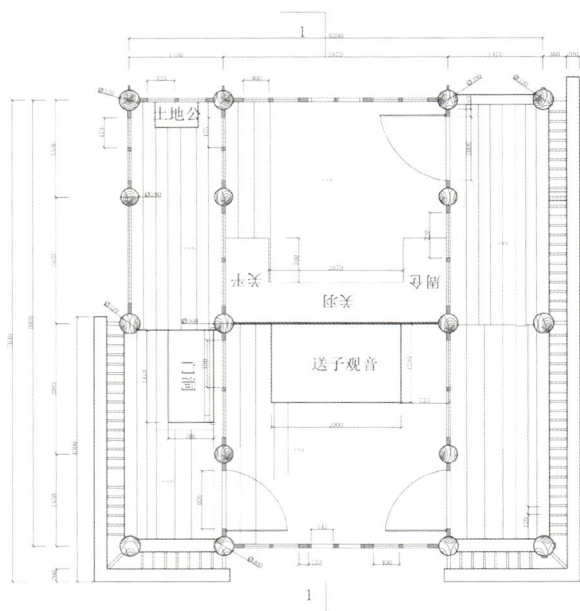

武圣楼观音阁二层平面

武圣楼观音阁山墙

关羽、关平、周仓塑像

武圣宫观音阁关平塑像

武圣宫观音阁周仓塑像

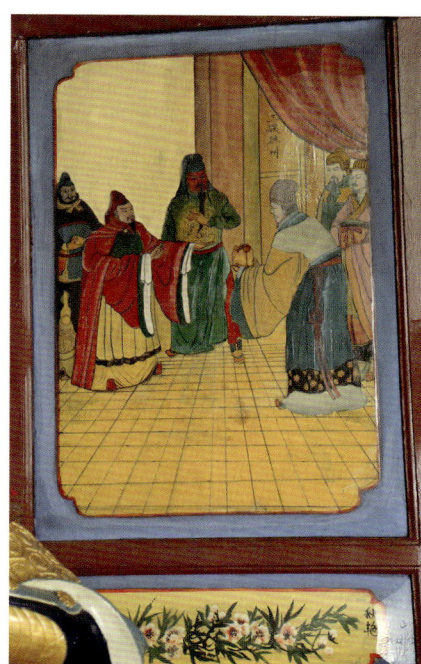

"三让徐州"木板绘画

黑河镇碧历村关公楼子

【地理位置】

地理坐标：东经104°3′48.95″，北纬33°32′36.06″，海拔2212米。

行政属地：九寨沟县黑河镇碧历村。

地理环境：位于黑河镇碧历村村口，坐北朝南，横跨于村道上，周围被民居所环绕。

【现状概述】

关公楼子坐北朝南，北偏东10°。抬梁式重檐过街木楼，两层，通高9.9米。底层为过街通道，高4.4米；二层为神殿，面阔四柱宽4.3米，进深四柱长4.7米，高5.5米；正面供奉关公夜读《春秋》坐像，左右侍周仓、关平立像，背面供奉送子观音等塑像，侧面供奉土地菩萨塑像。

【历史渊源】

始建于民国，因年久失修而梁柱糟朽倾斜，2006年，由马脑壳金矿公司、九寨沟金矿公司、福建万祥工程公司捐资重建。

《九寨沟县山水文化》载：民国时期，一位保长在碧历村一组寨子内修建了一个楼子，供奉关羽、观音菩萨，村民称此为"关公楼子"。楼子上方供奉了关羽及两个小将，希望关羽镇守此地，维护村内稳定平安；下方供奉观音菩萨及两个徒弟、魁星等，希望观音菩萨保佑村民平安幸福，村中人丁兴旺。逢年过节，村民都会在楼子上点灯、祈福。

碧历村关公楼子俯视

关公楼子

关羽、关平、周仓塑像

九寨沟城关武圣宫旧址

【地理位置】

地理坐标：东经104°14′8.32″，北纬33°15′39.69″，海拔1372米。

行政属地：九寨沟县城关。

地理环境：九寨沟城关第一小学所在地，周围为民居及机关办公楼所环绕。

【现状概述】

武圣宫建筑已不存，遗址上现建有九寨沟城关第一小学。

【历史渊源】

武圣宫（又名"武庙"）为南坪都司范永福于光绪十六年（1890）所建。新中国成立后改为南坪县城关第一小学，原建筑现已不存，原址上新建有教学楼和师生宿舍。

民国《南坪乡土志·舆地总志·祠庙寺观》载："武圣宫，在城外西南隅。正殿抱厦各三间，左客堂三间，右三间，中建戏楼一座，左右钟鼓楼各三间，山门内土地堂一座，右碑亭一座。南坪都司范永福布置修建，颇称壮丽。"

城关武圣宫遗址

《九寨沟县山水文化》对曾经的武圣宫建筑，有如下详尽记载：

武圣宫，又称武庙。从山门到正殿成三等九级式。山门之外廊有拱门二，山门至正殿为一轴线，两边为厢房与之对称，具有中国宫殿建筑模式，走进去给人庄严、宏伟、敬慕之感。从东西拱门而入，进入一个梯形草坪花园，在九级阶梯两边，右立豹花马，左为赤兔马。沿九级阶梯而上，迎面而来的是高大宏伟的硬山牌坊，雕刻精美，装饰富丽堂皇。有中门、西侧门、东侧门。过中门有一百平方米的方形草坪。草坪内栽榆树、槐树、松柏树，遮阴避日，花草芳香，飞鸟鸣唱，使人心旷神怡。牌坊两边，东为土地堂，西为碑亭，内立石刻碑五通。沿石板中道直至第二级十五阶梯南上便到牌楼。牌楼与戏楼连为一个整体建筑群，两边为两层高的书房楼。下为厢房，上为走马转角书楼，达官贵人可坐转角楼的廊道上观戏。内室作演员化妆更衣之用。牌楼上方正中有"武圣宫"三个大字竖匾，四周镶木厦火焰边。下为午门洞三，敞中门，二侧门装有木栏杆。戏楼周围有小石子铺成的坝子，供百姓观戏。

过戏楼登第三级十五阶梯而上，是一个方形卵石铺成的大院坝，有四个花台，各植松、柏、石榴、牡丹。院内两边有二十步台阶上第六级台地，台地建有抱厦一栋，抱厦气势磅礴，雄浑豪放。抱厦两边是正殿通道，再登八级阶梯上正殿。正殿三厅，中厅为关公塑像，左为关平，右为周仓。东厅为赵公明元帅，西厅为马王神。整个塑像形姿生动，神态如生，塑造工艺精湛，艺术价值很高。正殿属硬山宫廷式建筑，出落得庄严威武，从顶盖坐脊上的泥塑飞虎、二头鳌鱼吞脊到瓜角装饰，工艺堪称一流。

双河下马岩栈道及阴窝子栈道

【地理位置】

地理坐标：东经104°15′51.13″，北纬33°10′1.70″，海拔1290米。

行政属地：九寨沟县双河镇。

地理环境：下马岩栈道位于双河镇中和村境内白水河左侧崖壁上，因该处地势险要，悬崖峭壁上的栈道不能骑马，只能下马过道，故取名"下马岩"。阴窝子栈道位于双河镇中和村1组阴窝子西南方300米处珠沟河右侧崖壁上。

【保护级别】

1989年，下马岩栈道被公布为阿坝州文物保护单位。

【现状概述】

下马岩栈道分布在东西长200米的崖壁上，现存桩孔110余个。桩孔分上中下3层，层间距5—7米，孔洞横向平均间距2.6米。孔有大有小，有方有圆，小圆孔直径约0.10米，深0.15米，大圆孔直径0.22米，深0.25米，小方孔长0.08米，宽0.06米，深0.10米，大方孔为边长0.22米的正方形，深0.25米。最下面的两孔排列较规则，上下0.50米，上面的孔较高。据当地老人们介绍，下马岩栈道遗址离河边有十多米高，从河边往上看，孔洞都在半岩上。这里沟深峡窄，两山悬崖峭壁间只有汹涌澎湃的白水江滚滚流淌，人们无法从地面上通行，只好在半岩壁上凿洞修木栈道通行。现在看到的栈道经过两次公路改造，一次修电厂进水口而抬高了路面，改变了原来的形状。现岩壁上还保留有历代文武官员及游客墨书题记数幅及时代不详的点琢法刻画的"巫师御龙图"。

阴窝子栈道为南北走向，长约200米，大小桩孔不均匀地分布在距离河面12米高的崖壁上，边长0.2米的方形柱孔19个，直径0.20米的圆形柱孔2个，边长0.07—0.09米的方形小柱孔19个。

【历史渊源】

《三国志》卷二十八《魏书·邓艾传》记载："景元四年（263）……冬十月，艾自阴平道行无人之地七百余里，凿山通道，造作桥阁。山高谷深，至为艰险，又粮运将匮，濒于危殆。艾以毡自裹，推转而下。将士皆攀木缘崖，鱼贯而进。"相传此地的两处栈道均为魏将邓艾率军伐蜀时途经此地而开凿，其后历朝仍在开凿，直至明朝，故形成桩孔零乱不规整的现象。下马岩栈道和阴窝子栈道地理位置相近，共同反映了古南坪的交通状况，具有重要的历史价值。

阴窝子栈道全景

下马岩栈道全景

下马岩栈道"巫师御龙图"

下马岩栈道局部

下马岩栈道局部桩孔

阴窝子栈道桩孔

宋嘉泰壬戌（1202）十一月墨书题记

郭元柴门关栈道

【地理位置】

地理坐标：东经104°22′10.88″，北纬33°4′51.43″，海拔1203米。

行政属地：九寨沟县郭元乡。

地理环境：位于郭元乡青龙村境内，境内东与甘肃省文县石鸡坝镇水磨沟村相接，南与甘肃省文县石鸡坝镇边地坪村交界，北与本县回龙村相邻，西与后山相靠。

【保护级别】

1989年，被阿坝州人民政府公布为州级文物保护单位。

【现状概述】

此地为川甘两省交界处，秦蜀古道上的重要关隘，下临白水江，上倚峭壁，素有"秦川锁钥""蜀陇咽喉"之称。历史上的数次地震，造成部分岩体出现裂缝和错位，栈道大部分路段已毁。主要保存有四处题记，分别是九寨沟柴门关"秦川锁钥"、修路功德碑、"秦蜀交界"题记和夏毓秀"德政"题记。其中秦蜀交界题记，位于郭元乡青龙村东南1千米，在柴门关南端，距地面2.5米的崖壁上，石刻高1.7米，宽0.86米，楷书竖刻六行，"秦蜀交界"四字居中，两侧题记内容为："四川南坪营所属关外八寨，马尾山寨、盐土山寨、草

柴门关栈道鸟瞰

柴门关

柴门关栈道局部

栈道部分桩孔

清光绪五年修路功德碑

夏毓秀"政德"记

地沟寨、杨家湾寨、登龙山寨、水田寨、固水沟寨、斜坡寨。落款：雍正九年五月二十六日，四川松潘守备罗林刻石。"大字直径0.43米，小字直径0.03米。南坪营设置于雍正二年（1724），是松潘卫所辖营所之一，关外八寨即柴门关外八个山寨。"秦"指秦岭以北，原秦国所在地，这里泛指陕甘地区。柴门关是四川通过松潘卫到陕甘地区的最后一道关隘。

向北250米左右小道旁还有清光绪五年（1879）地震后修路功德碑题记，内容为："……委员治修城垣、路道。直隶州熊自勋督……署会龙汛把总岳华增暨绅粮、乡约、督工金富元等，修理路道，自捐赀金。光绪五年五月十二日寅时地震，上下无路，五日无人行走。即开新路一条，无处求款。今有广元赵兴发钱四十千文；绅士马振甲、左凤鸣钱六千文，□□□□官首事王恺、刘隆廷钱三千文，所右司蓝永福、口长吴春和钱四千文。落款：陈万镒撰书，石匠李洪恩。"

柴门关栈道现仅存部分古道和桩孔。栈道南北长90米，距河面高度为2—5米。栈道桩孔呈圆形，大小不一，平均直径为0.25米，深0.3米，横向平均间距为3米。

"秦川锁钥"石刻题记

"秦蜀交界"石刻

【历史渊源】

《南坪乡土志·形势》："南有柴门关，下临大江，上依峭壁，中通一路，为西蜀之保障，亦全川之咽喉……"。相传，三国时期魏国大将邓艾入川灭蜀时曾经过此地。

清雍正初年设关门楼阁，派兵驻守。咸丰庚申（1860），关楼毁于战火。光绪八年（1882）松潘总兵夏毓秀与陕甘总镇会哨于柴门关外马尾墩，见关危路险，南坪安危全系此关，于是与地方乡绅会商，由官府出资和地方筹款，修补岩道，复建关卡。夏毓秀亲题"秦川锁钥"牌匾悬于关楼之上。随着时代推移，特别是现代公路修通后，关楼湮没，牌匾无存，仅"秦蜀交界"四个大字镌刻于峭壁岩窝内。2006年，当地村民又在柴门关半山腰挖出掩埋多年的"秦川锁钥"及"夏毓秀德政"石刻。

南坪邓至山

【地理位置】

地理坐标：东经104°18′33.81″，北纬33°15′47.65″，海拔2617米。

行政属地：九寨沟县南坪镇双龙村。

地理环境：位于双龙村境内，东与甘肃省文县新寨村相邻，南与郭元乡木正沟花岩相接，西与保华乡隔江相望。距九寨沟县城7.5千米。

【现状概述】

邓至山，又名"野猪关梁子"。传说三国时邓艾伐蜀，曾经到过此山，因此得名"邓至山"。山下设关隘，称"野猪关"，距九寨沟县城7.5千米，是岷山山脉青山梁子的尾部，甘肃文县与九寨沟县界山。

【历史渊源】

当地民间传说，三国时期，魏国大将邓艾伐蜀时曾经到过此山，故当地百姓取名"邓至山"，当地羌民也自称"邓至羌"。《魏书》记载，北魏孝文帝时，邓至羌首领像舒治归附，被封为龙骧将军、邓至王。刘宋文帝及梁武帝时，邓至羌都遣使向南朝进贡，南朝宋、齐、梁三朝均授予邓至羌首领官爵。后数代，西魏恭帝初，首领像檐桁因吐谷浑的入侵而投奔西魏，太师、大冢宰宇文泰派秦州刺史宇文导将兵送还，筑邓至城。邓至城修筑在汉代甸氐道的故址上，因此二者在同一地方，位于扶州城南三里处，白水江在城墙东南方绕过，即今九寨沟县气象局至南坪中学之间。

民国时期，因柴门关险峻，邓至山成为甘肃省文县中寨镇一带的老百姓到九寨沟县走亲、经商的必经之路。1963年，经永和乡与永丰乡（现已并入南坪镇）协商，共同在此山上修筑了一条长30余千米的人行道，方便了两地群众。以后随着交通状况的不断改善，人们到甘肃文县多经文（县）南（坪县）公路，山路逐渐废弃，湮没于荒草之中。

远眺邓至山

野猪关

野猪关鸟瞰

武圣大楼旧址

【地理位置】

地理坐标：东经104° 13′ 59.46″，北纬33° 15′ 55.24″，海拔1411米。

行政属地：九寨沟县永乐镇清平二村戏院路。

地理环境：四周民居环绕。

【现状概述】

武圣大楼旧址现为清平二村活动中心，据实地调查，此地原有陕西商人修建的陕西会馆，分前后两院，前院为戏院，后院为宝刹（寺庙），内供刘备、关羽、张飞三人塑像，故又名"武庙""三元宫""忠义宫"，意为保一方平安。20世纪六七十年代建筑被拆毁无存，仅留戏院路这一地名。

【历史渊源】

《南坪乡土志·舆地总志·祠庙寺观》载："武圣大楼一座，在城外东北角，约高六丈，上塑武圣、观音像，光绪二十年（1894）建。"

清平二村武圣大楼旧址

金川县

马尔邦武庙（雷音寺）

【地理位置】

地理坐标：东经102° 0′ 19.63″，北纬31° 12′ 13.35″，海拔2059米。

行政属地：金川县马奈镇八角塘村。

地理环境：位于马奈镇八角塘村马尔邦组，大金川河西岸约100米，省道211公路西侧约20米。周围为民居和农田所环绕。

【现状概述】

马尔邦武庙现存建筑为单体建筑，带抱厦式勾连搭顶铺小青瓦，石木结构，混合梁架。坐东南朝西北，占地面积约173平方米，通高约4.6米，瓷砖地面。阶梯式踏道8级。保留大部分清代梁架，局部改建。面阔三间12.04米，进深10.1米，墙厚0.5—0.69米。明间抬梁式结构，原扇面墙已改建为跨次间的水泥隔断和供台，供奉阿弥陀佛、释迦牟尼、地藏王、莲花佛、石菩萨、南海观音、千手观音等释道神祇及本教墨尔多神。次间山墙为穿斗式结构，进深七间。北山墙中柱与内金柱间筑水泥台，供奉关羽坐像。外金柱板壁墙和隔扇木门改建为砖墙、玻璃窗和对开木门，门宽2.04米、高2.1米。门厅横梁上有墨书题记。庙内有两通石碑，一通为清道光二十年（1940）《培修马邦汛武庙小序》，一通已残断两截，字迹模糊不可辩。

马尔邦武庙

马尔邦武庙山墙

马尔邦武庙正殿

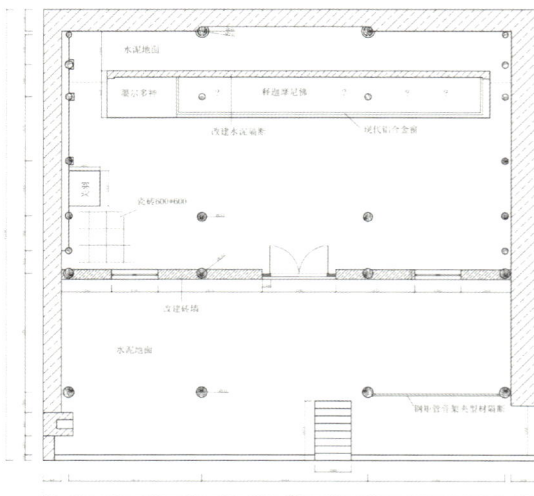

马尔邦武庙（雷音寺）平面图

马尔邦武庙关羽塑像

马尔邦武庙板壁画

马尔邦武庙墨尔多神塑像

马尔邦武庙横梁墨书题记

武庙最早名为"盖王庙"。清乾隆平定大小金川后，在此设置安宁营马邦汛，屯驻军队，因屯兵们崇拜关羽的忠诚与大义，将盖王庙改建为武庙。第一次鸦片战争后，为纪念在宁波战役中牺牲的汉藏士兵，又进行了改扩建，奉祀牺牲者灵牌。该庙宇原规模宏大，气势不凡，中有古松两株，树径粗及两人合抱。20世纪六七十年代，此处为社队仓库及开会场所，建筑得以保留，但庙内原有塑像及装饰板画已不存。20世纪90年代初，灵非沙弥主持维修，并改名为雷音寺。

【文献资料】

金川马尔邦武庙（雷音寺）墨书题记

驻防马邦专诚永宁右营部厅功加十四等纪录二十一次□；驻防木租汛建昌镇属宁越营部厅功加十等纪录十五次□；驻防石门汛建昌镇属泸宁营部厅功加四等纪录二十次□；驻防曾达建昌右营副司厅功加三等纪录九次卢；驻防马奈汛龙安营副司厅功加五等纪录十三次杨。

……公建……部厅加五级松林重修。大清光绪十八年岁在壬辰孟夏月吉日。

四川阜和营……；中军建昌右营……；功加十等纪录十五次赵；……钦赐部厅驻防八角塘汛……；……钦赐蓝翎驻防巴旺汛……等重建。木工：胡玉章、黄先周；涮工：尤万□。

培修马邦汛武庙小序
万古流芳

马邦汛之有关帝庙由来旧矣。历年既多，倾颓益甚。愚等目击心伤，不忍坐视，邀同志为绍厥前徽计。幸而事以义举，集腋成裘。于是鸠工它材，舍旧图新。虽非改弦更张，实为补偏救弊。高其闬闳，则殿宇辉煌矣；厚其墙垣，则外观有耀矣。一经振作，焕然可观。视前此萧条寂寞之状，不啻相悬万万。更复装彩神像，改塑周、平二位神祇，易立而为侍坐马夫。于事功告竣之余，追维往日零落之象，倘非好施者不乏人，乐助者不乏人，曷克臻此？是之谓土壤不辞，所以成泰山之高也；细流不择，所以成河海之深也。兹将姓氏勒石，岂求表扬于后世，莫非共白于今兹。庶几美无弗彰，善无不扬也云尔，是为序。

计开：

小金汉牛屯守备头人上功德银三两；测隆屯守备板橙尔甲上功德钱贰千文。

署崇化营都司、永宁营守备方廷超助银肆两、外瓦三千、灰一千斤；管理崇化军粮屯政、加三级邹照助钱贰千文；署崇化营领哨、卡撒汛把总高映晨助钱壹千文；崇化营广法汛领哨外委马茂祥助钱壹千文；崇化营曾达汛左司外委陈廷芳助银一两五钱；崇化营马奈汛右司外委杨占魁助银一两五钱；署崇化营曾达外委何定芳助钱贰仟三百文；崇宁文生方新助银壹两；署崇化营广法汛外委王临助钱四百文；前任崇化营卡撒汛把总邹洪宽助钱一千文；国子监刘时彦助钱一千文；正九品曾毓鉴助钱一千文；日格脑屯把总、代办守备生根助钱贰千文；格尔党寨代办守备、屯把总何尔甲助钱贰千文；执布朗屯外委、行营都司苍旺什吉助钱一千文；卡卡角屯把总思丹巴助钱贰千文；执布朗头人甲噶助钱一千文；四卡南喇嘛助钱一千五百文；执布朗小头人行营守备苍旺龙助钱一千文；阖营马步兵丁等共助银三拾两。

唐贵助钱三千三百文；王纶、杨廷贵二名各助钱二千文；魏斌、颜怀朝、安国全、李福、王玉林、得耳江本，以上六名各助钱一千五百文；陈万寿、喻廷忠、游德明、戴业兴、黄春元、傅有贵、傅在朝、游学忠、周培天，以上九名各助钱一千文；黄开照、胥大有、直忠、李永昌、李福成、路超林、三卡、王成、黄正贵、牟升、王兴顺、金芳利、韩泰、安国富、钱迫、金芳训、张文仲、舒道芳、孟启有、刘仲康、甲木初江本，以上二十一名每名各助钱壹千文；陈飞鹏、汪朝贵、杨兴顺、向茂林、郭文喜、袁芝荣，各助钱八百文；蒋三贵、雷大顺、周尚才、张伦、苏王魁、赖文贵、宁忠怀、李玉成，各助钱陆百文；何文贵、赵天才、贾玉龙、胡应祥、赵永清、饶玉春、陈仁和、杨奇秀、黄廷举，各助钱五百文；童定国、天登贵、向廷元、戴荣升、戴万和、陈恺、罗朝福、张文学、王玉顺、王忠、杨奇元、那沙泗、

唐焕章、杨纯志、张翰霄、王廷杨、毛登魁、甲木初、杨通事、梁舟国、赵文书、俞在朝，廿二名各助钱伍百文；俞澄倬、迥奈、唐文林、赵天龙、蔡文贵、杨兴顺、高映洪、木太、曹良友、韩九贵、陈文贵、吴天才、戚国玺、龙太、程乌、丫雀、姜木、朱世元、杨忠大、马天倬、赵天荣、康华，二十三名各助钱伍百文；雷世荣、松扎、日根太，各钱五百文；舒晴川、杨万清、许明岱、盛贵、杨秀龙、郭子龙、钱光玉、寇金保，各助钱四百文；杨万富、何永福、王元海、王天福、向良贵、舒道明、向良得、殷成章、汪占春、廖正超、金芳友、金芳贵、向良元，十三名各助钱三百文；康永富、肯蚌、陈四超、生庚、林广兴、周尚元、韩飞、雷乃欢、刘学祥、李三仲、刘玉春、李文寿、聂万贵、车开印，以上十三名各助钱三百文。

募化会首：王国相、胡应祥、傅有贵、陈万寿、王长春、刘天常、杨奇秀、盛贵、吴登贵、饶遇春、戴业兴、金致福、游学忠、赵永清、童定国。

领袖会首：

总管：署马邦汛把总姚忠礼、署曾达汛外委何定芳、署马奈汛外委马志林。

仝办：邹长福、马遇贵、杨万清、喻廷忠、安国全、金玉贵、高长春、王章、王纶、牟升、唐贵、喻在朝。

营书喻长荣撰并书。

大清道光贰拾年仲夏月下浣吉日
谷旦

753

安宁关帝庙旧址

【地理位置】

地理坐标：东经102° 3′ 1.73″，北纬31° 17′ 24.24″，海拔2129米。

行政属地：金川县安宁镇安宁村。

地理环境：位于金川县安宁镇安宁村关帝庙组，金川河东岸一级台地，上面为缓坡，有居民数十户，背依高山，下临金川河，左为炭厂沟，右为八角碉沟。山腰处有御碑亭，内竖立清乾隆亲撰的《御制平定金川勒铭噶拉依碑》。

【现状概述】

关帝庙旧址，东西长约50米，南北宽约40米，占地面积约2000平方米。现地表尚存花岗岩石拴马桩一对，东北向45°，间距14米，竖长方体，弧形顶抹角，开方形和圆形缰绳洞各一个。东侧拴马桩高约1.3米，宽0.6米，厚0.37米；西侧拴马石高约1.5米，宽0.6米，厚0.4米。

建筑群原有石碑四通。碑一为乾隆五十一年（1786）《重修安宁关帝庙碑序》，现被压于一农户厕所墙下；碑二为同治九年（1870）维修功德碑，现立于一农户果园墙边；碑三为"惠公同好"碑，现叠压在附近的水沟上；碑四在20世纪80年代被移至八角沟水库，改刻为水库修建纪念碑。

【历史渊源】

安宁乡，在清代平定金川后为六汉屯之一的崇化屯，驻崇化营。安宁关帝庙为金川县为数不多的关帝庙，在金川下河地区有着广泛的影响力。

刘永光编民国《崇化屯志略·祠庙》载："关帝庙，乾隆四十五年建。"

据调查，此地原为一处规模宏大、气势雄伟的寺庙建筑群，三进院落，中有天井。后为娘娘庙，中为城隍庙，前为关帝庙，门前还有戏楼。歇山式顶施小青瓦，穿斗、抬梁混合梁架，红髹彩绘，庄重肃穆。始建于清乾隆四十一年（1776）左右，由崇化屯驻地官兵捐资修建。乾隆五十一年（1786）重修。同治九年（1870）维修。20世纪六七十年代建筑被拆除，被改为农田及宅基地。

安宁关帝庙旧址

安宁关帝庙旧址 1 号拴马桩

安宁关帝庙碑二

重修安宁关帝庙碑
俎豆重修

　　盖闻建修殿宇为善者，创始于前，以明禋祀；而年远倾颓，乐善者重葺于后，永奉蒸尝。况我帝君，赫濯之声灵，古今所共仰。普天存浩气，中外所咸钦。宇庙自屯防时，各官兵捐赀建造，然皆版片扇盖，久经风雨飘淋，多损坍之处。朔望诣叩，实不足以昭诚敬。今我营官兵等目击感奋，悉愿各捐俸饷，鸠工重建，以肃观瞻而敬抒诚，非敢日积善余庆之□期，亦以续明禋于永祀云尔。

　　督修领袖：

　　懋功协中军都司张占魁，四川崇化营游击亮福，前任崇化屯务蒋士椿，管理崇化屯务卞潮，中军守备汤万年同左、右哨总龚应魁、李端，左、右司把总陈万年、戴升云，领哨外委钱朝聘，左、右司外委韩大魁、康恒彩，额外外委周纯明、刘永清。

　　阖营书传马步兵丁等重建。

乾隆伍拾壹年岁次丙午孟夏月吉旦

安宁关帝庙旧址拴马石立面分布图

绥靖武庙旧址

【地理位置】

地理坐标：东经102°3′53.9″，北纬31°28′41.32″，海拔2149米。

行政属地：金川县勒乌镇新街。

地理环境：勒乌镇新街十字路口附近，现为金州华府商住楼。

【现状概述】

绥靖武庙所在地现已开发为金州华府商住楼，所有原建筑已荡然无存。

【历史渊源】

道光《绥靖屯志》卷五《祀典·祠庙》载："（武庙）在屯治南三里。乾隆四十四年（1779）分驻阿尔古屯防事、维州协副将李天祐建。（乾隆四十）五年游击陈大刚、守备何连升募修。"

另据调查，武庙占地宽敞，前有练兵场，由正门及大殿组成，两侧为粉红砖墙。大殿为石木结构，歇山式顶盖小青瓦，内供关羽及手下大将周仓、关平等。院内两侧建有楼亭，四角悬挂风铃。道光五年（1825），绥靖营游击陈文跃、守备赵廷跃、千总王国治率众兵士募捐，在左侧新建昭忠祠，祀门墙壁上记有建屯以后在若干重大战事中阵亡、病故官兵的名单，共计241人。民国时设私塾于内。1953年改为城厢中心完全小学。1959年改为大金森工局机关和供销社用地。20世纪六七十年代，武庙被拆除，改建为民居。21世纪初修建广电大厦。2010年改建为金州华府住宅楼。

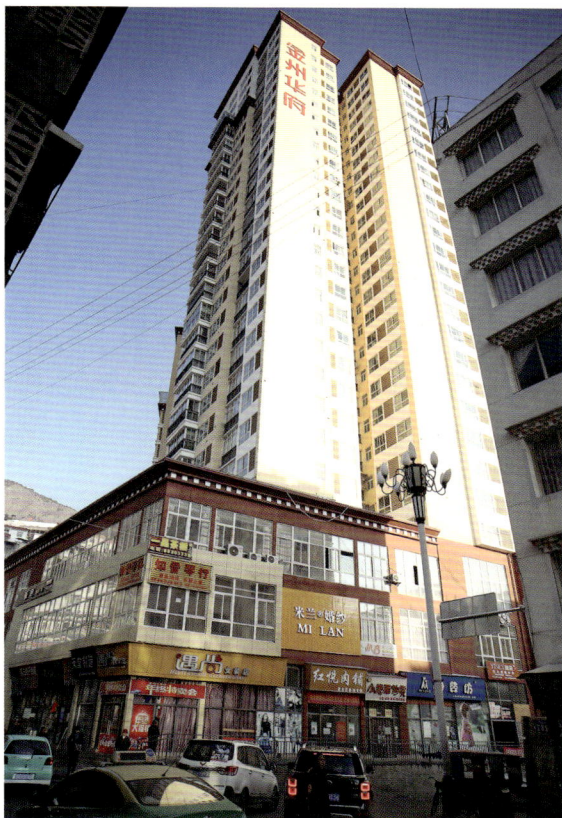

金川绥靖武庙旧址

【文献资料】

道光《绥靖屯志》卷五《祀典·祠庙》载："武庙，在屯治南三里。乾隆四十四年（1779）分驻阿尔古屯防事、维州协副将李天祐建。（乾隆四十）五年游击陈大刚、守备何连升募修。"

道光《绥靖屯志》卷五《祀典·祠庙》载："关帝庙，左道。道光五年绥靖营游击陈文耀、守备赵廷耀、千总王国治率众兵等捐建。内祀历来出师阵亡病故员弁兵丁，附录职名于后。"

小金县

八角武圣宫

【地理位置】

地理坐标：东经102°26′19.63″，北纬31°8′46.64″，海拔2573米。

行政属地：小金县八角镇农光村。

地理环境：位于八角镇农光村1组（又称"老街"）东部，东邻村道，其余三面皆为耕地、民房。

【现状概述】

八角武圣宫采用四合院式布局，占地面积约870平方米，基本保留清代建筑布局和风貌，均采用悬山式顶铺小青瓦。坐北朝南，北偏东55°。正殿为单体建筑，坐北朝南，东壁外添建龛式构筑物供奉孔子塑像，西侧与厢房间设龙门。西厢房呈L形布局，北端设三仙殿，供奉妙颜、妙善和妙音仙女塑像。南厢房与大门间新建砖混结构六角攒尖顶字库。东厢房呈I形布局，南端供奉土地公塑像及三元天尊、南海观音和虚空道人牌位，北端添建小屋供奉青苗、土地公塑像。

正殿占地面积约96平方米，通高4.65米，石木结构，混合梁架，柱身髹红漆，水泥地面。除局部梁架更换、添建吊顶外，主体结构保留清制。面阔三间11.91米，进深6.97米，墙厚0.5米。正门门额上方悬挂木质横匾，上书"忠义参天"，落款时间为1993年。左右两侧悬挂楹联一副为："秉烛岂避嫌，斯夜一心在汉室；华容非报德，此时两眼已无曹。"明

间宽4米，抬梁式结构，对开隔扇木门，宽1.35米，高1.9米，檐柱添加现代悬塑飞龙。主尊供奉关羽坐像，周仓居西，关平居东，另有侍童两名。次间宽3.3米，靠山墙侧为穿斗式梁架结构，进深六间，两侧各有对开隔扇木门，宽0.92米，高1.9米。东次间供奉文财神、药王菩萨和马王三尊塑像，西次间供奉三仙娘娘（妙颜、妙善和妙音）塑像。外金柱与檐柱间相对而立石碑一通。西侧清光绪年间石碑，大部分文字已剥蚀，内容不可辨。东侧现代石碑，记载村民捐款修缮武圣宫事宜。檐柱下栏杆已改建为水泥栏杆。

【历史渊源】

八角武圣宫文献无载。但从建筑梁架横梁的墨书题记、清乾隆五十八年（1793）功德碑、清光绪二十年（1894）培修木牌、现代碑刻，以及现场调查得知，武圣宫始建于清乾隆五十八年（1793），清光绪二十年（1894）进行大规模培修，其后又经历多次培修。1935年红军长征经过此地时，曾建八角乡苏维埃政府于此。20世纪六七十年代改为小学校。21世纪初又对原有建筑进行维修及扩建，形成今日之规模。

八角武圣宫鸟瞰

八角武圣宫

武圣宫正殿大门

八角武圣宫关羽塑像

八角武圣宫关平塑像

八角武圣宫周仓塑像

光绪二十年功德牌

武圣宫帮银捌两。无名氏帮银□叁两。

计开：

三仙殿塑像共用银叁拾捌两伍钱柒分。兵、民工（功）德银拾柒两，钱两分。

塑匠去银拾肆两。

王贵借麦贰斛；董发兴借麦壹斛；胡永德借银壹两零贰分；朱洪兴借银壹两；王桂友借银贰两伍钱；外借有簿约交与首事。

武圣宫塑观音、药王、龙王站像共十四尊，去塑匠工银拾肆两；开光酬客用银肆两贰钱。圣宫帮银捌两贰钱；部厅萧助功德银伍两；汪洪兴助功德银伍两；

观音庙培修庙宇踏道用钱拾贰仟□百□□文，由汛销无名氏出。

武庙拨入余荒租贰斛，何万志结佃。部厅萧拨余荒租贰斛，生地租钱伍百文，何玉吉结佃。

猫鼻梁公修关隘捐助功德银花名内：部厅萧捐银叁两；陈裕泰捐银捌钱；高荣寿捐银叁两；朱洪兴捐银捌钱；汪洪兴捐银三两；李顺扬捐银陆钱；陶桂山捐银壹两；杨应芳捐银陆钱；郭长兴捐银壹两；胡玉龙捐银伍钱。

以上捐银□□□两叁钱，不□外在无名氏上捐银玖两捌钱。

总共费用银贰拾肆两壹钱。屯政于大老爷培修路工捐钱叁仟文；副府江大老爷培修路工捐钱叁仟文；营汛官兵培修路工捐银拾捌两；部厅萧培修路工捐银贰两、钱四仟九佰三十文；武圣宫培修路工捐钱四仟九百三十文。

石观音培修庙宇路道壹拾贰仟柒佰叁拾文，由庙设款培修。培修路道总共费用钱叁拾柒仟叁百壹拾文。

光绪二十年仲春吉日

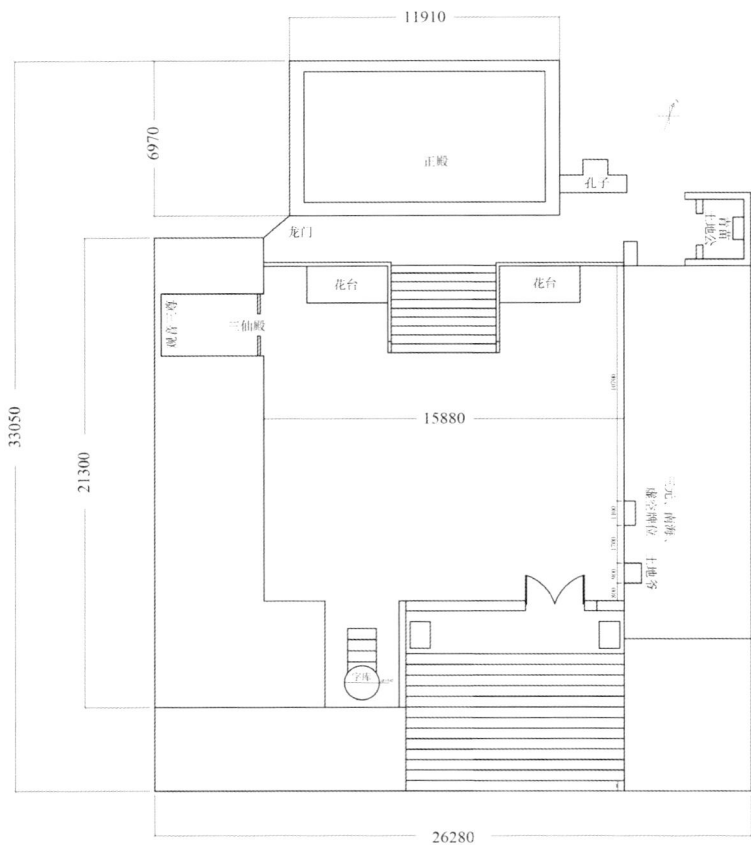

八角武圣宫平面图

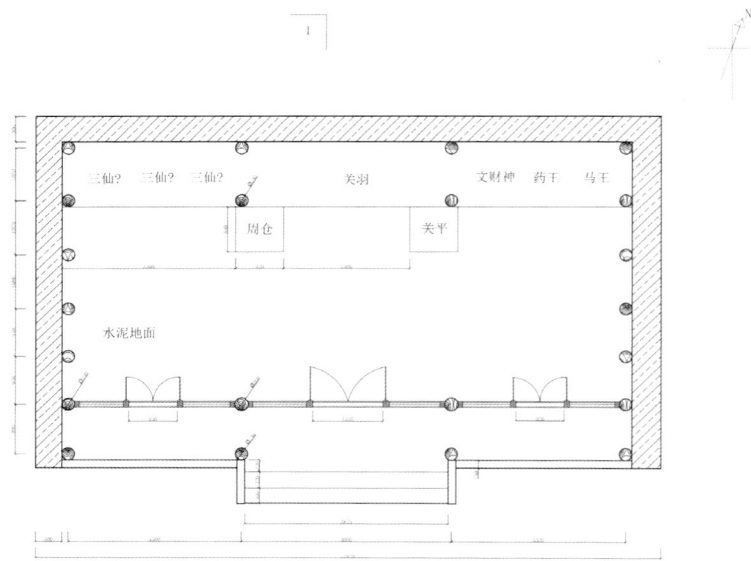

八角武圣宫正殿平面图

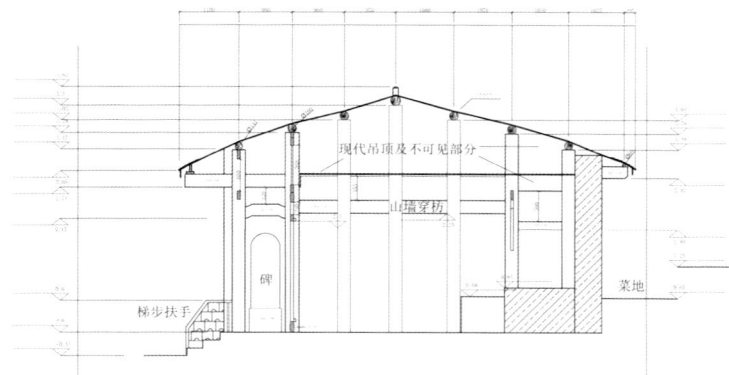

八角武圣宫正殿剖面图

762

武圣宫正殿

八角武圣宫右厢房

武圣宫清光绪二十年（1894）功德碑

达维滴水关帝庙

【地理位置】

地理坐标：东经102°42′43.69″，北纬30°58′46.95″，海拔2769米。

行政属地：小金县达维镇滴水村3组。

地理环境：位于小金县达维镇滴水村3组村幼儿园东侧。北面为一狭窄巷道可直通映（秀）小（金）公路，西面隔墙为村幼儿园，西、南面为农田。

【现状概述】

滴水关帝庙现保存较为完好。单体建筑，坐东南朝西北，石木结构，中立两排三柱支撑横梁，横梁两头平置于片石墙上，悬山式顶铺红色机制板瓦，占地面积约117平方米，通高约5.2米，水泥地面，供台处铺瓷砖。面阔三间9.9米，进深四间9.95米、墙厚0.38米。明间宽3.05米，对开木门，宽1.28米。主尊供奉关羽坐像，东侧周仓坐像，西侧关平坐像，呈"八"字形分布。东次间宽3.25米。由南至北供奉墨尔多神、孔子、川主、猪神、药王、牛王、三仙、南天王、石佛、释迦牟尼、太上老君和如来佛；西次间宽2.84米，由南至北供奉灵观、地藏菩萨、马王、龙王、地母、观音菩萨、普贤菩萨和玉皇大帝。正殿外东侧搭建阁楼，供奉送子观音，阁楼下供奉土地公公和土地婆婆。

【历史渊源】

滴水关帝庙无文献记载。根据调查采访，系民国时期由民间自发修建。因年久失修垮塌，现有建筑复建于20世纪80年代，后屡有维修，近年再于顶上加顶，盖红色板瓦，以抵抗当地大风。塑像为近年来新塑，庙会会期为每年农历五月十三日，当地称为"磨刀会"。

达维镇滴水村关帝庙

达维镇滴水村关帝庙梁架

达维镇滴水村关帝庙关羽塑像

达维镇滴水村关帝庙墨尔多神塑像

达维镇滴水村关帝庙周仓塑像

达维镇滴水村关帝庙关平塑像

达维镇滴水村关帝庙平面图

766

抚边文武庙

地理坐标：东经102°28′35.32″，北纬31°17′3.87″，海拔2767米。

行政属地：小金县抚边乡粮台村。

地理环境：位于阿坝州小金县抚边乡粮台村老街中段。东距"王公殉节碑"12米，南面紧邻村道，北为农山，西近民居。

【现状概述】

抚边文武庙保存较为完好，现保留清末两进院落布局，前殿文昌宫，后殿武圣宫，占地面积约200平方米，坐南朝北，悬山式顶铺小青瓦，混合式梁架，地面满铺小青砖。

文昌宫占地面积约60平方米，面阔三间9.4米，进深五间6.25米，通高5.63米，通装板壁。明间抬梁式结构宽3.6米，对开隔扇木门，宽1.33米，高2米。次间山墙采用穿斗式梁架结构。其中，东次间宽2.85米，南侧开单扇木门通后殿武圣宫，门宽0.77米；西次间宽2.95米，山墙内壁墨书现代仿红军标语。无塑像供奉。

武圣宫占地面积约74平方米，面阔三间11.6米，进深四间6.25米，通高5.56米，除北墙板壁外，三面均砌石墙，厚0.45米。明间宽3.65米，抬梁式结构，对开隔扇木门，宽1.2米，高1.9米，门额悬挂"忠义参天"木质横匾，无楹联。室内主尊供奉泥塑关羽坐像，周仓坐像居东，关平坐像居西，呈"八"字形分布。次间山墙为穿斗式梁架结构，东次间宽2.91米，供奉川主塑像；西次间宽3.5米，供奉火神塑像。

【历史渊源】

清乾隆兴兵金川时在粮台村设木达屯。乾隆平定大小金川战役后，设立抚边屯。抚边文武庙始建于清代，后来多有培修。1935年红军长征路过时，于此处建立苏维埃政府，现前殿正门上方木装板上烙印标语，红三十军政委李先念曾住于此。20世纪六七十年代曾作其他用途，20世纪80年代恢复宗教信仰后开始延续香火。2000年前后为抚边村老年活动中心，在前殿设有红军文物陈列室。2017年当地文物部门进行修缮，使整体环境大有改观。

抚边文武庙航拍

抚边文武庙文昌宫侧面梁架

抚边文武庙武圣宫

抚边文武庙武圣宫梁架

抚边文武庙关羽、周仓、关平塑像

抚边文武庙川主塑像

川主神　　关羽　　火神

周仓　　关平

满铺方形青砖350×350

水泥台基

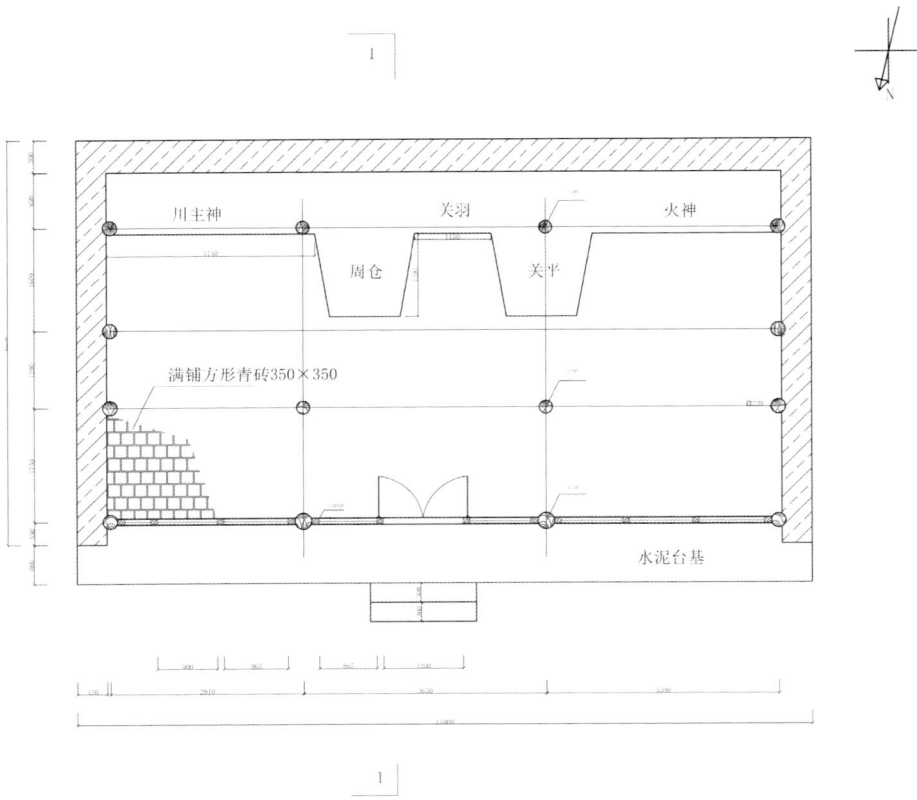

抚边文武庙武圣宫平面图

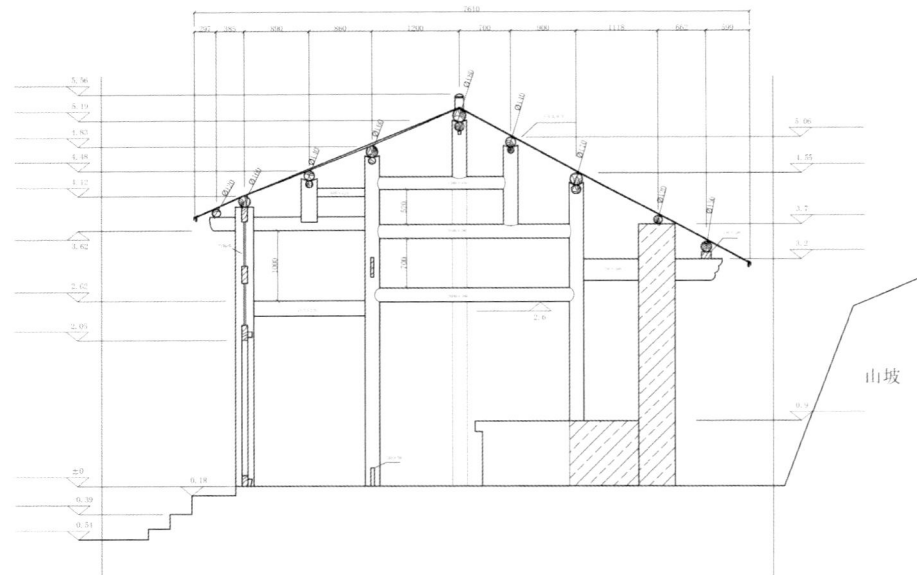

山坡

抚边文武庙武圣宫剖面图

结斯关帝庙

地理坐标：东经102°32′8.75″，北纬31°3′45.82″，海拔2591米。

行政属地：小金县结斯乡大坝村。

地理环境：结斯关帝庙位于结斯乡大坝村3组，沃日河支流结斯沟东岸一级阶地。南面前临结斯沟，东、西、北三面为农田及民房。现村民多为藏族，仅有少数为汉族。

【现状概述】

结斯关帝庙保存基本完好，为前后两进院落布局。前殿为关帝庙，一层，中为天井；后殿为玉皇庙，两层，抬梁式建筑，底层为库房，二层供奉玉皇大帝。

关帝庙为前殿，坐西北朝东南，石木结构单体建筑，重檐悬山式顶铺机制板瓦，面阔三间12.65米，进深三间7.57米，通高6.46米，瓷砖地面，占地面积约100平方米。明间

结斯关帝庙鸟瞰

宽4.72米，抬梁式梁架，中心四根通柱支撑至屋顶形成天井，开玻璃窗增加室内采光。三联六扇木门，宽1.33米，高2.3米。次间山墙做承重墙。

大殿内东、南、西三面砌筑水泥台，后墙面满铺彩绘藏式吉祥八宝等图案。主尊供奉关羽坐像，周仓居左，关平居右，呈"八"字形分布，另供奉观音菩萨、牛王、青苗、土地公公、马王、龙王、地藏王、宗喀巴大师、墨尔多神、三霄娘娘和送子观音等各宗教信仰神祇塑像，体现了藏、汉文化相融的特点。

【历史渊源】

结斯关帝庙文献无记载。据调查，该建筑系清乾隆平定金川后由驻守别斯满屯的屯军所建，由关帝庙和玉皇庙前后两进院落构成。20世纪六七十年代作为社队保管室和活动场所。20世纪80年代后，当地百姓自发筹资，在保留建筑原有梁架结构外，对墙体、屋顶及室内进行了较大改造，现已成为村民开展日常活动的重要场所。

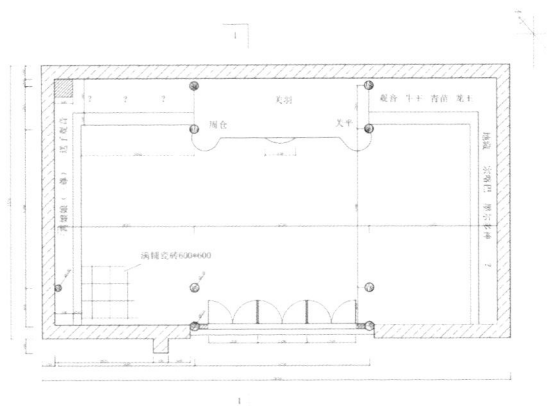

结斯关帝庙平面图

结斯关帝庙剖面图

结斯关帝庙关羽、关平、周仓塑像

结斯关帝庙关羽塑像

结斯关帝庙周仓塑像

结斯关帝庙关平塑像

结斯关帝庙屋顶天井

结斯关帝庙梁架

高店子关帝庙

【地理位置】

地理坐标：东经102° 26′ 38.85″，北纬31° 0′ 53.32″，海拔2539米。

行政属地：小金县美兴镇下马厂村。

地理环境：位于达维河北岸高半山上，下马厂村四组高店子寨子东部一山脊坡地上。西临深沟，北面陡坡下为达维河，东、南面为梯田。

【现状概述】

高店子关帝庙为单体建筑，石木结构，片石墙体，抬梁式梁架，一层，平顶。坐南朝北，面阔11.1米，进深7.7米，高约5米，占地面积约80平方米，正殿供奉关帝、周仓、关平塑像，配有药王、财神、三仙娘娘、太上老君、马王、牛王、孔圣人、女娲、地母、释迦牟尼、观音等塑像。

【历史渊源】

老营乡在清代为懋功营下属军队驻地，设有上下马场。此处关帝庙的兴建应与屯兵有关。20世纪六七十年代被毁，20世纪80年代初，当地百姓又在原址重建，并开展宗教活动。

高店子关帝庙

高店子关帝庙关羽塑像

高店子关帝庙关平塑像

高店子关帝庙周仓塑像

老营关帝庙

【地理位置】

地理坐标：东经102° 24′ 40.25″，北纬31° 0′ 57.05″，海拔2390米。

行政属地：小金县美兴镇老营村1组。

地理环境：北临村道，东、西、南三面为农田环绕。

【现状概述】

老营关帝庙由山门、大殿及其他功能用房组成，占地面积约500平方米。山门为混凝土仿木结构，二柱一开间，盝顶施红褐色琉璃筒瓦，门额上方悬挂木质"关帝庙"横匾。大殿为单体建筑，悬山式顶铺红褐色琉璃筒瓦，坐南朝北，占地面积约163平方米，通高约5米，现代装饰吊顶，水泥地面。原建筑为梁架结构，现按原制改建成水泥框架结构。面阔三间13.34米，进深隔断成四部分12.25米，墙厚0.47米。明间采用H形布局，宽4.75米，对开隔扇木门，宽1.25米、高2米。主尊供奉关羽坐像，周仓居东，关平居西，"一"字形分布，另供奉观音菩萨、牛王、马王、土地公等民间信仰文化塑像。正门门楣悬挂木质横匾，正中书写"忠义参天"，左侧"清乾隆乙卯岁夷则月吉旦"，右侧"阖省众姓等立。奎光朱松敬题"。正门右侧廊道立乾隆六十年（1795）功德碑一通。

老营关帝庙鸟瞰

老营关帝庙山门

老营关帝庙关羽塑像

778

老营关帝庙文献无记载。根据正殿右侧的清代石碑，该庙应迁建于清乾隆五十年（1785），原址不详。乾隆六十年（1795）进行大的维修。20世纪70年代前曾作老营小学校，后被毁坏。1986年当地村民自发募捐，重建山门、正殿等，重塑神像金身。2018年重新装修，即成今日之格局。

【文献资料】

小金老营关帝庙功德碑
永垂万古

[碑阳]……大汉义□□□□□扫克除魔，千秋应感，荡荡乎，神功显迹□□乎，扶国佑民。合受我朝圣天子恩睛，劲加扶国祐民春秋佛祖，旌表忠义齐天。今□□□普天下人民沾德，万国中集受神恩，福庇群黎，恩布万方。肇自乾隆五十年上浣□□□场通众安，议觅堪舆卜胜地，迁建名山。十余年来，家家乐业，户户清畅者，荷蒙神佑□□也。予等心念上天之德，恩酬护庇之灵，领首佥议，欲为装塑诸圣金身，设供万岁龙台，修葺东西两廊。且夫神像庄严，装彩以备。今将众善捐赀募化文武官宦缙绅以及过往商贾兵弁民人等，此时功成告竣，今将所化善士众金名刊碑，永垂不朽，是以为序。

领袖会首：

新川号助银贰拾伍两；恒顺号助银贰拾两；大生号助银玖两；华盛号助银捌两；梁□□助银拾肆两；黄□□助银拾肆两；□□□助银拾肆两；□□苍助银拾叁两；□□规助银拾壹两；□星照助银拾壹两；□布明助银拾壹两；□兴号助银拾两；□□亮助银拾两；高国良助银捌两捌钱；范秀南助银柒两贰钱；苟文光助银柒两；张国成助银陆两叁钱；柯隆和助银陆两；甘超起助银伍两；郎尔甲助银伍两；肖连凤助银肆两捌钱；温奉章助钱肆两；周灿助银肆两，李岐山助银叁两叁钱；杨显民助银叁两叁钱；□□□助银叁两贰钱……颜不饶助银贰两七分；张全盛助银贰两五分；李东海助银贰两五分；黄明礼助银贰两；岳忠全助银贰两；沈光明助银贰两；江元宽助银贰两；卓秀朗助银贰两；协春铺助银贰两；胥翔起助银贰两；邱□桂助银贰两；彭□体助银贰两；温天安助银一两六分；刘德松助银一两五分；正兴瓜子助银一两二分……阎文亮助银一两二分；张明峰助银一两贰分；戴树杨助银一两贰钱；周朝结助银一两贰分；刘光明助银一两贰分；种世伦助银一两；喻振蒙助银一两；涂耀魁助银一两；李升猷助银一两；蒋成奇助银一两；王文耀助银一两；胡廷宣助银一两；黄龙助银一两……

[碑阴]捐资办员名单，略。

大清乾隆六十年孟冬月……

乾隆乙卯年修建关帝庙功德碑

老营关帝庙乾隆乙卯年匾额

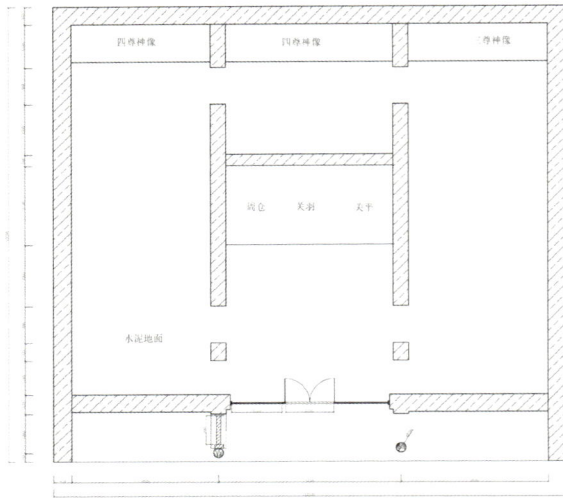

老营关帝庙平面图

两河口关帝庙

【地理位置】

地理坐标：东经102°28′26.39″，北纬31°29′14.50″，海拔3025米。

行政属地：小金县两河口镇。

地理环境：位于两河口镇两河村山脚两河口会议纪念地范围内。东北与两河口会议纪念馆相邻，西北、西南隔围墙与民居相伴，东南坡上为毛泽东主席站立塑像。

【保护级别】

2006年，被国务院公布为全国重点文物保护单位。

【现状概述】

两河口关帝庙原建筑现仅存附殿一座，旧称马房。附殿为单体建筑，石木结构，片石墙体，穿斗式梁架，歇山式顶铺小青瓦，坐西北朝东南，占地面积约41.6平方米，通高5.15米，石板地面。面阔三间6.1米，进深三间6.4米，墙厚0.39—0.5米。明间宽3米，三联四扇雕花木门，宽1.316米，高1.8米。次间山墙通铺板壁，外包石墙，檐柱间装通壁隔扇。原关帝像已毁，现供奉送子观音，但侧方仍供奉有关羽、关平、周仓牌位。

【历史渊源】

两河口关帝庙文献无记载。据调查，两河口关帝庙始建于清朝，由山门、正殿、后殿、左右厢房及附殿组成，规模宏大，气势非凡。1935年6月26—29日，中共中央在此召开政治局扩大会议，确立了建立川陕甘根据地的战略方针，史称"两河口会议"。20世纪50年代，主体建筑被全部拆除，仅保留了附殿。并在原址新建了青砖墙房屋，作为两河口乡木器社生产生活之用。之后随着岁月流逝，管理不善，逐渐破败，几近废弃。2008年汶川大地震后，由江西省在原址援建了两河口会议纪念馆及其他附属设施，将此打造成红色景区和爱国主义教育基地。

两河口关帝庙鸟瞰

关帝庙附殿俯视

关帝庙附殿前廊房梁

两河口关帝庙附殿

附殿歇山式屋面

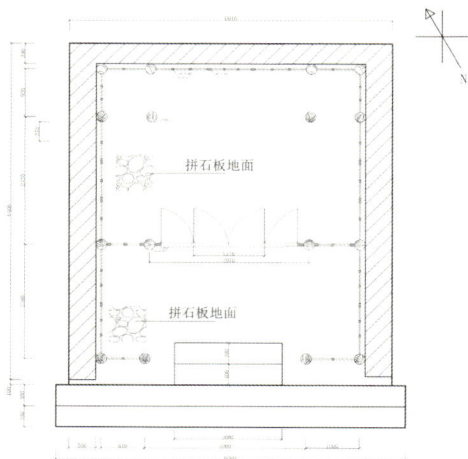
两河口关帝庙附殿平面图

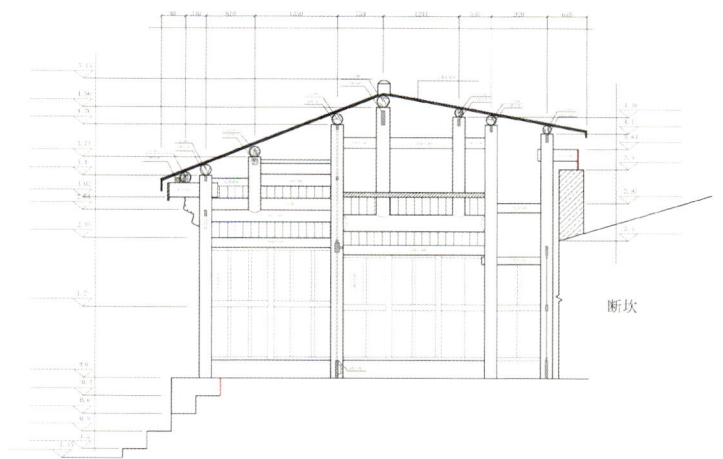
两河口关帝庙附殿剖面图

美兴营盘关帝庙

【地理位置】

地理坐标：东经102°21′58.29″，北纬31°0′2.28″，海拔2286米。

行政属地：小金县美兴镇营盘村。

地理环境：东为村道，隔道与民居相近；西与营盘龙王庙毗邻；北为广场，与村委会对望；南为梯田及民居。

【保护级别】

2019年，被阿坝州人民政府公布为州级文物保护单位。

【现状概述】

营盘关帝庙原为四合院布局，由山门、左右厢房、大殿、钟楼、鼓楼组成，现仅存大殿及钟楼，鼓楼为2018年新建。大殿坐南朝北，北偏东25度。悬山式二层抬梁结构，筒瓦屋面。面阔五间20.5米，进深四间13米，通高9米，建筑面积266.5平方米。正殿一层主位供奉关帝，左右侍周仓、关平，偏殿有川主、土地、三霄娘娘、雷公、电母等神像，二层梁架上堆金、彩绘有各类图案。关帝庙钟楼为单檐歇山式顶施筒瓦，抬梁式梁架，面阔两间5.84米，进深两间5.19米，高9.84米，建筑面积60.62平方米。

美兴营盘关帝庙俯视

营盘关帝庙大殿梁架上有四处墨书题记。东、西墙上镶嵌石碑2通，分别为清同治七年（1868）《懋功营"马朋条规"碑》和清光绪十七年（1891）《武庙及龙王庙盂兰会佃客碑》。钟楼上悬挂一口清乾隆五十二年（1787）铸造的铁钟。大殿左侧储物间墙边还散存古碑两通，分别为清嘉庆二十年（1815）《禁令碑》和清光绪二十六年（1900）《抑故扶新碑》。

【历史渊源】

营盘关帝庙，也称"武庙""关岳庙"。营盘村在清乾隆平定金川后为懋功营驻地，故关帝庙始建于清代乾隆年间。据2018年维修时发现的梁架墨书题记，现存建筑为清乾隆十六年（1751）重建，后又屡次修缮。20世纪六七十年代作为社队保管室。20世纪80年代初开始恢复香火。2018年村上投资进行维修，并复建了鼓楼。

【文献资料】

小金美兴营盘街关帝庙禁令碑

窃惟教练营伍，固贵乎严；而驱使兵丁，尤贵以礼。故《武经》有云："动之以礼，抚之以仁。"盖以执掌兵权者，须宜惠爱焉，而未可滥役加之也。惟查懋功地方，自安设营制以来，即有杂派差徭之陋习。协宪大人卢，到任以来，体恤兵艰，饬令将营中一切差派，全行禁止。各等因层次转行下队众目等遵，将奉札禁止缘由层次禀复协宪，并请竖立碑记，以垂久远。旋蒙协宪批示："据禀奉行，将营中不应有之锣匠兵丁，遵即裁撤。并将背运板片、砍伐树林以及背柴、割草之兵，全行禁止，并请勒石刊碑，以垂久远。缘由已悉，查营中兵丁，

原以技艺正项，差掺为重。从前陋习相沿，亟当别除，以肃营伍。是以令将此等匠役及背运差丁，全行裁撤，归伍掺演技艺，以资掺防。今据该马步队目等，恳请勒石刊碑，久远遵照。据此如禀准行。至所补枪炮、箭靶以及利棍等项，需用板片、木条，仍由各队轮流拨兵砍运。应目等情，虽系营中公件，究恐借此又开派众背运之渐，难以准行。况查此项须用无多，嗣后遇有枪炮、箭靶损坏，应需板片、木条修补之处，即由该队目回明两哨，转请钱粮。衙门给价制买，勿许派拨兵丁砍伐背运，更不许摊扣众兵。至称营门堆卡一项，虽此处风雪飘零，易于颓塌，亦非常用修茸之事。如当大宪巡阅之际，修补整齐，以壮观瞻，所议尚是，如禀准行。但大宪巡阅非常有之事，设遇按临，营中大小员弁，均有应派差事，俱不能安坐营中，况兵丁乎？尤须秉公轮流派拨，以昭公允而均劳逸。事毕，即行停止，毋得稍滋纷扰为要。仰即转饬弁目等，一体遵照办理可也，毋违此缴。"各等因批示下队队目等，是以遵奉勒石，以期久而不违云。

协镇四川懋功等处地方都督府带寻常加一级卢。

四川懋功协标中军都阃府胥。

四川懋功协标领左、右哨部厅李、刘、刘、赖。

四川懋功协标分防明、崇、僧、翁，约汛司厅黄、侯、谢、□。

阖营马、步、战、守兵丁等公立。

广汉李淇撰书。

石匠任思辅敬刊。

大清嘉庆二十年岁次乙亥夹钟月下浣谷旦

美兴营盘关帝庙

美兴营盘关帝庙关羽、关平、周仓塑像

美兴镇关帝庙关羽塑像

美兴营盘关帝庙关平塑像

美兴营盘关帝庙周仓塑像

小金美兴营盘懋功营
"马朋条规"碑
永敕遵循

为公议章程禀请立案，以济永远事。

窃照我营，原自乾隆年间金川善后安设，营伍禀立马朋应领条规各款。于嘉庆二十三年八月十四日，奉协宪苏札批："据禀各条，均属妥协。如禀准行，仰即饬令，嗣后照此永远遵办，此缴。"等。因立规久，经办理在案。因同治四年五月内，奉协宪苏、都宪王堂示："已接督协明函，开：云及川省各营，历起出师各处，由军支领草干。现奉部查，摧取应急，应如何办理？旋据提塘粮书禀报，奉督协传谕：'同由。已据该书等折报，由省呈交督协衙门银六百六十余两，以作部费等谕。'奉此，当将我营并未带马出征，亦未由军前支领草干，祈请声明，申覆不难。部示：'庶免咨疑，连此禀请，均奉批饬。其马干一项，量来川省一律，而所交部费银数，饬由营设弥填销。'"众等共商，莫可如何。只得将先年原买马桑寨马兵放马草厂荒地一段，佃写民人萧□□，取收压租银贰百两，填销垫费。但刻今，荒地开垦宽敞，而该佃民从中分佃花户。诚恐年久弊生，是将萧姓原佃银贰百两退给该民。营中各认花户，照量取压收租，共计压佃银贰百两，苄麦租九十三斛。同治八年为始，以请照前批于采买定盘，照价折算，于十月内分给各马兵添补草料，以济弁槽喂养。至于委、署、汛缺原因，上宪鼓励人材，自有该汛筹麦及坐。省供差坐塘之兵，均与在营骑标之兵劳逸不同，其出征之马兵分有行粮坐饷，不得入此摊分存。诚原属帖缺，应请入于摊分之数。其马价奖赏，均

另从同治八年为始起算。至坐塘马兵，不得私行回营取巧，寅缘当差，以异旧章。各项条程，除立朋档登注，呈请盖印遵办外，为此具禀。于同治七年十一月二十四日，奉专宪包札开："为录批札知事，案奉都宪同札开：'照得前据领哨禀称，为公议章程，禀请马朋登档立案，俾济永远遵循事。'案奉协宪秀批开：'据禀已悉。该哨司马队弁目等，公议马朋条规，甚属当宜。准其每年例报马价十匹，迭销费项以三匹，二分留朋开销。至于马桑寨所收租粮，亦准以折价，分给各马兵草料之需。着照造立朋档，务须按年清算迭销，勿得挪移浸吞，方昭公允，而免物议。仰该中军转饬该马队，遵照立案，永远循章办理，可也。准所议派往坐塘之马兵，不得私行取巧，回营当差。既有旧章，自应仍循其旧办理，勿庸再议。是为至要，切切毋违。'等批。转行奉此，公同竖碑，永远循照此章。"

一计所招佃户取压收租花名银两、租石数目内：□□□银贰拾两，租捌斛；□□□银贰拾两，租八斛；□□银贰拾两，租七斛；□□□银叁拾两，租拾叁斛；□□□银贰拾五两，租拾一斛；□□□银贰拾两，租三斛；□□□银三两五钱，租五斛；□□□银贰拾五两，租五斛；□□□银贰拾壹两五钱，租七斛；□□□银拾五两，租九斛；□□□其佃无银，租五斛；蛮桥沟共租拾五斛。其所取压银，俟将朋项销清、充裕，逐退压佃，以退银拾两，加租贰斛。是以爰将各项，一并注立于石。

懋功营马队总领目及朋内人宋万春、蒋钦等公立

同治七年季冬月中浣藩诚□书

美兴营盘关帝庙懋功营"马朋条规"碑

美兴营盘关帝庙清代碑刻

小金美兴营盘街武庙及龙王庙盂兰会佃客碑

永垂不朽

窃维我懋功，自乾隆年间金川善后，营中建修武庙一所。下余功德银两，曾由前辈同事等置买户地、街房，每年收纳租麦、地皮银钱等项，以作庙内香火应用之需。嗣因营中官弁兵丁，历奉调遣各省打仗，阵亡以及故丁等，均系为国捐躯，殁于王事。迨军务肃清后，凡我在营首事等，不忍忠魂寂寞，是以倡首捐资银两，在于龙王庙后殿内新设盂兰会，将历起阵伤亡故姓氏，设立牌位，供俸于此。先后置买街房、菜园以及戏厢等项，每年收纳各项银钱，作为会内清明、中元、经卫并焚献等项应用之需，以彰祀典而慰忠魂。但此二庙向来由营中拣派领目等充当首事，其庙地内有修造房屋者，每年纳租点钱。嗣因会内有不肖首事，陡起觊觎之心，或佃客系伊等亲谊，私将钱项减数付给，或全行不付；兼之有将庙地化为乌有，并将原立簿据涂改杂乱；抑且将庙内所收银钱，私行肥己，难以查考。较上年所收租项，有减无增，每年入不敷出。是以予等窥破其中颠末，再三筹画，恐生车鉴，伊于胡底。惟有会商当事人等，逐层陈明，各上司奉准，饬将各佃客现纳各项银钱、租麦数目，刊碑勒石，以垂永远，免致日久，弊隙丛生，扯止将来，以为永志。

武庙佃客：

杨照租钱十千文；钟光明租钱九千文；何学俸租钱四千文；张磨房租钱四千文；马兴源租钱贰千文；王春林、张应槐各租钱一千五百文；蒋文寿、陈芝林租钱六百文；郭俸荣、何友明各租钱一千文；张治堂、王平各租钱五百文；汪老七、赵益合各租钱四百文；唐三师、祁国富、吴世龙各租钱贰百文；钟巴租钱贰百文；边成龙租钱一百文；刘映榜地租八钱，租银三钱；韦得馨房租银六两；周匡瑞租银三两；申道明、邓文玉各房租银贰两四钱；龙云卿房租银贰两；王耀基房租银一两四钱；王锡章地租银六钱；许桂芳租银六钱；范维勋、刘俸举各租银五钱；宋廷梁地租银五钱；龙济瀛租银四钱；周世兴、罗石匠各租银三钱；曹云章地租银一钱五分；陈国安租银一分；刘映福地、房租银各三钱；黄金玉地租银贰钱；陈培基、陈培元、邓□林各租银贰钱；史应奎租银五钱；童登山坨地租银贰钱；吴绍增、张万云各租银一钱；刘大兴地租银一两五钱。

又收沙龙沟租麦三十六合。由钱粮衙门经收，照采买折价。

盂兰会佃客：

郑复兴房租银十一两；何长顺租银十贰两；吕善隆租银十一两；吴登榜房租银六两；许桂芳租银一两贰钱；钟光明租钱八千文；王天元房租钱五千文。

盂兰会收万慰斌租麦八合。

钦加提督衔、记名遇缺简放、总镇四川懋功等处地方协镇都督府克勇巴图鲁滕。

钦加协镇衔、调署四川懋功协中衙都阃府、宁越营都阃府即升游府马

署四川懋功协标领哨专城部厅、提标左营即升副府杨。

马步领旗：龙耀腾、王启贤、马永富、马光耀、彭永祥、罗三品。

首事：刘俸全、赵安邦、郑仁恺立。

张先志书。

石匠：康朝万。

　　　　　　光绪十七年仲夏月吉日竖

美兴营盘关帝庙钟楼

美兴营盘关帝庙卷棚

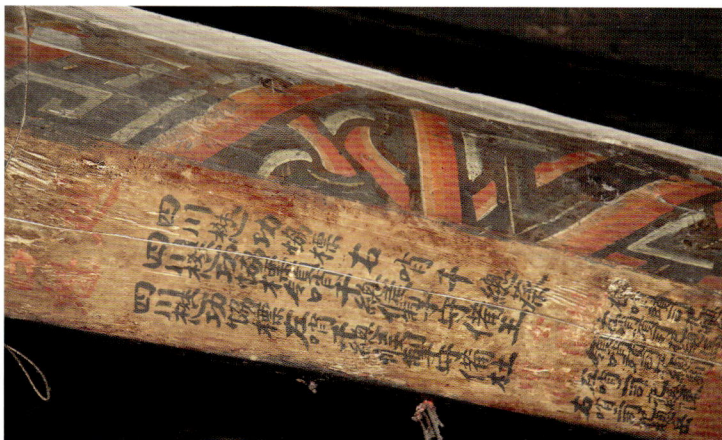
美兴营盘关帝庙横梁题记

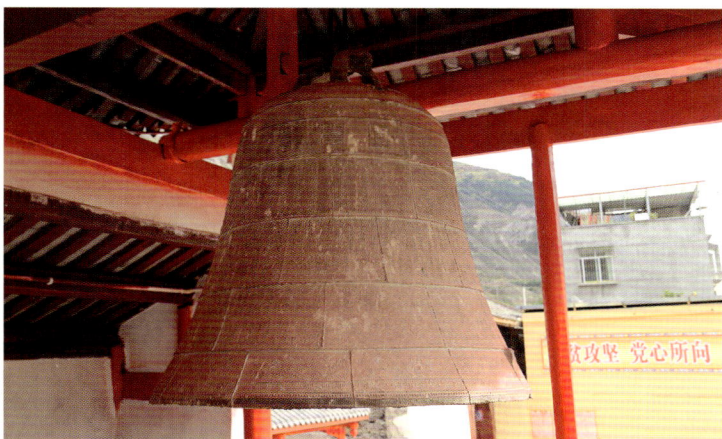
美兴营盘关帝庙清乾隆五十二年（1787）铸铁钟

小金营盘关帝庙墨书题记

中梁：大清乾隆十六年岁次四月朔七日重建。□□衔赏戴花翎，总理懋功屯政府，记大功十二次□□□；顶戴署四川懋功协镇都督府绰克绰□巴图鲁□□□；同知衔管理懋功□即明正堂□□□；花翎特授懋功□□都阃府升□□□□；同知衔管理懋功屯政即补县□□□；□□署四川懋功中卫都阃府□□□；花翎进衔府□物授懋功领哨部厅□□□；五营官弁兵丁领旗首事。

横梁1：四川成都将军统辖松、建文武控制曹兵提调……

横梁2：……协标中军□□□□功加二十七等军功纪录一十八次寻常加一张刘；……中军守备带功加二十等功纪录三十四次寻常加一级张；四川懋功协标右哨千总蔡；四川懋功协标领哨千总候掣守备王；四川懋功协标左哨千总候掣守备杜；右哨头司把总刘；左哨头司把总马；领哨头司把总刘；左哨二司把总陈；右哨二司把总岳。

横梁3：协镇四川懋功等处地方都督府扎□图鲁□□□；……功加十等纪录三十五次寻常纪录一次张；总理两金等处粮饷四川重庆理民府加三级纪录五次王；管理美诺军屯粮务□州府经厅王；管理章谷军粮厅冯；管理美诺军屯粮务成都县分县吴；四川懋功协标□哨头司外委把总何；左哨二司外委把总李；左哨外委千总罗；左哨头司外委把总韦；右哨外委千总王；右哨二司外委祀总何；左哨额外外委何；领哨额外外委王；右哨额外外委严。阖营马步兵丁等。僧格宗屯守备安；八角碉屯守备木；别思满屯守备阿；汉牛屯守备王。公□。

木坡关帝庙

【地理位置】

地理坐标：东经102°27′3.73″，北纬31°13′49.81″，海拔2628米。

行政属地：小金县木坡乡木坡村。

地理环境：位于木坡村中，南距乡政府200米，周围被民居环绕。

【现状概述】

木坡关帝庙现由山门和大殿组成。

山门较为简单，即在两墙间安置木质框架，双开门，水泥板，前有石质阶梯。门额上方悬挂一木质横匾，烫金镌刻"关帝庙"三字，两侧悬挂楹联一副，上书："释道儒三教尽顶礼慈善孝道；佛法僧三宝尽皈依普度众生。"

大殿为单体现代建筑，坐南朝北，石木结构，硬山式顶铺机制瓦，占地面积约126平方米，通高约4.8米，现代吊顶装饰，水泥地面。

面阔18.5米，进深6.82米，墙厚0.5米。由东向西用石墙分隔为四间，第一间内主尊供奉关羽坐像，周仓居东，关平居西，"八"字形分布，另有张飞牌位和马王塑像。其余各间供奉观音菩萨、地藏菩萨、绿度母、阿弥陀佛等释、道、儒塑像或造像。正房中间大门两侧亦有楹联一副："汉封侯宋封王明封大帝历朝加尊号；儒称圣释称佛道称天尊三教尽皈依。"门额悬挂一横匾，上书"忠义千秋"。院内还有清代同治年间石质香炉一具。

【历史渊源】

木坡关帝庙文献无记载。据调查，该庙始于清代，为当地屯兵所建，20世纪六七十年代被毁，仅存一棵建庙时植的参天大树。现有建筑为2000年后由当地百姓自筹资金新建。

木坡关帝庙山门

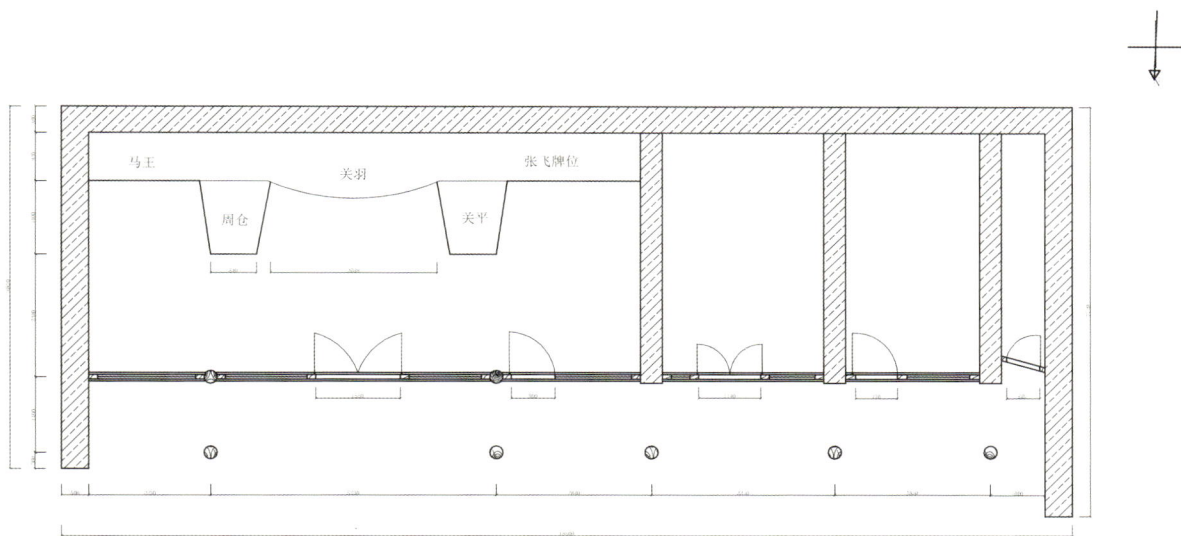

木坡乡木坡村关帝庙平面图

木坡关帝庙正殿门楹

木坡关帝庙清同治年间香炉

木坡关帝庙关羽、关平、周仓塑像

木坡关帝庙关羽塑像

木坡关帝庙关平塑像

木坡关帝庙周仓塑像

日尔关帝庙

地理坐标：东经102° 35′ 15.45″，北纬30° 59′ 25.71″，海拔2627米。

行政属地：小金县日尔乡日尔村。

地理环境：位于日尔村西约1000米，沃日河东岸半山腰一小平台上，下临沃日河，四周为陡峭荒坡，仅有一小道可通。

【现状概述】

日尔关帝庙依山而建，藏式平顶建筑，石木结构。平面呈不规则分布，坐东南朝西北，占地面积约170平方米，通高约3.6米，水泥地面。自东向西面阔三间共14.87米，进深二间共12.26米，墙厚0.43米。第一间为厨房，面阔7.47米，进深4.4米。单开木门，宽0.75米。第二间面阔6.05米，进深4.54米。对开木门，宽1.395米，高1.9米。主尊供奉关羽坐像，周仓居东、关平居西，"一"字形分布。另有墨尔多神和财神塑像。第三间面阔3.5米，进深4.54米。对开木门，宽1.25米。供奉观音菩萨和王母娘娘。第三间背面添建一房，面阔3.67米，进深3.41米。北墙开单扇木门，宽0.6米，内供奉玉皇大帝。

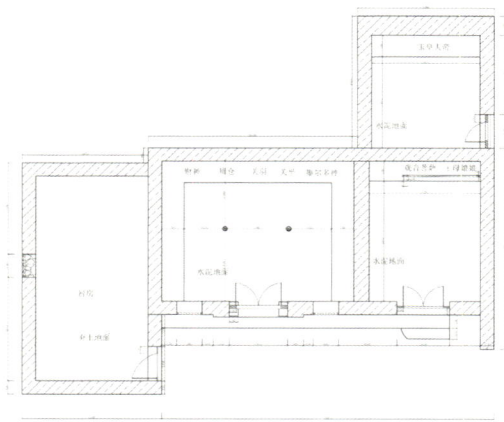

日尔关帝庙平面图

日尔关帝庙殿内塑像

【历史渊源】

日尔关帝庙文献无记载。据调查，关帝庙原建于半山坡地当地称之为"马场"的地方；由于不方便老年人上下，近年来迁建至此。马场应是清代驻兵牧马之地，关帝庙的始建应与屯兵有关。

日尔关帝庙俯视

日尔关帝庙

沙坝关帝庙

【地理位置】

地理坐标：东经102°45′29.06″，北纬30°58′50.55″，海拔2792米。

行政属地：小金县四姑娘山镇沙坝村。

地理环境：位于小金县四姑娘山镇沙坝村2组，日隆沟北岸一级阶地。背靠大山，面对中国熊猫大道，东邻东方峰雅酒店，西为农田。

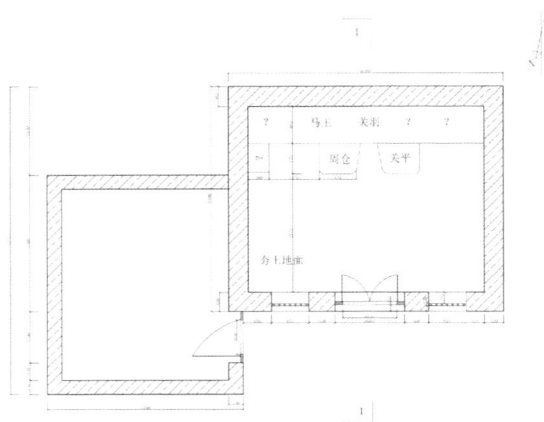

沙坝关帝庙平面图

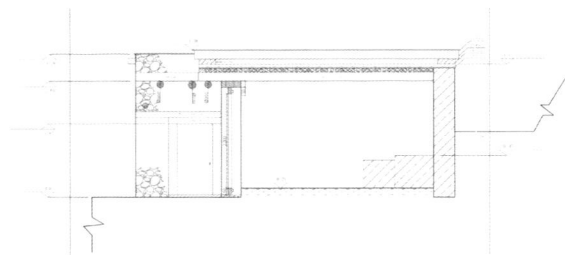

沙坝关帝庙剖面图

【现状概述】

沙坝关帝庙为藏式平顶建筑，石木结构。平面呈不规则分布，坐南朝北，占地面积约123平方米，通高约3.4米，夯土地面。正殿面阔6.3米，进深5.3米，墙厚0.45—0.48米。对开木门，宽1.24米，高2.2米。主尊供奉关羽坐像，周仓居东，关平居西，"八"字形分布，另有马王、观音、牛王、猪八戒等民间信仰塑像，正殿东侧添建厨房一间，长5.14米，宽4.49米。现建筑顶部加盖塑钢板材防止漏雨。沙坝关帝庙属于藏式关帝庙，是汉藏传统文化相融合的代表。

【历史渊源】

沙坝关帝庙文献无记载。据调查，始建于民国，1984年开始恢复香火，现有建筑为近年新修。

沙坝关帝庙

沙坝关帝庙平顶梁架

沙坝关帝庙关羽、
关平、周仓塑像

甘孜藏族自治州

　　甘孜藏族自治州，位于四川省西部，东北与阿坝藏族羌族自治州、雅安市相接，南面与凉山彝族自治州、云南省迪庆藏族自治州相连，西面与西藏昌都市隔金沙江相望，西北角与青海省玉树藏族自治州、果洛藏族自治州相邻。截至2022年底，全州下辖泸定、丹巴、九龙、雅江、道孚、炉霍、甘孜、新龙、德格、白玉、石渠、色达、理塘、巴塘、乡城、稻城、得荣17个县，代管康定1个县级市。三国时期，今康定、泸定、九龙一带主要属于蜀汉益州汉嘉郡辖地。

甘孜藏族自治州三国文化遗存点位分布图

1　郭达山
2　将军庙
3　观音阁西方三圣殿
4　泸定三圣宫
5　甘露寺关爷殿
6　道孚关帝庙
7　德贡波
8　巴塘关帝庙

撰稿：彭　波
摄影：彭　波　吴　娲
绘图：尚春杰

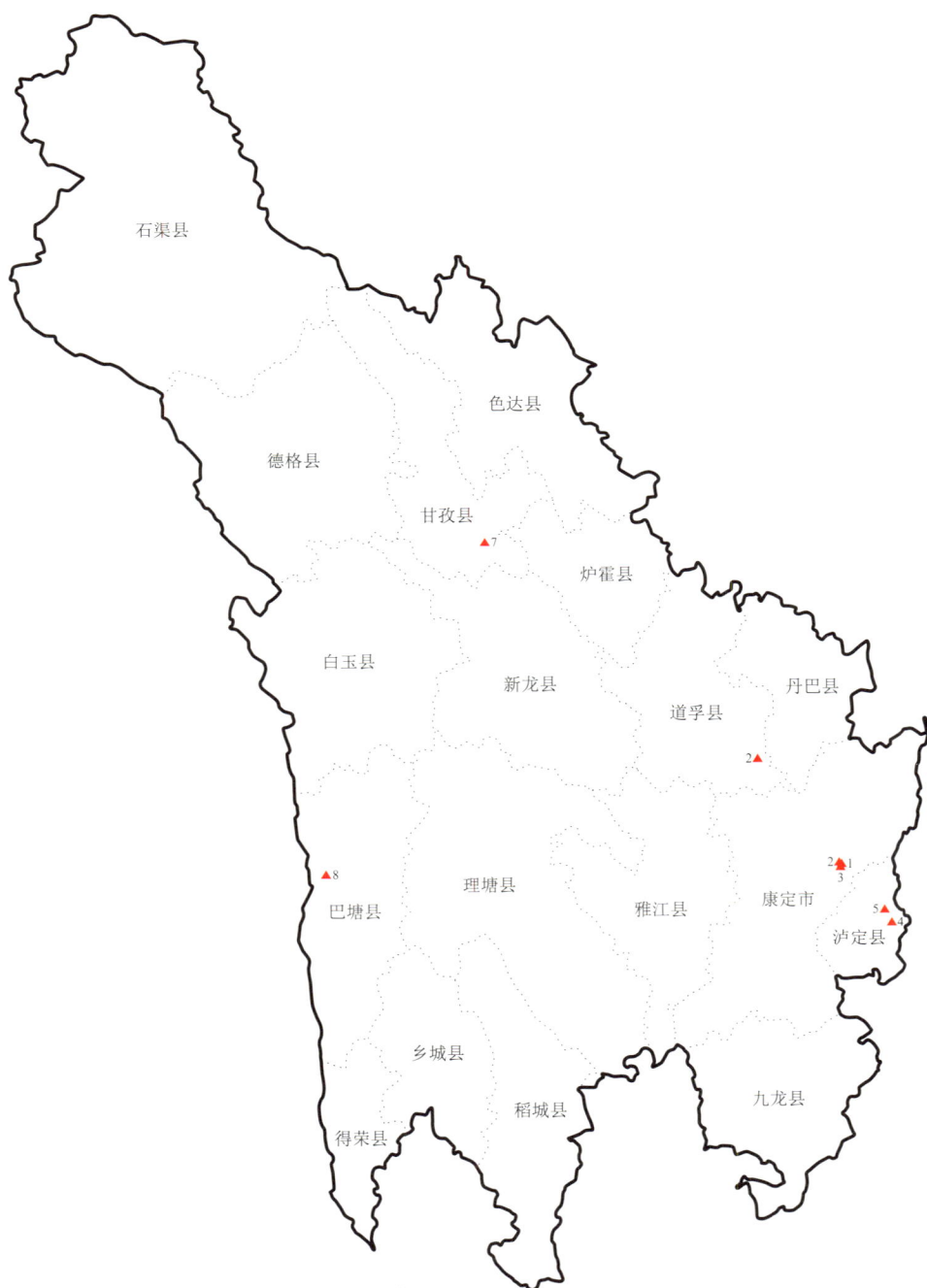

石渠县

色达县

德格县

甘孜县

炉霍县

▲7

白玉县

新龙县

道孚县

丹巴县

▲2

巴塘县

▲8

理塘县

雅江县

康定市

2▲▲1
3▲

5▲　▲4

泸定县

乡城县

稻城县

九龙县

得荣县

康定市

郭达山

【地理位置】

地理坐标：东经101° 57′ 54.76″，北纬30° 3′ 20.91″，海拔2503米。

行政属地：康定市市区。

地理环境：地处折多河、雅拉河两江交汇处。山南麓有一东西走向大街名"郭达街"，设有康定市规模最大的农贸市场。

【现状概述】

郭达山，山石质地坚硬、易碎，山上多低矮灌木丛，周围悬崖峭壁，难以攀登。当地政府在郭达山下修建有以"郭达"命名的郭达桥、郭达街、郭达菜市场等，并在山体上彩绘石刻佛教造像与藏文"六字真言"，增添了郭达山的神秘色彩。

【历史渊源】

郭达山，原名沙畦纳。[1]传说诸葛亮南征孟获时，委派西羌巧匠郭达造箭，"郭达一夜造箭三千，有青羊围炉而舞，孔明大喜，封郭达为幕下将军"[2]。清雍正《四川通志》载："诸葛亮七擒孟获时，命郭达至炉于沙畦纳安炉造箭"[3]。

郭达山之巅，立有一山石，形似箭杆，故郭达山又名"箭杆山"。当地传说，诸葛亮南征路经临邛，缴外诸番首领率兵阻扰。诸葛亮为减少后顾之忧，决定采取"以安为上"的方针，与诸部首领协商，请他们让出"一箭之地"，以便大军南下，并以一箭之地为界，双方和谐相处，互不侵犯。此箭后来被发现射在了打箭炉境内的山巅上。从此藏汉双方遵守约定，和睦相处。[4]郭达造箭之后乘青羊仙去，人们为纪念这位郭达将军，于山前立庙，即"将军庙"。

1（清）曹抡彬撰：《雅州府志》，《中国地方志集成·四川府县志辑⑥③》，巴蜀书社，1992，第391页。

2 康定市文广旅局提供资料。

3（清）黄廷桂纂修：《四川通志》卷二十一《西域》，清文渊阁四库全书本。

4 康定市文广旅局提供资料。

远眺郭达山巅

折多河局部

郭达桥

将军庙

【地理位置】

地理坐标：东经101°57′47.86″，北纬30°3′26.65″，海拔2505.9米。

行政属地：康定市市区西大街。

地理环境：地处郭达山西麓，隔雅拉河与郭达山相望，四周为商铺、住宅。

【现状概述】

将军庙所在的西大街北侧曾自南向北并排着娘娘庙、城隍庙和将军庙。[1]三庙现都已不存，娘娘庙旧址现为康定市民族小学；将军庙旧址现为一排商铺，对面为甘孜州政府第二办公区。

【历史渊源】

将军庙，又名"郭达庙"，始建于清咸丰年间。《打箭炉厅记》载："咸丰年间，有候选从九（品）李文阶建祠，名曰郭达将军庙。"清光绪二十七年（1901），李文阶之孙李天祺重修，并在将军庙大殿题楹联一副："禀钺登坛展七擒七纵之略，攻城为下攻心为上，汉丞相兼道德仁义；打箭安炉留百发百中之踪，克敌于前镇妖于后，蜀将军是正直聪明。"[2]

原将军庙门前有惜字库。正殿供奉郭达将军铜铸神像，神像头顶赤金色铜盆帽，身穿锦缎藏袍，跨骑青羊，后殿供奉郭达将军木雕。[3]任乃强《西康图经》对将军庙中郭达像有如下描述："庙中塑神像，甚狞丑，骑独角羊，塑像前有木牌'敕封某爵汉朝郭达将军神位'。"[4]当地风俗以农历六月十五为郭达将军生日，新中国成立前各商会联合集资在这一天举办"将军会"，抬着郭达将军木雕像巡游全城，四方信众云集，热闹非凡。

20世纪60年代，将军庙建筑被毁，郭达将军木雕神像迁于今跑马山上的吉祥禅院内。吉祥禅院地理坐标：101°57′57.54″；30°2′53.79″，海拔2830米。原将军庙的郭达神像位于护法殿内的神龛上，神像高1.2米，宽0.9米，头戴金色圆盘帽，三眼，瞪目，作忿怒相，身披藏式绣花衣，右手举金刚锤，左手持执火皮囊，胯下骑青羊。

在雅江八角楼村汉藏通婚家庭供奉家神的神龛中，郭达将军与观音菩萨、先祖并祀。据村民介绍，家神并祀郭达将军的习俗由来已久，在当地汉人姓氏的家庭中都要供奉。[5]在雅江县八角楼村村民洪多吉家中，家神神龛中除写有郭达将军的姓名外，还有对联一副："金炉不断千年火；玉盏长明万岁灯。"

1 据康定市文广旅局工作人员陈杨口述资料整理。

2 （民国）刘赞廷稿：《康定县志》，《中国地方志集成·四川府县志辑⑥》，巴蜀书社，1992，第69页。

3 康定市文广旅局提供资料。

4 任乃强：《西康图经》，西藏古籍出版社，2000，第555页。

5 据雅江县八角楼村村民洪多吉口述资料整理。

将军庙原址现状

吉祥禅院山门

吉祥禅院护法殿现入口

雅江汉族家庭中供奉郭达
将军的神龛

原将军庙内的郭达神像，
现供于吉祥禅院护法殿

观音阁西方三圣殿

【地理位置】

地理坐标：东经101°57′52.83″，北纬30°3′13.58″，海拔2528米。

行政属地：康定市跑马山东路123号。

地理环境：位于康定市老城区，跑马山西北山麓，西面紧邻318国道。

【现状概述】

观音阁依山势而建，布局紧凑。西方三圣殿位于大殿右侧，歇山顶，两层重檐砖木结构建筑，面阔四间9.6米，进深三间6.6米。殿内正中神台上供奉阿弥陀佛、观世音菩萨和大势至菩萨三尊神像。右侧神台上供奉弥勒佛、关羽等神像，关羽像高1.7米，宽0.98米，头戴兜鍪，身披战甲，右手捋长髯，左手持《春秋》，凤眼微睁，不怒自威。左侧神台上供奉地藏王菩萨、郭达将军等神像，郭达将军像高1.1米，宽0.8米，头戴圆盘帽，三目圆睁，做忿怒相，右手举金刚锤，胯下骑青羊。

【历史渊源】

观音阁始建于明末清初。民国三十七年（1948）又增塑宗喀巴、达赖、班禅以及二十一度母等。观音阁现为格鲁派南无寺分院。

观音阁

观音阁山门

观音阁西方三圣殿

三圣殿中关羽塑像

三圣殿中郭达塑像

泸定县

泸定三圣宫

【地理位置】

地理坐标：东经102°14′47.472″，北纬29°45′17.9598″，海拔1389米。

行政属地：泸定县兴隆镇兴隆村。

地理环境：西距大渡河约2千米，北临003乡道，门前有一条东西走向的老街，名"兴隆街"，四周为民居。

【保护级别】

2019年，被泸定县人民政府公布为县级文物保护单位。

【现状概述】

三圣宫仅存大殿，坐南朝北，悬山顶，为抬梁与穿斗相结合的木结构建筑，面阔三间14.4米，进深四间11.5米，高约8.3米。主脊有八字墨书题记"皇图巩固，帝道遐昌"，前四字与后四字间以太极图隔开。主脊下方五架梁也有题记，西侧书"清道光十四年，岁次甲午，季秋月吉旦""川雅州府沈边长官司加三级余铭恩"；下方七架梁还有会首、木师、捐款者、工匠等姓名；东侧书"四川阜和营协泰宁营都□府加三级杨""四川雅州府冷边长官司加三级周永年"，下方七架梁还录有其他官员姓名。大殿内外散落有三圣宫其他建筑构建，如灯杆桩、柱础、匾等。

【历史渊源】

三圣宫始建年代不详。据大殿脊檩题记推测，现存古建筑建于清道光十四年（1834）。大殿内原供奉有关羽、周仓、二郎神等造像，民国建立后又把孙中山照片供奉至大殿内。[1]民国成立后，三圣宫改建为小学教室和老师宿舍。1935年，红军飞夺泸定桥后，三圣宫临时用作红军伤员疗伤之所。新中国成立后在此置办兴隆小学。2004年兴隆小学迁走，三圣宫废置。现三圣宫属于兴隆村集体资产。2020年泸定县政府及当地村委会筹款，对三圣宫进行修缮，作为村委会文化活动室。

---

1 据兴隆村村支书孙贤荣口述资料整理。

三圣宫大殿

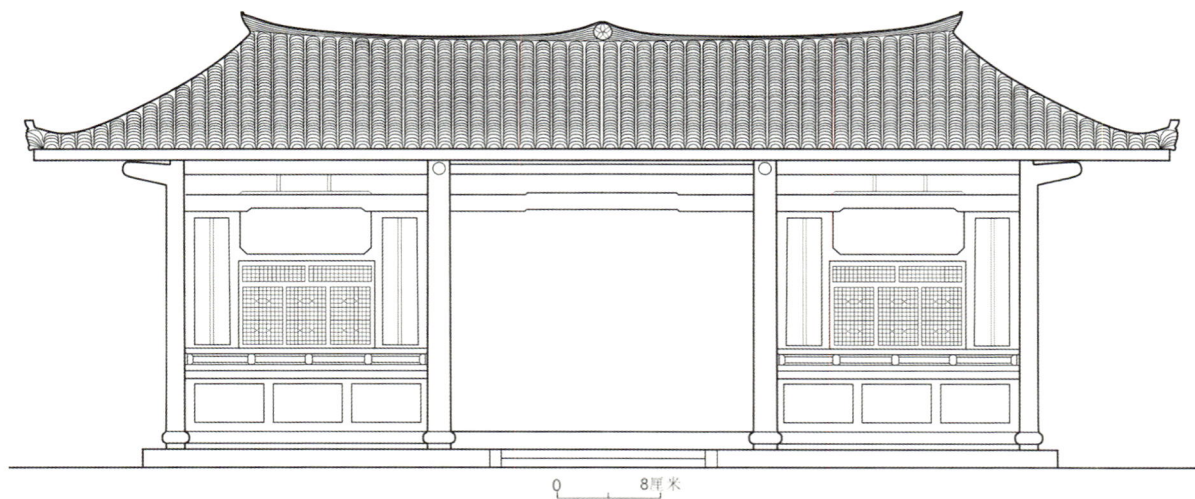

0   8厘米

三圣宫正视图

大殿空间

大殿梁架

梁上纪年题记

梁上纪名题记

卷棚屋顶下有月梁

甘露寺关爷殿

【地理位置】

地理坐标：东经102°12′53.37″，北纬29°49′35.15″，海拔1400米。

行政属地：泸定县冷碛镇甘露寺村。

地理环境：地处大渡河东岸二郎山三级台地上，东北部有一条乡村公路，四周为农田及茂密的植被。

【现状概述】

甘露寺坐西北朝东南，整体布局依山势而建，保存情况较差，仅存前、后照壁及后殿。

前照壁可能为山门照壁，位于乡村公路东部，石块砌筑，外施白灰；后照壁可能为前殿照壁，位于乡村公路西侧，与前照壁相距约50米，石块砌筑，外施白灰，垮塌严重，宽10.26米，残高3.3米，厚0.7米，四周散落瓦当、瓦片等。后殿位于后照壁约50米处，原为重檐歇山顶木结构建筑[1]，现已垮塌，仅剩残迹。

【历史渊源】

甘露寺始建于明代，本为藏传佛教寺庙，清代时改为汉传佛寺。[2]另据《泸定县志》载：甘露寺始建于清乾隆五十九年（1794），原为冷边土司家庙，后扩建为佛教寺院。[3]原寺庙主要有牌坊、照壁、山门、关爷殿、大佛殿、玉皇殿等，两侧还有厢房。殿内塑有佛像。20世纪50年代，寺内和尚还俗，庙宇荒废，被临时征用为炸药厂厂房。后炸药厂失火，庙宇大部分被烧毁。1961年，修建冷碛公社时，将残存庙宇木料、土瓦拆除用作建筑材料。1994年，当地集资重修甘露寺大殿，1995年夏季洪水又将新修大殿冲毁。甘露寺彻底荒废。

1 泸定县文广旅局协助调查并提供资料。

2 泸定县文广旅局提供资料。

3 泸定县志编纂委员会：《泸定县志》，四川科技出版社，1999，529页。

泸定甘露寺遗址残存建筑

泸定甘露寺遗址照壁残存

道孚县

道孚关帝庙

【地理位置】

地理坐标：东经101°30'9.02"，北纬30°33'57.90"，海拔3564米。

行政属地：道孚县泰宁镇街村。

地理环境：位于嘎达古城内，东临汉人山，南侧有一条乡村公路，四周为农田、村舍。距关帝庙不远处，还有土地庙、比武场等遗址。

【现状概述】

关帝庙坐东南朝西北，保存情况较差，仅余前殿夯土山墙。面阔12.1米，进深10米，高4.65米，墙体厚0.5米，前殿后壁辟有一门，宽3.7米，高2.4米。遗址上生长有四棵直径约4米的白杨树，树龄已逾百年。周围农户家内还保存有原关帝庙内部分建筑构建，其中有木板可拼合出"万家生福"四个大字，板左侧刻有"恩宪西翁公祖大人武""军门老大人陈"几行字，右侧上书残缺字样"十三年四月初八日"，落款则为"众街民等叩建"。此外，在残存的枋、柱上还雕刻有鱼、龙等纹饰。

【历史渊源】

关圣帝君和格萨尔王是汉藏民众的武神。此处修建的关帝庙，汉藏民众称为"格萨拉康"，意为"格萨神庙"，是民族交流、信仰融合的体现。道孚关帝庙，始建年代不详，应该是来泰宁经商的山西籍商人筹资所建，为商会祭神、议事场所。[1] 原关帝庙大殿前还有戏台、后殿等设施，新中国成立后毁坏不存。

关帝庙所在嘎达古城又名"泰宁古城"，是四川通往西藏、青海的交通要道，元代时即为军事重镇。元至元十一年（1274）和至元十二年（1275）先后两次调集精兵戍守嘎达。清雍正元年（1723），清抚远大将军年羹尧率师进驻嘎达，并于雍正二年修筑嘎达城。[2] 此后，嘎达城成为军事、商贸集散地。

---

1 道孚县文旅局提供资料。

2 四川省道孚县志编纂委员会：《道孚县志》，四川人民出版社，1998，第453页。

道孚关帝庙前殿

道孚关帝庙前殿山面残墙

农户家中收藏的关帝庙建筑木构

农户家中收藏的关帝庙内"万家生福"木刻

甘孜县

德贡波

地理坐标：东经99°59′26.90″，北纬31°37′13.05″，海拔3371米。

行政属地：甘孜县德巴村。

地理环境：东临东大街，西接清河街，四周为商铺、民居。

【保护级别】

1999年，被甘孜州人民政府公布为州级文物保护单位。

【现状概述】

德贡波坐北朝南，占地面积约3875平方米，建筑面积1350平方米。主体建筑为土木结构，平面呈"凸"字形，高二层。

一层由大厅、后殿、转经走廊组成。大厅内供奉有藏传佛教各教派的活佛。厅内整齐排列8行木柱，每行6根，共48根，木柱高3.5米。除中间4根木柱为平面漆画外，其余44根均四面木雕。木雕底层刷红漆，表面再刷金漆。

每根木雕的内容，上部为佛像，中部为刀马人物形象，其间以花卉、卷云等装饰纹样隔开，自成空间。这些刀马人物描绘了六幅不同的画面。

画面一：上方的战将头戴兜鍪，身穿战甲，双手持剑，自城门中跃马而出；中间一员小将头戴亮银冠，身披战甲，右手执矛，左手策马，似正追击另一位战将；下方的战将俯身马上，手持双剑，催马向前，侧身回望；最下面两员战将错马相交，激战正酣，一人头戴幞头帽，满面虬髯，双手握刀，横劈而下，一人头戴兜鍪，身穿战甲，侧身回望，双手挥长刀防御。

画面二：上方场景与画面一相似，一员战将手持双剑自城中跃马而出；中部有两幅交战场面，上方为步骑交战画面，战将骑着战马，双手舞动长刀与一名左手持刀、右手执盾的步卒交战，下方二员战将错马交锋，右上战将双手持长刀向下猛劈，一将双手拿刀，回身相迎；下部一将持长矛催马向前追刺，步卒回头举盾相迎。

画面三：上方一员战将骑战马手握狼牙棒与另一位手持长矛的战将错马交锋，马下各有步卒持刀防御；下方一员战将手握长矛与另一位双手持战斧的战将交战。

画面四：上方一员战将自城中跃马而出，左手高举旗帜，前方步卒手持战旗开道；中部一员战将手持双剑，催马疾行，马下两名步卒手持双刀合围而上；下方两员战将交战正酣，一将手握长矛横扫而下，一将反手背双锏相抗。

画面五：上方一员战将双手横长矛，策马飞身而出；中部上方战将手持长矛，下方战将

德贡波

大殿一层的木雕立柱

819

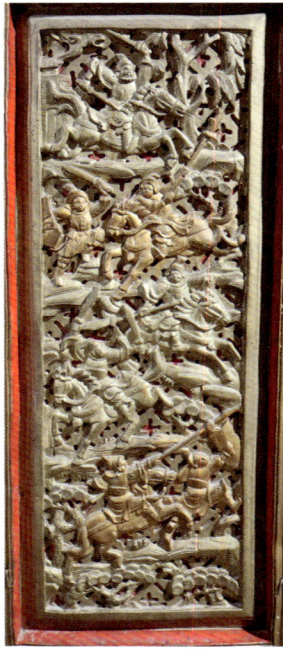

木雕题材① 木雕题材② 木雕题材③ 木雕题材④

木雕题材人物线描① 木雕题材人物线描② 木雕题材人物线描③ 木雕题材人物线描④

手握长刀，错马交锋；下方两员战将战在一处，一将手握长矛急刺而下，一将手举长斧防御。

画面六：上方一员战将双手紧握长刀，催马疾行，右上角一名步卒，左手执盾，右手持刀，大步向前追击；中部一员战将身穿战甲，后罩披风，双手拿长矛与一名手持双刀的步卒针锋相对；下方一员战将右手拿长矛，左手持剑，端坐马上，与一名右手执盾、左手拿刀的步卒交战，右下方突然一员战将催马赶到，手举长刀，劈砍而下。

从刀马人物外貌观察，这些形象很可能是根据《三国演义》英雄人物形象塑造的。例如画面六上部场景中，一员战将凤目长髯，手持偃月刀，脚跨战马，威风凛凛，这和关羽的形象十分相近。大厅四壁还有藏传佛教壁画，后殿内供奉大黑天等藏传佛教神像。

二层为寺庙僧侣起居室，楼梯入口之上悬一匾额，大书"乃应来歆"，右题"四川阜和营统领游巡左司厅功加二总功加三等纪录十五次郝""四川阜和营驻防甘孜汛左哨副部厅功加十等纪录十次何"，左侧落款"大清乾隆十二年岁次丁酉仲秋月望五日立"。

【历史渊源】

德贡波，藏文名"ཌེ་མགོན་ཕོ"，意思是"德巴村的护法殿"，俗称"汉人寺"。始建于元代至元十一年（1274），由霍尔色翁同八思巴弟子呷·阿尼登巴创建。清咸丰年间，扩建成现有规模。汉人寺所在地，在古代为哲雪曼扎罗布塘，是康藏地区通往内地的交通要道，故而寺庙兼具汉、藏两种风格。[1]

---

1 由甘孜县文广旅局协助调查并提供资料。

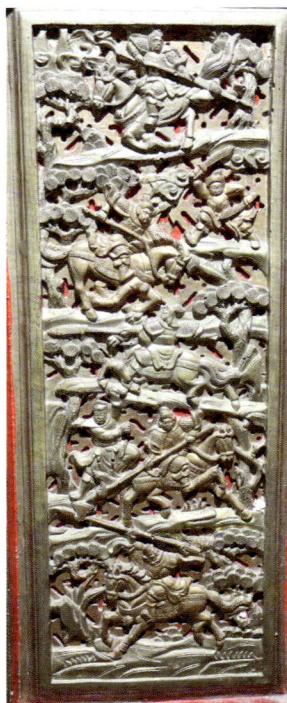

木雕题材⑤　　　　木雕题材人物线描⑤　　　　木雕题材⑥　　　　木雕题材人物线描⑥

寺内"乃应来歆"牌匾

巴塘县

巴塘关帝庙

【地理位置】

地理坐标：东经99°6′44.30″，北纬30°0′20.94″海拔2587米。

行政属地：巴塘县夏邛镇平安村茶马古道72号。

地理环境：北邻一条公路名"茶马古道"，西面正对孔打伙村村民活动室，四周为农田、民居。

【保护级别】

2007年，被四川省人民政府公布为省级文物保护单位。

【现状概述】

关帝庙仅存大殿，坐东朝西。歇山顶，墙体为泥土夯筑，面阔三间13.3米，进深四间21.05米，高4.5米。大殿外有门廊，右侧门廊以夯土封堵成耳室，左侧门廊墙壁上有青龙壁画。大门依稀可辨一副楹联为："心存《大学》明新内；志在《春秋》笔削中。"殿内脊檩之上装饰有彩绘、雕刻等。因年久失修，墙体开裂，大殿内部、房梁大部已经坍塌，木质构件散落在殿内，屋顶可见有回字纹瓦当。为加强文物保护，当地政府在关帝庙大殿周围修筑了一圈低矮的砖墙，并用空心砖将大殿入口封住，2018年在正殿建筑的上方安装了防雨罩。

【历史渊源】

关帝庙，藏文写作"གེ་སར་ལྷ་ཁང་"，音译为"格萨拉康"。清乾隆十三年（1748），由汉商公会与当地清军驻军联合筹建，直至乾隆二十九年（1764），关帝庙落成。据了解，落成后的关帝庙占地1万多平方米，庙内建有魁星阁、戏台、钟鼓楼和院坝，塑有财神、关羽、关平、周仓和轩辕黄帝、鲁班、嫘祖、孙膑等神像，庙后还修有观音殿。钟鼓楼上有一口铜铸的大钟和一面大型皮鼓。农历每月初一、十五的白天中午和午夜十二点正时，鸣钟击鼓，以示敬神。清同治九年三月（1870），关帝庙在巴塘地震中坍塌，同年，经粮台粮务委员吴福同和汉商公会会首曹玉林发起，在原址重建关帝庙，得到了巴塘正、副土司（大、二营官）及喇嘛寺庙和川、康、藏各地官府及商号的襄赞，同治十三年（1874）重建竣工。重建之关帝庙规模较前宏大。因参加关帝庙重建修复的会员籍贯不外乎川、滇、陕三省，因此又将关帝庙定名为"三省会馆"。[1]

---

1 由巴塘县文广旅局协助调查并提供资料。

巴塘关帝庙

巴塘关帝庙大殿

巴塘关帝庙大殿明间

巴塘关帝庙出头的额枋

巴塘关帝庙大殿局部

关帝庙曾经供奉有关羽像、观音像等，中华人民共和国成立前由当地村民管理，每日点灯。中华人民共和国成立后，巴塘关帝庙建筑先后被征用为学校、医院、幼儿园、粮库等。[1]1985年被公布为巴塘县重点文物保护单位。2017年雨汛期，关帝庙主梁发生严重倒塌，大殿整体倒塌，门庭倾斜，整体建筑结构遭到破坏。2018年，巴塘县在关帝庙之上加盖钢筋雨棚，以防止关帝庙进一步损毁。

巴塘关帝庙大殿山墙

巴塘关帝庙大殿前廊壁画

1 巴塘关帝庙旁住户退休教师刘益西志玛老人口述。

凉山彝族自治州

凉山彝族自治州，位于四川省南部，北面与宜宾市、乐山市、雅安市、甘孜藏族自治州相连，南面与攀枝花市相邻，还与云南省隔着金沙江相望。截至2022年，全州下辖盐源县、德昌县、会东县、宁南县、普格县、布拖县、金阳县、昭觉县、喜德县、冕宁县、越西县、甘洛县、美姑县、雷波县、木里藏族自治县15个县，代管西昌市、会理市2个县级市。三国时期，该州主要为蜀汉益州越嶲郡辖地。

凉山彝族自治州三国文化遗存点位分布图

1　诸葛城遗址
2　高枧孟获城遗址
3　会理孔明山
4　鱼鲊渡口
5　四开蜀汉军屯遗址
6　小相岭
7　登相营
8　关索城遗址
9　梳妆台遗址
10　孙水关遗址
11　孙水关哑泉
12　越西武侯祠
13　孟获殿
14　龙湖雄关
15　雷波诸葛亮点将台遗址

撰稿：陈　芳
摄影：丁　浩　苏碧群　樊博琛
　　　廖承正　赵世荣　何　汀
绘图：尚春杰

西昌市 [1]

诸葛城遗址

【地理位置】

地理坐标：东经102°11′46″，北纬27°45′8″，海拔1490米。

行政属地：西昌市经久乡经久村。

地理环境：地处安宁河畔的经久村内，周围是民房和农田。

【现状概述】

诸葛城，又叫"武侯城"，位于西昌市经久乡经久村，滨临安宁河，当地人称"经久崩土坎"，又称"后古城"，相传是诸葛亮南征在越巂郡所筑的最大土城，故名诸葛城。

诸葛城面积5000—10000平方米，现存有几段墙垣，由黄土夯筑。其中一段墙垣东西向，被一户居民利用成为民居围墙的一部分，长14.02米，高约3米，厚1.55米；转角处长1.3米，高4米多。另一段保存下来的墙垣位于经久村9组，南北向，长1491米，高4米余。城墙中夹杂有陶片、瓦片等。

【历史渊源】

诸葛城所在之经久乡，物产丰富，盛产铜矿和铁矿，地理位置非常重要，处于古时的官道上，是通往木里和盐源的必经之地。当地传说，诸葛亮南征时在此修筑城墙。诸葛城附近的安宁河段，相传是诸葛亮五月渡泸处。咸丰《邛巂野录》载："武侯城，在都司城南三十里，□水东，蜀汉诸葛武侯筑。所谓五月渡泸□即此处。"[2]民国《西昌县志》载："诸葛城，崩土坎，距县三十里，安宁河东岸，城方三里，外有敌台三。而安宁河，对凹脑山，城址□□，城以外土坎，岁有崩痕，而土城历□年无恙。明孝廉马瑞河公万历壬寅经其地，记载颇详。"[3]明马端河《游螺髻山记》载："过诸葛城，城方三里，外有敌台，玩其形势，三而临安宁河，据险，即泸河之源也。而对凹脑山，意者……而欲渡泸，以攻巂昆明耳，第其城址皆土，今云'崩土坎'是也。临河千载，岁有崩塌，而土城不伤一毫，岂孔明之妙算能及于千百世之下耶？"[4]

1 西昌市的调查得到凉山彝族自治州博物馆、西昌市文物管理所的大力支持并提供相关资料。

2 (清)何东铭：《咸丰邛巂野录》，《中国地方志集成·四川府县志辑⑥⑧》，巴蜀书社，1992，第105页。

3 (民国)傅光逊：《民国西昌县志》，《中国地方志集成·四川府县志辑⑥⑨》，巴蜀书社，1992，第45页。

4 (民国)傅光逊：《民国西昌县志》，《中国地方志集成·四川府县志辑⑥⑨》，巴蜀书社，1992，第228页。

西昌诸葛城遗址

与民居相连的墙垣

清人何东铭认为，诸葛亮南征五月渡泸处是会理市境内的金沙江一段，不在此处。咸丰《邛嶲野录》载："铭按：都司城南三十里水，即安宁河也。司马相如桥孙水以通邛都即此水，上源之一程，讵得指为渡泸处哉，五月渡泸之□水，在会理州南二百余里，今之金沙江也。距西昌县六百里外。《明统志》误，宜改正。"[1]

诸葛城的城墙遗存，所占面积曾经达到几十亩。

西昌诸葛城遗址墙垣局部

1 （清）何东铭：《咸丰邛嶲野录》，《中国地方志集成·四川府县志辑⑱》，巴蜀书社，1992，第105页。

高枧孟获城遗址

【地理位置】

地理坐标：东经102°17′15.35″，北纬27°53′35.55″，海拔1570米。

行政属地：西昌市高枧乡中所村3组。

地理环境：地表种植红豆杉，四周是种植大棚。

【保护级别】

2002年，高枧汉城遗址被四川省人民政府公布为省级文物保护单位。

【现状概述】

高枧孟获城，又叫"高枧汉城"，位于西昌市高枧乡中所村3组，相传为孟获所筑。

高枧孟获城北临姜坡山丘，东、西、南三面地势开阔平坦，呈长方形，南北长373米，东西宽251米，城墙由黄土夯筑，四墙相合。东墙南北向，因修筑道路，局部受损，其余总体保存较好。城墙残高1.8—3.6米，厚约5米，夹杂有大量陶片、瓦片及砖石。现场采集有汉代菱格纹墓砖、绳纹陶片等。

高枧孟获城曾进行过考古调查、试掘，判定其为汉晋时期的遗址。

【历史渊源】

高枧，相传为诸葛亮擒孟获之地，孟获在此筑有城址。咸丰《邛巂野录》载："孟获城，在都司城东二里，孟获所筑，即武侯擒获之地。"对于此城的修筑者，一直有争论，清人何东铭认为该城址可能是越巂郡的郡城，亦有可能是三国时期高定（元）所筑城址，但不是孟获所筑。咸丰《邛巂野录》载："铭按：今府城，汉之越巂郡也。越巂叟帅高定杀太守以叛，遥应永昌雍闿，而孟获则雍闿之臣属也。武侯既擒高定，欲□攻雍闿、孟获而并诛之。及闿、获不来，然后斩高定，军卑水。五月渡泸，深入永昌。汉书尚在，可覆而按也。据此，则府志土城或即越巂郡城，不然亦高定所筑，非孟获也，明矣。但今俱□孟获云云，此相沿之误也。"[1]

1 （清）何东铭：《咸丰邛巂野录》，《中国地方志集成·四川府县志辑⑱》，巴蜀书社，1992，第105页。

高枧孟获城遗址

高枧孟获城遗址城墙残段

会理市

会理孔明山

【地理位置】

地理坐标：东经102° 16′ 32.54″，北纬26° 57′ 17.09″，海拔2328米。

行政属地：前山属会理市白果湾乡前马村，后山属会理市白果湾乡苏家坪子。

地理环境：山势陡峭，山上树木繁盛，半山腰至山脚种植核桃树。

【现状概述】

孔明山位于会理市白果湾乡苏家坪子，距县城46千米，地处108国道旁，相传诸葛亮南征时经过，并在此安营扎寨。孔明山上有一个洞，当地人称"孔明洞"；有一股泉水，当地人称"孔明泉"。孔明山山顶较为平坦，乱石丛生，当地人传说这些乱石是诸葛亮南征时留下的石马、石狮。

孔明山上留存有一段墙垣，用石块砌筑。

山顶有一个长方形的石槽，长0.35米，宽0.3米，深0.15厘米，当地人称"官升"，寓意"步步高升"。

孔明山下有一个村寨，过去叫"孔明寨"，原址在现今的前马青神希望小学一带，现已搬到108国道弯道旁，名"白果湾乡前马村"。

【历史渊源】

据史料记载，会理曾经有两个孔明寨，一是白果湾乡的孔明寨，还有一个在县城南边，现已不存。同治《会理州志》记载："诸葛寨，治北八十里，上倚绝壁，下临深渊，石栈天梯，径通一线，山头有汉忠武乡侯营址，今呼为诸葛寨……又治南十里周家邦相对山头亦有诸葛寨，其营垒壕沟至今犹存。"[1]

---

1 (清)邓仁垣等修;(清)吴钟仑等纂:《同治会理县志》，《中国地方志集成·四川府县志辑⑦》，巴蜀书社，1992，第43页。

会理孔明山山顶俯瞰

会理孔明山

孔明山顶上的"官升"石槽

会理孔明山上的孔明洞

会理孔明寨

鱼鲊渡口

【地理位置】

地理坐标：东经101°56′15.09″，北纬26°22′4.76″，海拔1047米。

行政属地：会理市黎溪镇鱼鲊村。

地理环境：金沙江畔。

【现状概述】

鱼鲊渡口位于会理市黎溪镇鱼鲊村，渡口的对面就是拉鲊渡口（属于攀枝花市仁和区大龙潭乡拉鲊村）。鱼鲊、拉鲊渡口从古至今都是金沙江（古称"泸水"）上最重要的渡口。多数学者认为，鱼鲊渡口就是诸葛亮南征"五月渡泸"的渡口之一。2015年鱼鲊大桥通车之前，鱼鲊、拉鲊渡口仍然采用轮渡的方式运输过江。2015年4月24日，横跨金沙江的鱼鲊大桥建成通车，主桥长398米，引桥603米，引道444米，桥宽18.5米，成为凉山彝族自治州最大的跨江大桥，结束了108国道断头路和采用轮渡运输的历史。

诸葛亮"五月渡泸"的渡口，除了鱼鲊、拉鲊渡口，还有"中渡"和"东渡"。

"中渡"即皎平渡，位于会理市通安镇中武山村（东经102°22′41″，北纬26°17′41″，海拔约1010米），现建有皎平渡大桥，连接四川、云南两省。

"东渡"是华弹渡，位于宁南县华弹镇金沙村（东经102°53′95″，北纬26°54′40″，海拔约617米），渡口的另一端是云南省巧家县的龙王庙渡口。相传诸葛亮南征"五月渡泸"就是从华弹渡到达龙王庙渡口，进入云南。龙王庙渡口位于云南巧家县白鹤滩镇可福村（北纬26°54′12.89″，东经102°55′45.771″，海拔高程约666米），因江边曾有龙王庙而得名，龙王庙毁于20世纪80年代。又因其地名小洼乌，谐音"阿屋"，又叫"阿屋古渡"。

【历史渊源】

鱼鲊渡口在汉代已经是南方丝绸之路上的重要节点，在唐代时是通往西南的重要驿道"清溪道"的金沙江渡口。同治《会理州志》记载："鱼鲊渡，在治西南一百七十里。"[1]三国蜀汉时期，从越巂渡泸到云南有两条道路，分别对应两个渡口：一条是西路，由邛都（西昌）、会无（会理）、三绛（三缝，今会理黎溪）渡泸水（金沙江）至蜻蛉（大姚），入益州郡弄栋县（姚安），再由此西至叶榆（大理）或东至滇池（晋宁）；一条是东路，由会无东渡泸水入朱提郡的堂琅县（巧家、会泽），再南入益州郡味县（曲靖），至滇池。学界普遍认为，诸葛亮率领西路军就是经会理至黎溪，从鱼鲊渡口到拉鲊渡口进入云南。

1 (清)邓仁垣等修;(清)吴钟仑等纂:《同治会理县志》,《中国地方志集成·四川府县志辑⑦》,巴蜀书社,1992,第66页。

鱼鲊渡口

宁南县华弹渡

会理市通安镇皎平渡鸟瞰

龙王庙渡口

昭觉县

四开蜀汉军屯遗址

【地理位置】

地理坐标：东经102°43′24.3″，北纬27°57′03.18″，海拔2280米。

行政属地：昭觉县四开镇日历村。

地理环境：山上植被多以松柏类为主，比较低矮。

【保护级别】

1999年，被昭觉县人民政府公布为县级文物保护单位。

【现状概述】

四开蜀汉军屯遗址，位于昭觉县四开镇日历村，小地名"抵坡此"（音译，又称"抵颇尺"），距离四开镇政府所在地约2千米。昭觉县地处凉山彝族自治州东部，曾经是凉山州州府驻地，是大凉山腹地之枢纽。昭觉县境内地形以山地、高原为主，约占总面积的89％，山地、高原之间分布着一些小盆地，俗称"坝子"。四开乡就是其中规模较大的坝子。由于自然条件优越，自古以来四开坝子北部一带就是大凉山腹地经济相对发达的区域。四开蜀汉军屯遗址东南面临昭觉—西昌公路，三湾河自北向南蜿蜒流过，北靠孟获山，西边是四开镇果洛村。

2011年10月，成都武侯祠博物馆、四川大学考古学系、凉山州博物馆、昭觉县文管所联合对四开蜀汉军屯遗址开展了考古调查，田野考古工作从10月14日开始，至10月17日结束，历时4天。[1]

此次调查发现夯土堆11个，2个位于山腰位置，9个分布于山顶，大致呈南北向一字排开。夯土堆平面均大致呈圆形，保存状况较差，直径3.5—13.5米，其功能是瞭望和戍守。因多年风雨侵蚀或人为破坏，与1977年相比（详见后文），其中7座夯土堆的高度已下降至6米以下。多数土堆周围散布有陶片、瓦片等，尤其以8号夯土堆北侧最为密集。由于夯土堆形状近似墓葬封土，部分土堆中部被盗挖至底层。从8号夯土堆被破坏部分的剖面看，其夯层清晰，致密坚硬。根据夯土堆现存高度的可视区域分析，最远可瞭望至13千米外，最佳视域为方圆4千米以内。如果夯土堆未被破坏，视域应当更广。从夯土堆分布位置分析，位于山腰的2个夯土堆，可能是前哨。

在瓦砾堆积较为集中的区域北侧，发现了一条大致呈东西向的路基遗存L1。L1整体呈长条形，残长3.8米，在地面下挖沟槽修筑而成，两侧较浅，中部略深，底部较为平坦，宽2—2.5米，深约0.2米。沟槽用石块、残灰砖等填充。路面略呈红褐色，与两侧的黄褐色砂土区别明显。

---

1 凉山彝族自治州博物馆、四川大学历史文化学院考古学系、昭觉县文物管理所（由赵德云、孙策等撰写）:《四川昭觉县四开坝子汉代遗存的调查与清理》，《考古》，2018年第8期。

四开军屯遗址

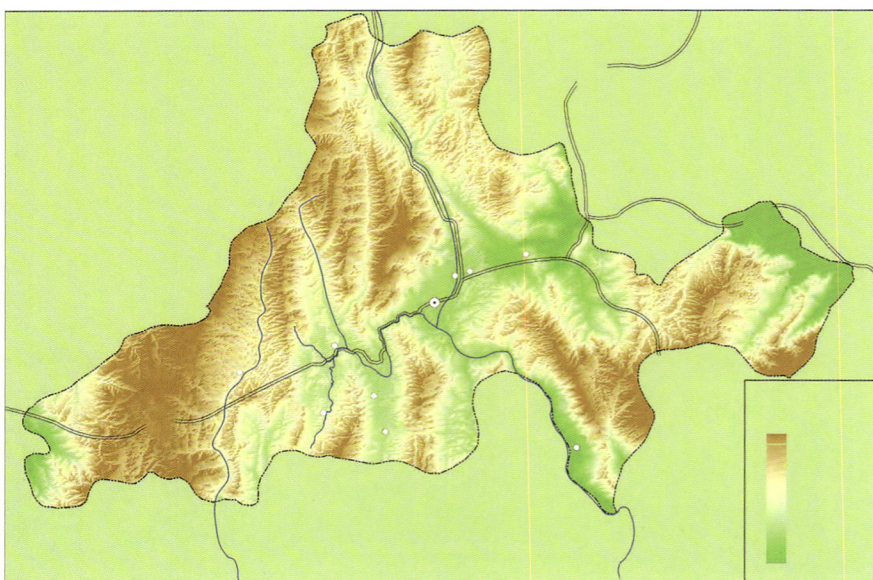

四开坝子位置示意图

四开军屯遗址的夯土堆

四开军屯遗址俯瞰匹开镇

四开蜀汉军屯遗址内的
望哨台遗址之一

发现灶三处：Z1—Z3，三者之间相距较近，Z1 和 Z2 间距仅 1.7 米。三灶的形制、规格接近，均未出土遗物。

此次调查，采集到陶瓮、罐，青铜刀、簇、泡饰及环首铁刀等遗物，均为汉代常见器型。还采集到一批有纹饰的板瓦和筒瓦，瓦的内侧有布纹，外侧为菱格纹，中间有钱纹、钱串纹、麦穗纹、绳纹等。还发现瓦上有形态各异的建筑图案纹饰，如两面坡式建筑图案、楼阁式建筑图案、平顶木构建筑图案等。

四开军屯遗址上采集的汉砖

四开军屯遗址上采集的汉砖、汉瓦

【历史渊源】

1977 年夏末，四川省博物馆、凉山彝族自治州文化局联合对位于今昭觉县四开镇的四开军屯遗址进行试掘[1]，在“抵坡此”山顶发现高 6—10 米、径约 10 米的人工夯筑的土堆十余座，并推测这些土堆是望哨台或烽火台。从现场发掘的大量汉代残瓦堆积和印有汉式典型房屋图形的板瓦，推测这里的建筑为西、南、北三面合围而成的殿堂式庭院建筑。发现一条宽为 0.8 米的路基（或墙基），东西向，位于庭院中，南北两边用汉砖铺砌，中部填以夯土，宽 0.8 米，汉砖长 0.35 米，宽 0.15 米，厚约 0.05 米，推测为蜀汉时期古砖。发现 2 座半地穴式的房址（其中 1 座房址填土内发现有 2 具人骨），出土箭镞、弩机残件、带钩等。遗址试掘过程中，考古工作者还发现遗址所在的“抵坡此”南坡顶分布有东汉墓群。通过此次考古试掘，主持发掘工作的王家祐先生将“抵坡此”遗址定性为“汉末军屯遗址”。

1986 年，昭觉文管所在四开乡村民手中采集到铜印章 17 枚。这批铜印章是村民在“抵坡此”一带拾到的，呈正方形，边长 2.5 厘米，

---

1 王家祐：《昭觉县四开区考古见闻记》，《凉山奴隶社会研究》，1979 年第 1 期。

厚0.8厘米，通高2厘米，瓦纽，重约50克。印文阴刻"军司马印"1枚、"军假司马"13枚、"军假侯"3枚。根据文字内容，推测这些印章为东汉时期的武职官印。[1]

诸葛亮南征时，史籍载"自安上水路入越巂，军卑水"。目前学界推测的路线是从安上（宜宾市屏山县新市镇一带），经四开坝子到达邛都。屯军所在地卑水大概就在现今昭觉县范围内，成都武侯祠博物馆的梅铮铮先生在其《昭觉蜀汉军屯遗址应为诸葛亮"军卑水"的指挥部考论》[2]一文中推测论证四开军屯遗址应为当年诸葛亮南征"军卑水"时的指挥部所在地。

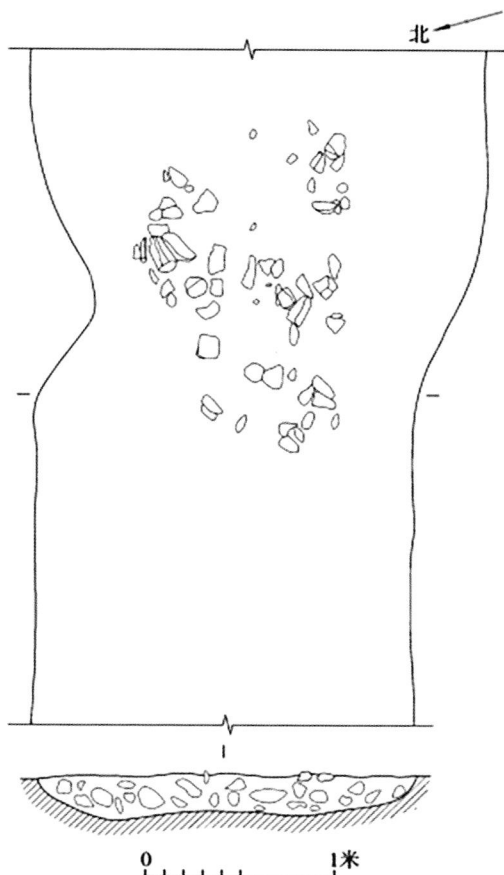

抵坡此遗址 L1 平、剖面图

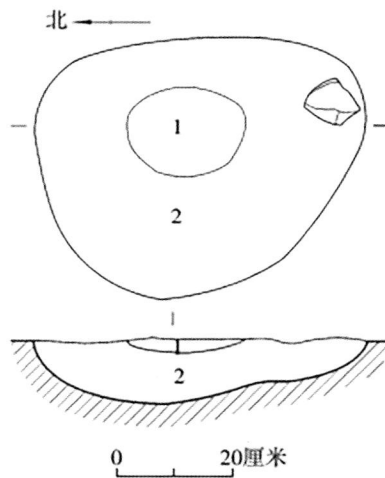

抵坡此遗址 Z2 平、剖面图（1. 黄色灰土；2. 红烧土）

1 毛瑞芬、邹麟：《四川昭觉县发现东汉武职官印》，《考古》，1993年第8期。

2 梅铮铮：《昭觉蜀汉军屯遗址应为诸葛亮"军卑水"的指挥部考论》，《中华文化论坛》，2014年第6期。

1977 年发掘的
四开军屯遗址夯土堆剖面

2010 年调查发现的 L1

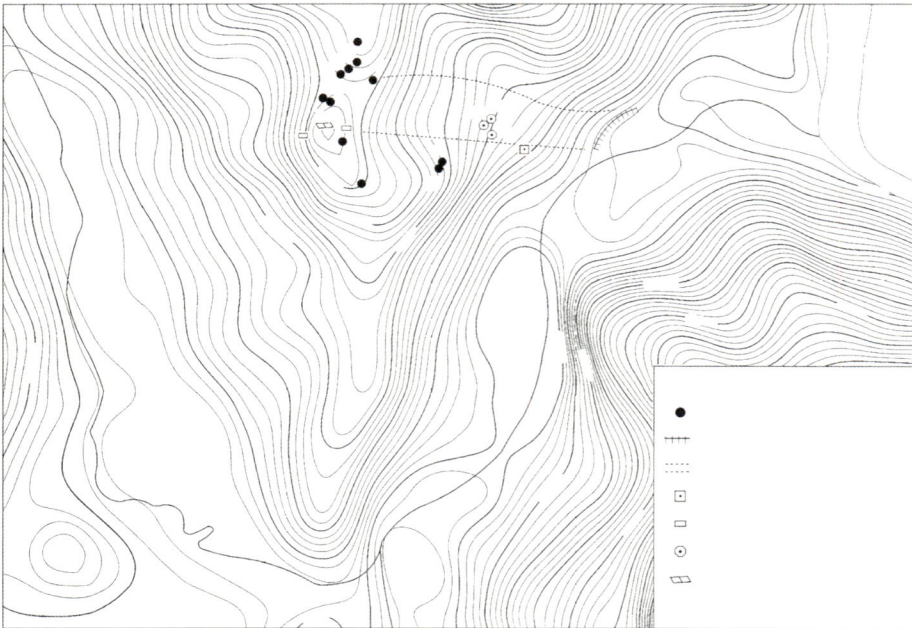

抵坡此遗址地形
及遗迹分布图

抵坡此遗址 8 号夯土堆夯层

四开军屯遗址上的古道

喜德县

小相岭

【地理位置】

地理坐标：东经102°25′10.44″，北纬28°18′45.75″，海拔2800米（测点在半山腰）。

行政属地：喜德县越西县、冕宁县交界处。

地理环境：山上树木繁盛、沟壑纵横。

【保护级别】

2019年，小相岭古道遗址被四川省人民政府公布为省级文物保护单位。

【现状概述】

小相岭，亦称"小相公岭""西山""相公岭""南天相岭"，当地人也称"小山"，位于四川省凉山彝族自治州喜德县冕山镇，海拔从1988米至4500.4米不等，其中3000米以上的岭脊（包括马鞍山、阿夫尔、马尼洛则等支脉）的面积约140平方千米。俄尔则俄是小相岭的最高峰，又叫"大灵山"，海拔4500.4米，山势褶皱挺拔，岩石裸露，山脊就像锯齿，气候寒冷，终年积雪。当地传说，小相岭是诸葛亮南征所开，因而得名。相传诸葛亮南征时，曾在小相岭与孟获激战，之后在山上写下"今日山头"四字并立碑，原碑今已不存。

2021年，越西县在小相岭隧道口下行150米公路旁的登高台上，雕塑了诸葛亮题写"今日山头"场景的青铜群像，该组雕塑于2021年5月竣工，长15米，宽2.8米，高5.2米，灰色青石底座，底座前后有隶书题款"今日山头——诸葛亮题"。诸葛亮站像高2.8米，他手执羽扇，眺望远方。诸葛亮塑像旁竖"今日山头"石碑。[1]

越西县境内的小相岭下，保留有一条古道，当地俗称"孔明（鸟）道"，相传是诸葛亮南征途中修筑，人们为纪念他，便以诸葛亮表字"孔明"命名。此道悠久，汉代已经存在。在孔明道沿线的35千米内，共有21个烽火台，由于诸多原因，目前仅剩下1座。烽火台平面呈方形，用石头垒筑，两端用石头垒筑矮墙与烽火台连接。

小相岭现已被开发为四川省省级风景区——"小相岭风景区"，属大雪山支脉，北连石棉县，南达西昌市，绵延数百里。景区内沟壑纵横，森林茂密，草甸成片，鸟兽争鸣，奇花吐艳。在第四纪冰川运动的作用下，形成巨大冰斗和星罗棋布的冰蚀湖。目前，景区内集中分布有大小12个冰蚀湖，湖泊间伴有4处高山瀑布，飞流直泻，云蒸霞蔚。景区内还分布有2200公顷的高山杜鹃林，种类多达30余种，盛开时节，美不胜收。

【历史渊源】

地方志中有多处关于小相岭及相关传说

---

1 青铜塑像资料由越西县文化广播电视和旅游局提供。

小相岭

立于小相岭上俯瞰

的记载。咸丰《冕宁县志》载："小相公岭，在县东二百里。相传诸葛武侯所开，故以相公名之。冕宁、越嶲分界处，自登相营循麓渐上。"[1]光绪《越嶲厅全志》载："小相公岭，治南七十里，即南天相岭十景之一。旧志载其地石磴崎岖，为凉山北境……盖其形象高耸，为武侯所开，故称相公岭。晴天北俯较场河东天王扛一带，俱在目前。目前山顶有'今日山头'四字碑。"又载："今日山头，治南七十里小相公岭，为武侯所开，碑镌此四字。"[2]

诸葛亮题写"今日山头"场景青铜群像

小相岭登高台

1 （清）李英粲纂修：《咸丰冕宁县志》，《中国地方志集成·四川府县志辑》，巴蜀书社，1992，第908页。

2 （清）马忠良修、马湘等纂、孙锵等续修：《光绪越嶲厅全志》，《中国地方志集成·四川府县志辑》，巴蜀书社，1992，第414页。

登相营

【地理位置】

地理坐标：东经102° 21′ 8.91″，北纬 28° 28′ 12.95″，海拔2500米。

行政属地：喜德县冕山镇小山村。

地理环境：四周山势陡峻。

【保护级别】

2013年，登相营古驿站被国务院公布为全国重点文物保护单位。

【现状概述】

登相营位于喜德县冕山镇小山村，小相岭的南麓，距离县城23千米。相传诸葛亮南征途中过此扎营，并登上此处检查军情，因名"登相营"。2001年1月，登相营被公布为喜德县县级文物保护单位。2004年12月，被公布为四川省第六批省级文物保护单位。2013年7月，被公布为全国重点文物保护单位之后，更名为"茶马古道—登相营古驿站"。

登相营古驿站

孔明道上的烽火台

越西"零关"道石刻

登相营古驿站的围墙

登相营依山势顺水而筑，居高俯瞰，呈鲫鱼状，鱼嘴处高，鱼尾处低，总面积45050平方米，开东、南、西、北四门：东门名水东门；西门有西关大炮台；北门最高，达6.1米，北门建有瓮城。南门至北门长265米，东门至西门宽170米。驿站四周是条石砌成的围墙，墙高3米，宽2米，长670米，墙顶设垛眼，高1.5米。驿站内留存有炮台（5座）、驻军署衙、狱卡、骡马客栈、戏台、商铺、寺庙等建筑遗迹。

【历史渊源】

登相营，是零关古道上的重要关隘，零关古道沿城南北走向穿城而过，是过往商旅的必经之处，曾设有供商旅住宿餐饮的客栈，又称"登相营石城"或"登相营古堡"。《喜德县志》记载："登相营石城，位于小相岭南麓，今深沟乡辖区内。城墙为条石嵌砌，依山势平面作椭圆形，开四门。经实测墙高三米，宽两米，墙顶设垛眼，周长约六百米。城建于明代，在清代是西昌通往成都大道的重要驿站和关隘。地处高寒地区，城内无农业居民，只有旅店、铺房、驻军游击衙署。"[1]

零关道，又叫"灵关道"，历史上亦称"西夷道""清溪关道"，是南方丝绸之路"蜀身毒道"的一条支线，早在战国时就已逐渐形成，是一条古商道。西汉武帝时，派司马相如通西夷，进一步打通此道，《史记·司马相如列传》记载："通零关道，桥孙水以通邛都。"[2]零关道，从四川成都出发，绵延至云南大理等地，在四川境内的线路大致是成都—邛崃—雅安—荥经—汉源—甘洛—越西—喜德—冕宁—西昌—德昌—会理—攀枝花，中间必经四川喜德小相岭、登相营一带。

登相营留存下来的遗迹主要为驿站，始建于明代初，具有浓郁的明清时期风格，是南方丝绸之路凉山彝族自治州境内保存最完好的驿站遗址。该地原是几户本地人在此经营骡马的小客栈，明成化二年（1466），宁番卫（今冕宁）建成"三关、二营、七堡"屯兵护路，正式屯兵。经明、清、民国一直到喜德解放，此地均为屯兵之地，是西昌通往成都的重要驿站和关隘。

1 四川省喜德县志编纂委员会编：《喜德县志》，电子科技大学出版社，1992，第391页。

2（汉）司马迁撰、（南朝宋）裴骃集解：《史记》，中华书局，1999，第2321页。

冕宁县[1]

关索城遗址

【地理位置】

地理坐标：东经102° 11′ 42″，北纬28° 18′ 3.59″，海拔1640米。

行政属地：冕宁县泸沽镇东北社区3组。

地理环境：紧邻108国道，东侧为白驹沟，城址周围植被茂密，还种植大量果蔬。

【现状概述】

关索城，相传是关索随诸葛亮南征时，在此据守而修建的城池。关索城地处泸沽镇北的二级阶地上，依山而建，南北向，西、南两侧两河交汇，西侧为安宁河，南侧为孙水河。现存有城墙，由黄色土夯筑而成，原砌筑有墙砖，现已不存。北城墙长约300米，南城墙长约660米，东、西城墙共长约600米，城墙周长约2160米，总面积约28万平方米。东城墙是利用地势直接在山坡陡崖基岩上加工的墙体，保存较好，为南北走向，城墙内侧最宽处宽约2.3米，最高处高约1.8米，墙内夹杂有少量陶片。北城墙东部与东城墙转角处有城门一座（北偏门），门宽3米，城墙残厚约

2.5米。南城墙中部有城门一座（南中门）。东城墙东南角发现一个垛口，残高1米，残宽0.6米，考古调查人员在夯土中发现有明清青花瓷片，推测为晚期补修而成。[2]

【历史渊源】

冕宁县有许多与关索相关的传说以及历史文化遗存。关索城下的村庄因关索而得名，当地人俗称"关索城村"。关索城外现在还有"练兵场""指挥台""洗马池"等小地名，传说也是关索练兵留下的文化遗存。

除此之外，当地还传说泸沽镇东北的一块台地，东汉时期是一个寨子，名叫"花家寨"。寨中有一名青年叫花关索，自幼练就一身武艺，人品又非常出众，被推选为寨子的寨主。花关索带领寨子中的青壮年修筑土城，与台登城内的鲍三娘遥相呼应，配合保护村寨安全。为了感怀花关索，当地人民便把花家寨改名"关索城"。[3]

---

1 冕宁县的调查得到冕宁县文物管理所的大力帮助，特此感谢。

2 本内容主要参照了四川省文物考古研究院、凉山彝族自治州博物馆、冕宁县文物管理所撰写的《四川冕宁关索城遗址调查简报》(《中华文化论坛》，2020年第6期)，特别是考古数据和图片等，特此说明。

3 刘继相主编：《泸沽镇志》，冕宁县泸沽镇人民政府，2008，第243—244页。

关索城遗址内的村落

冕宁关索城城墙残垣

据咸丰《冕宁县志》记载，关索城实为台登废县。台登县，西汉元鼎六年(前111)设置，东汉、蜀汉、晋沿袭，南朝萧齐时废。学界普遍认为台登县城就在冕宁县的泸沽镇。蜀汉时期台登县属越嶲郡地。咸丰《冕宁县志》载："关索城，台登废县，即今泸沽汛北关索城。《一统志》：汉置，萧齐废。"[1] 2017年10月，四川省考古研究院联合凉山彝族自治州博物馆、冕宁文管所等单位对关索城进行了考古调查，推测此城址建造时代为汉至萧齐时期，延续使用到明清之际。[2]

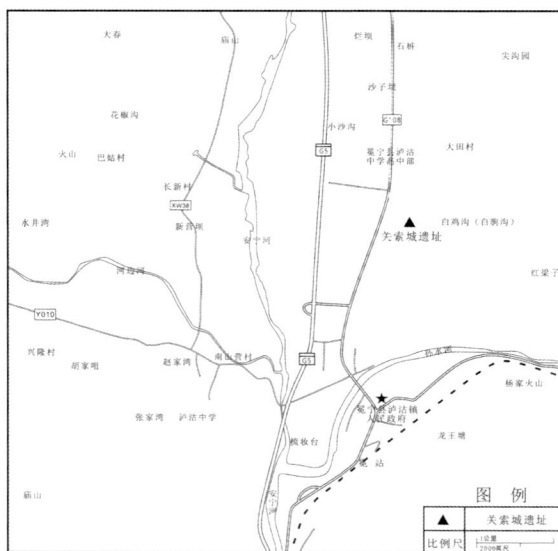

冕宁县泸沽镇关索城遗址位置图

1 (清)李英粲：《咸丰冕宁县志》，《中国地方志集成·四川府县志辑⑦》，巴蜀书社，1992，第916页。

2 四川省文物考古研究院、凉山彝族自治州博物馆、冕宁县文物管理所：《四川冕宁关索城遗址调查简报》，《中华文化论坛》，2020年第6期。

梳妆台遗址

【地理位置】

地理坐标：东经102°10′58″，北纬28°17′37″，海拔1600米。

行政属地：冕宁县泸沽镇。

地理环境：临近京昆高速。

【现状概述】

梳妆台遗址，位于冕宁县泸沽镇，离泸沽镇大约0.5千米，西靠安宁河，南靠孙水关遗址，是一个土台，过去是泸沽镇的制高点。该土台南北向，台高4米，长200米。因修筑公路，梳妆台遗址被分割成两半，仅存部分的遗迹。

【历史渊源】

梳妆台遗址，相传关索之妻鲍三娘住在此地，常常在河岸边对水梳妆打扮，于是得名"梳妆台"。过去土台上树木繁茂，修建有庙宇、民居等。咸丰《冕宁县志》载："梳妆台，距泸沽里许。俗传鲍三娘梳妆于此，故名。汉末鲍三娘勇力绝伦，廉康贼欲娶之，不屈。与康战，破之。后关索来攻，遂以城降，同为汉室讨贼。盖女中之知大义者也！台系土山，正方而平高，高赓约数十丈，孤特临河，长、若、孙水皆会于此。上建有庙、民居，树木参错。台下一桥，飞跨河浒，秋水澄空，怡表心目。"[1]咸丰《冕宁县志·艺文志》收《重修梳妆台秀晖桥记》："泸沽少左里许，有崇冈突兀特起，四方而削成，三面临流，树木明湛参错，远望之若行山阴道中，而睹其争流竞秀之状，若会兰亭，而茂林修竹之相映□也。相传为鲍三娘梳妆台。……今台之对岸，有关索城故迹。"[2]

与咸丰《冕宁县志》观点不同，《泸沽镇志》认为，梳妆台所在地才是台登废县遗址，此地发现的废城遗址东西长740米，南北宽323米，占地面积358亩，城址内占地面积306.5亩。其中，北城墙和北城壕于20世纪60年代兴建泸沽铁矿、川冶公司以及河边公路时毁坏。据泸沽镇老人回忆，北城壕内侧墙基处原存有古城门遗迹，梳妆村村民建房挖土时，还出土过几个石墩（推测为柱础）和若干汉砖；东城墙被孙水河冲毁。1973年，西昌专区博物馆和各县文化馆，抽调干部组成了"文物普查队"，对冕宁关索城遗址和梳妆台遗址进行实地调查。当时，曾在梳妆台遗址周围发现有古城南墙，墙基宽36米，系人工夯筑而成，被当地村民俗称为"古城梗"，还在川冶医院背面发现一段残存的城壕，宽12米，深约4米（底部多年淤积未算入）。1986年，文物工作者又在南城墙外发现有排水沟，由汉砖砌成，长、宽、高分别为140米、0.3米、0.59米。[3]

---

1 （清）李英粲：《咸丰冕宁县志》，《中国地方志集成·四川府县志辑⑦》，巴蜀书社，1992，第917页。

2 （清）李英粲：《咸丰冕宁县志》，《中国地方志集成·四川府县志辑⑦》，巴蜀书社，1992，第1038页。

3 刘继相主编：《泸沽镇志》，冕宁县泸沽镇人民政府，2008，第245—246页。

梳妆台遗址

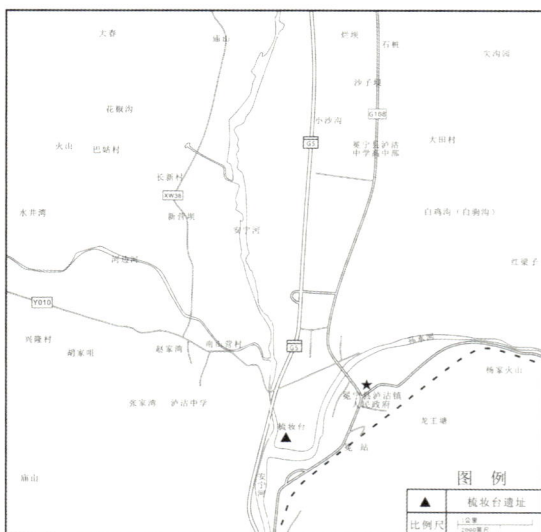

冕宁县梳妆台遗址位置图

孙水关遗址

【地理位置】

地理坐标：东经102°13′48″，北纬28°17′57″，海拔1650米。

行政属地：冕宁县泸沽镇东南社区。

地理环境：孙水河畔，与哑泉、潮音寺毗邻。

【保护级别】

1988年，被冕宁县人民政府公布为县级文物保护单位。

【现状概述】

孙水关位于冕宁县泸沽镇东南社区，孙水河畔，是南方丝绸之路"零关古道"必经的险要关隘，相传诸葛亮南征时途经此重要关隘。孙水关自开通之后，一直沿用至近现代。1952年修泸雄公路时被拆除，现存孙水关遗址。关隘附近的岩壁上刻有"西南形胜"[原刻为明万历二十五年（1597），现刻为清嘉庆二十三年（1818）]、"山水奇观"[原刻为明万历二十七年（1599），现刻为清嘉庆二十三年（1818）]、"龙"等摩崖石刻。

孙水关遗址附近有一座古寺，名"潮音寺"，始建于明初，历代有多次修缮和改建。1953年，因修筑泸雄公路，潮音寺被毁，1993年乡人刘仕俊等人倡募集资，在原址上重建潮音寺。[1]

【历史渊源】

孙水关，西汉司马相如通西夷时已开通，《史记·司马相如列传》载："司马长卿便略定西夷，邛、筰、冉、駹、斯榆之君皆请为内臣。除边关，关益斥，西至沫、若水，南至牂牁为徼，通零关道，桥孙水以通邛都。"[2]

孙水关，古代又称"泸沽峡"，关高二丈余尺，阔一丈余，横阻在古峡悬崖石鼓之上、零关道峭壁险要之处。它作为南方丝绸之路上的要津，沟通内陆与东南亚之间的商道。咸丰《冕宁县志》载："孙水关，在县南八十五里，即泸沽峡，两山壁立，一涧深浑，缘崖线路，缭雾盘虚。"[3]咸丰《冕宁县志·艺文志》收《重修孙水桥记》："《汉书》云司马相如定西南夷，桥孙水，以通邛筰。《水经注》：孙水出台登县南。志称泸沽峡，两山壁立，深百余

1 刘继相主编：《泸沽镇志》，冕宁县泸沽镇人民政府，2008，第248—250页。

2 （汉）司马迁撰、（南朝宋）裴骃集解：《史记》，北京：中华书局，1999，第2321—2322页。

3 （清）李英粲纂修：《咸丰冕宁县志》，《中国地方志集成·四川府县志辑⑦》，巴蜀书社，1992，第914页。

"西南形胜"摩崖

喜德孙水关遗址

孙水关孙水河涧

孙水关遗址石刻遗存

丈，阔不盈寻，孙水流其中，淙淙有声。"[1]

　　清代中后期，因广泛流传有"乾隆梦游孙水关"的传说，孙水关声名远扬，成为西南胜景。"龙"字摩崖石刻，即清代咸丰四年（1854）宁远知府史致康为纪念"乾隆梦游孙水关"而书刻。咸丰《冕宁县志》记载，泸沽峡岩上刻有"西南形胜"四字，又有"山水奇观"四字，又有"山高水长"四字，又一碑曰"此为哑泉不可饮"。[2]

　　民国时期，孙水关经过修缮，关墙用青砖砌成，左贴悬崖峭壁，右接孙水河悬崖绝处。关门顶上书"孙水关"三个大字。关门有一副对联："古道雄关，万里通途依险阻；云山奇阵，一朝圣帝梦孙源。"

1（清）李英粲纂修：《咸丰冕宁县志》，《中国地方志集成·四川府县志辑⑦⑩》，巴蜀书社，1992，第1040页。

2（清）李英粲纂修：《咸丰冕宁县志》，《中国地方志集成·四川府县志辑⑦⑩》，巴蜀书社，1992，第917页。

孙水关哑泉

地理坐标：东经102°13′23.29″，北纬28°17′46.02″，海拔1712米。

行政属地：冕宁县泸沽镇东南社区。

地理环境：孙水河畔，与孙水关遗址、潮音寺毗邻。

【保护级别】

1988年，被冕宁县人民政府公布为县级文物保护单位。

"禁止哑泉此水不可饮"石刻

【现状概述】

哑泉，位于孙水关遗址附近，相传诸葛亮南征时率兵经过孙水关，士兵误饮泉水而声哑，诸葛亮急寻土人询问，偶遇孟节，用圣泉治愈士兵。光绪《越巂厅全志》载："圣泉，治北二百三十里，河南站后云嵩寺，号云嵩圣泉。旧志载武侯南征，军饮哑泉不能言，孟节指此水，饮之方解。"[1] 为告诫世人，诸葛亮书写"禁止哑泉此水不可饮"在泉旁的崖壁之上。如今，哑泉泉水已经不存，仅留下后人所刻的"禁止哑泉此水不可饮"的摩崖石刻。该摩崖石刻位于孙水关遗址附近的岩壁上，邻近"山水奇观"摩崖石刻，字体为楷体，每字15厘米，竖排，为清道光二十一年（1841）冕宁知县徐建刻立。

【历史渊源】

孙水关哑泉最早的警示碑，早已风化模糊，清道光二十一年（1841），冕宁知县徐建在崖壁上重新刻立警示碑。但此处哑泉是真实还是附会，却是存疑。咸丰《冕宁县志》载："昭近年五过此处（孙水关），见碑侧五六步许岩中有泉涌出，僧用竹筒引入寺中为日用之需，烹茶极清。哑泉之说或古今地脉有异欤。"据咸丰《冕宁县志》记载，附近僧人们曾将哑泉水作为生活用水引入寺中，泉水清冽甘甜，烹茶极好。如此处真为哑泉，也已因地脉变化让水质发生了变化。[2]

1（清）马忠良修、马湘等纂、孙锵等续修：《光绪越巂厅全志》，《中国地方志集成·四川府县志辑⑰》，巴蜀书社，1992，第439页。

2（清）李英粲纂修：《咸丰冕宁县志》，《中国地方志集成·四川府县志辑⑰》，巴蜀书社，1992，第917页。

越西县

越西武侯祠

【地理位置】

地理坐标：东经102°30′40.62″，北纬27°37′59.43″，海拔1700米。

行政属地：越西县越城镇外南街182号。

地理环境：临街，周围是民房。

【现状概述】

越西武侯祠建筑遗存现仅存门框。大门由青石砌成，高2.6米，宽2.5米，上刻"诸葛忠武侯祠"门额。门额青石刻成，高0.84米，宽1.7米。

【历史渊源】

越西诸葛忠武侯祠始建于清代，本建有戏台、过厅、前殿、后殿，原主体建筑现已不存。

越西武侯祠

越西武侯祠大门

越西武侯祠石刻门额

雷波县 [1]

孟获殿

【地理位置】

地理坐标：东经103°47′23″，北纬28°25′23″，海拔1120米。

行政属地：雷波县黄琅镇马湖风景区。

地理环境：马湖水环绕四周。

【保护级别】

1996年，被四川省人民政府公布为省级文物保护单位。

【现状概述】

孟获殿位于雷波县黄琅镇马湖风景区马湖中心岛上的海龙寺内。马湖中心岛南北长约100米，东西宽约65米，面积约4588平方米，因外形像龟，俗称"金龟岛"。海龙寺由孟获殿、祝融夫人殿和观音殿组成。

孟获殿坐北朝南，是海龙寺的正殿，由柱子串联而成，立柱间没有墙壁，可以自由穿行，是我国仅存的一座纪念彝族历史英雄人物的寺殿。殿柱上挂有用彝语书写的对联，上联读作"兹咪额里，拾伟腾格，拾柴鹅里朵"；下联读作"俄丛咕里，送兹布芋，古惹马而很"。汉语意思是：首领开明，七次和谈，为一方平安；民众辛劳，三次塑像，因纪念

英雄。殿内供奉有孟获、孟优、摩铁三尊神像，神像塑于2007年。孟获像居中，身穿黄绸战袍，肩披大红毡衣，背英雄带，腰佩宝剑，正襟危坐；孟获右手边是孟获之弟孟优大将军，手拿文书；孟获左手边是军师摩铁大将军，目光如炬，身穿铠甲，手持战刀。三人皆穿彝族服装，形象威武，气宇轩昂，栩栩如生，与汉族佛教菩萨同尊一寺。

祝融夫人，相传是孟获之妻，是火神祝融氏的后裔。她容貌美艳、深明大义，用长虹宝剑作兵器，以超群的武艺和胆识辅佐孟获稳定一方疆土。祝融夫人殿中塑祝融夫人站像。祝融夫人身穿彝族服饰，身配银饰，右手举火把，左手执佩剑，英姿飒爽。

为了纪念孟获，雷波县每两三年会举办一次孟获火把节。

【历史渊源】

海龙寺始建于明万历十七年（1589），距今400多年。光绪《雷波厅志》记载："龙湖，即马湖，在厅治东九十里，黄螂西南五里，长三十里，广十里，去大江二十里。其水与江流同消长，日夕作潮，团围皆峻崖，中有土山如螺髻，俗名海包，可居四百余人，上建海龙寺。" [2]

---

1 黄琅镇上有一个孟获学会，专门研究孟获以及黄琅历史，我们对雷波地区的调查得到孟获学会会长陈国安老先生和雷波县文管所陈哲所长的大力支持和帮助，并提供重要资料。

2 （清）秦云龙修；（清）万科进纂：《光绪雷波厅志》，《中国地方志集成·四川府县志辑》，巴蜀书社，1992，第793页。

金龟岛鸟瞰

海龙寺建筑群鸟瞰

孟获殿

清乾隆四十八年（1783），海龙寺经过修缮，形成一定规模。建有二楼七殿，二楼是魁星楼（玉皇楼）和紫薇楼；七殿是观音殿、灵宫殿、蛮王殿（孟获殿）、大雄殿、老君殿、三仙殿、灶王殿。据当地学者考证，当时海龙寺共有房屋33间，供奉神像108尊（第一代供奉103尊）。孟获殿供奉有三尊菩萨：孟获、孟优、摩铁，皆为木雕像。中座为孟获，盘膝而坐，右手持宝剑，左手平指前方，上穿璎珞红棉袍，下穿花边叠叶黄绸裤，披察尔瓦，肩挂竹斗笠，头顶天菩萨，耳朵硕大，俗名"大耳朵蛮王菩萨"。当地传说，谁家小孩生病，只要摸摸孟获的大耳朵，病痛就能痊愈，所以孟获殿一直香火旺盛。当时，孟获右侧是孟优，他双目圆睁，一手握战刀，一手叉腰；左侧是大将摩铁，他右手抓长矛，左手握佩剑。二像亦盘膝而坐，蓄着天菩萨，披着察尔瓦，背着竹斗笠，腰扎红绸带，下穿黄绸裤，赤脚。

2007年2月，雷波县人民政府拨款400万元，对海龙寺进行全面修缮，重塑了孟获、孟优、摩铁三尊神像和其他部分神像。

雷波一带，广泛流传着诸葛亮与孟获的故事，其中流传最广的细节，对诸葛亮的礼贤下士和孟获的耿直守信有生动描绘。

孟获殿内的孟获、孟优、摩铁塑像

祝融夫人像

龙湖雄关

【地理位置】

地理坐标：东经103°49′20″，北纬28°27′40″，海拔860米。

行政属地：雷波县黄琅镇中田村。

地理环境：353国道旁，关隘周围树木繁盛。

【现状概述】

"龙湖雄关"又名"舒倦门"，位于雷波县黄琅镇中田村宋家岩，其所在的区域小地名叫"大陷漕"。龙湖雄关山崖陡峭，犹如利斧砍开的一道山门，宽仅1米多，陡峭的山崖之下是奔腾咆哮的金沙江。所以自古以来，龙湖雄关就有"一夫当关，万夫莫开"的地理优势。龙湖雄关的山间现留存有一条古道，长约30千米，仅能容一人通过，是古代进入马湖最重要的道路之一。为加快当地旅游发展，当地政府在龙湖雄关关口处修建了水泥大道和护栏，人们可以轻松地站在关口处观赏龙湖雄关的美景。

【历史渊源】

当地传说，当年孟获凭借龙湖雄关的险要，挡住诸葛亮大军长达三个月之久。诸葛亮曾派人三次与孟获进行和谈，希望借道平定南中地区。孟获深受感动，同意借道，并归降蜀汉。此事在当地留作佳话，当地人便将三次和谈之地取名"三和台"。[1]诸葛亮还请来石匠凿开岩石，在悬崖峭壁上修筑了一条险关狭路。后人在此刻下"龙湖雄关"四字，作为纪念。

马湖图《光绪雷波县志》

---

1 三和台位于307省道雷波—马湖段盘山公路1号回头湾处，马湖风景管理委员会在此处立石碑"三和台（诸葛亮观景台）"。

三和台

龙湖雄关关口

雷波诸葛亮点将台遗址

【地理位置】

地理坐标：东经 103° 47′ 24.44″，北纬 28° 23′ 10.95″，海拔 1140 米。

行政属地：雷波县黄琅镇荆竹村。

地理环境：003 乡道旁，周围树木繁盛，杉树高直。

雷波诸葛亮点将台遗址

【现状概述】

诸葛亮点将台遗址位于雷波县黄琅镇马湖东南侧荆竹村境内的一个小山头，小地名叫作"猴子堡"。点将台是一个土台，相传诸葛亮曾在此阅兵点将，故名。点将台附近大树参天，位置非常隐蔽。1993 年 10 月，雷波县人民政府在土台上刻立"诸葛亮点将台遗址"石碑。

雷波"诸葛亮点将台遗址"石碑

【历史渊源】

诸葛亮点将台遗址上原有一些石碑、石像、石马等文物，现已不存。

三國

CHONGQING

重庆市

重庆市概述

重庆市位于我国中部地区和西部地区的接合地带，东接湖北，西邻四川，北靠陕西，南达贵州，是东西、南北经济文化交流的交叉点。重庆市现为直辖市，截至2022年底，下辖万州、涪陵、渝中、大渡口、江北、沙坪坝、九龙坡、南岸、北碚、綦江、大足、渝北、巴南、黔江、长寿、江津、合川、永川、南川、璧山、铜梁、潼南、荣昌、开州、梁平、武隆26个区，城口、丰都、垫江、忠县、云阳、奉节、巫山、巫溪8个县，以及石柱土家族自治县、秀山土家族苗族自治县、酉阳土家族苗族自治县、彭水苗族土家族自治县4个少数民族自治县。

根据谭其骧先生《中国历史地图集》所示，以及相关历史文献记载，在三国之前的东汉时期，重庆市大体属于益州之下巴郡的辖地，占有巴郡南部和东部。到了东汉末的献帝兴平元年（194），控制益州的益州牧刘璋，开始将地域广大的巴郡，分成南部、北部和东部三个部分，并分别设置了三个郡。七年后的东汉献帝建安六年（201），这三个郡定名为巴郡、巴西郡和巴东郡，从此出现了"三巴"之称。其中巴郡的治所依然设在江州县（今重庆市渝中区），巴西郡的治所设在安汉县（今四川省南充市），巴东郡的治所设在鱼复县（今重庆市奉节县）。稍后，刘璋又在巴东郡的地域中，分出一部分设置了巴东属国，治所设在涪陵县（今重庆市涪陵区）。所谓"属国"，是当时一种等级略低于郡的行政区，主要设置在少数民族聚居的地域。

三国时期，蜀汉政权控制了益州，现今的重庆市分别属于益州之下的巴郡、巴东郡、巴东属国，此后巴东属国又改称涪陵郡。以上地域是蜀汉领土的重要组成部分，在政治、经济、军事和外交上，都曾产生过关键性的历史作用。比如刘备的军事力量从东面的荆州进入益州，在此成功建立蜀汉政权，后来刘备又从益州大举出兵东下三峡，试图夺回被孙吴占领的荆州，都把以上地域作为大军进出的唯一通道。可见这一地域关系到蜀汉政权的兴起和转折。不少流传后世的三国历史故事，像"义释严颜""白帝托孤"等，其发生地也在这里。

正因如此，重庆市现存的三国文化遗存相当丰富，主要分布在渝中、渝东、渝东南的长寿、忠县、万州、奉节、彭水等地。一些文化遗存具有可靠的历史依据，历史沿革非常清晰，具有较高的文化价值；另一些文化遗存分布在少数民族地区，主要与当地的传说密切相关，呈现出三国文化独特的民族风貌。下面就我们此次在重庆市各地三国文化遗存的调查结果，总共58处点位，逐一进行报告。

万州区

　　万州区，位于重庆市东北部，地处四川盆地东缘、长江三峡水库中段。东北邻接云阳县、开州区，西南邻接梁平区、忠县、石柱县，东南与湖北省恩施土家族苗族自治州接壤，西北与四川省达州市接壤。截至2022年底，全区下辖14街道、27镇、11乡。东汉献帝建安二十一年（216），刘备分朐忍县地置羊渠县，属巴东郡。羊渠县故址在今万州市区，此举开万州市区建县之先河，今万州区大部分地域归其管辖。后来羊渠县改名为南浦县，至于何时改名，学界看法尚不一致。

万州区三国文化遗存点位分布图

1 天生城遗址
2 万州甘宁墓

撰稿：彭　波
摄影：李　耀　尚春杰　樊博琛
绘图：尚春杰

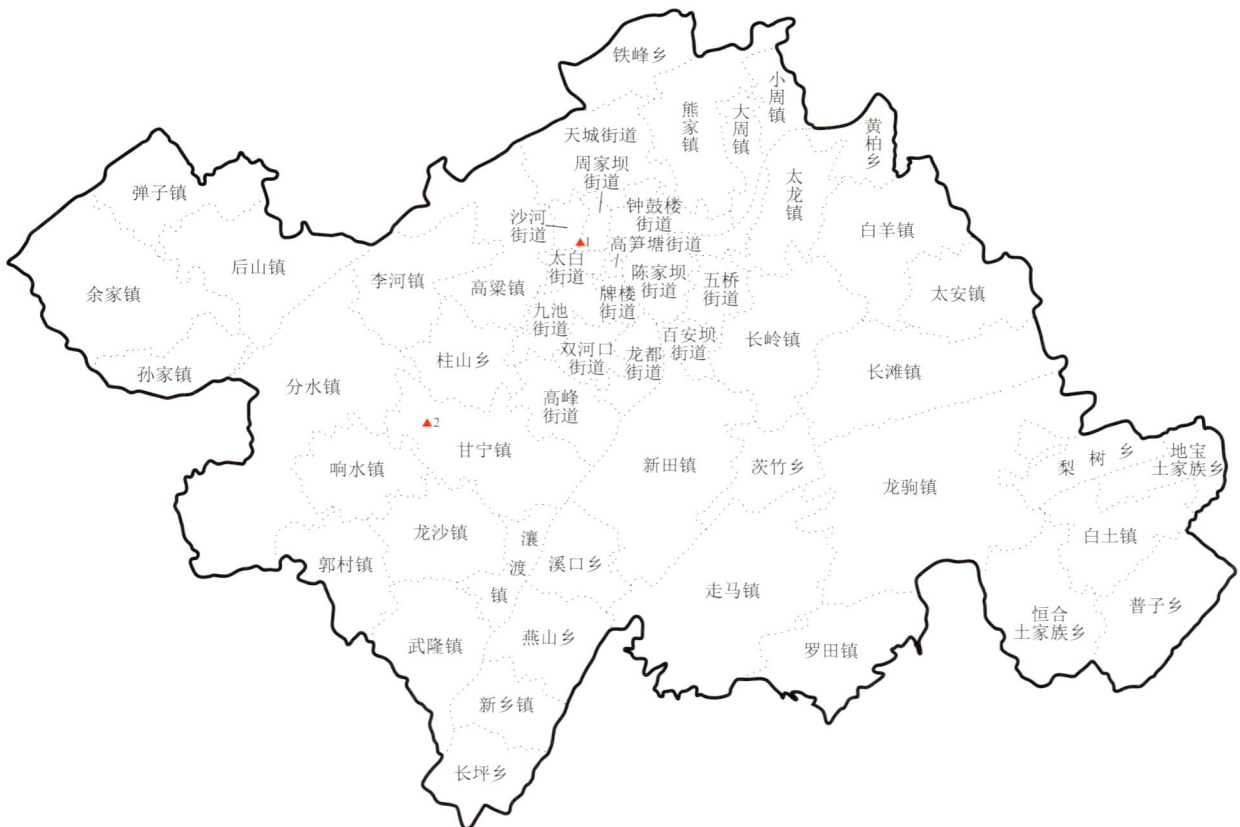

天生城遗址

【 地理位置 】

地理坐标：东经108°21′58″，北纬30°49′25″，海拔215—466米。

行政属地：万州区周家坝街道天生城社区。

地理环境：坐落于天城山上，西面隔苎溪河与西山相望，东面隔长江与都历山相望，四面皆为悬崖。其下东为石城路、天城大道，西、南为天龙路所环绕，北为福建大街。

【 保护级别 】

2013年，被国务院公布为全国重点文物保护单位。

【 现状概述 】

天生城依山而建，呈南北走向，长约1500米，宽40—500米，由内城、东外城以及北外城三部分组成。

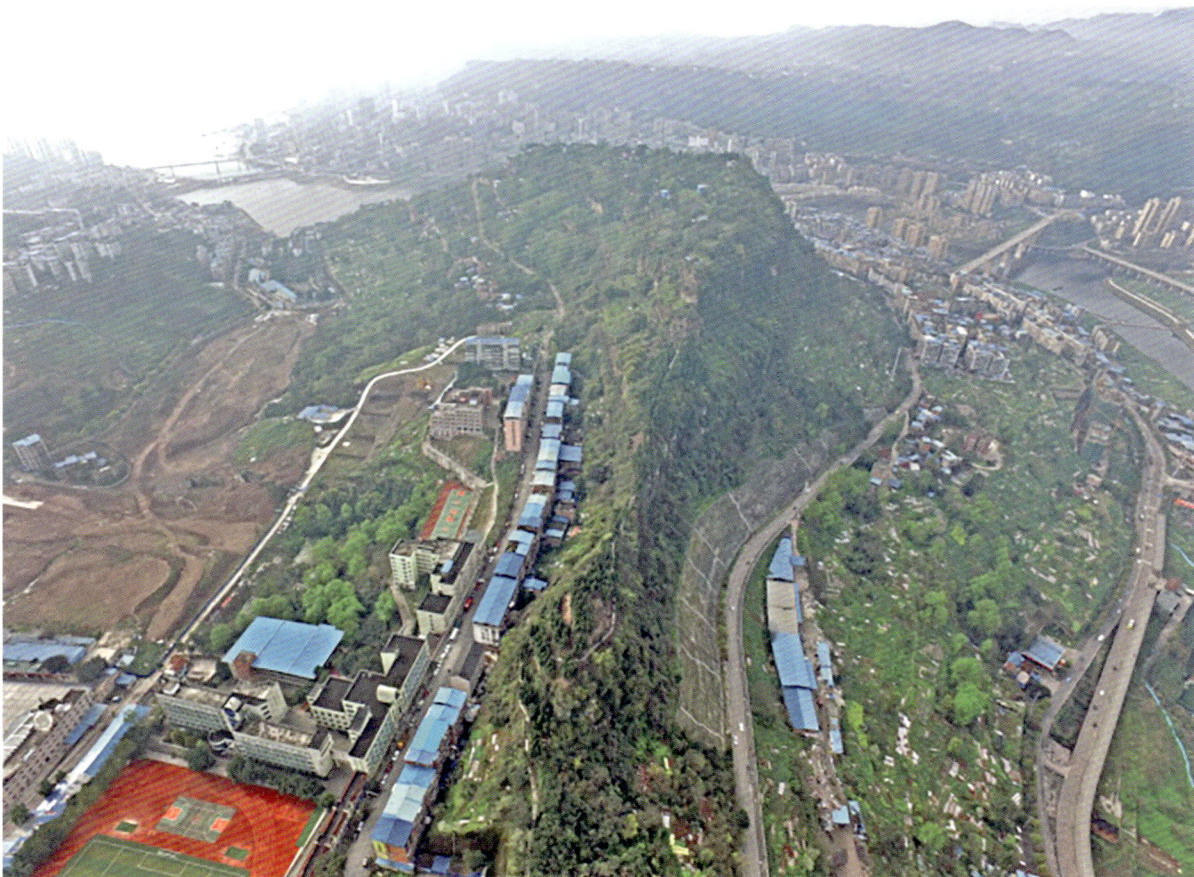

天生城遗址航拍全景

内城，位于天城山山顶，环绕天城山顶部一周，周长约1820米，面积约111145平方米。城门分别开于南、东及北部，即前寨门、中寨门、后寨门，均为瓮城结构。北外城，位于天城山二级山崖上，在今鹅公颈至鹅公包一带，宋代城墙残长约83米，残高约1.6米。东外城，分布于天城山二级山崖上，与内城东城垣相距不远，由南北两道一字墙及沿二级山崖外缘砌筑的城墙围合而成。南北长约408米，东西宽30—55米。[1]天生城崖壁上还保留了南宋期间摩崖筑城题记和碑文5处、元代纪功碑等。现天生城遗址正在打造天生城遗址公园。

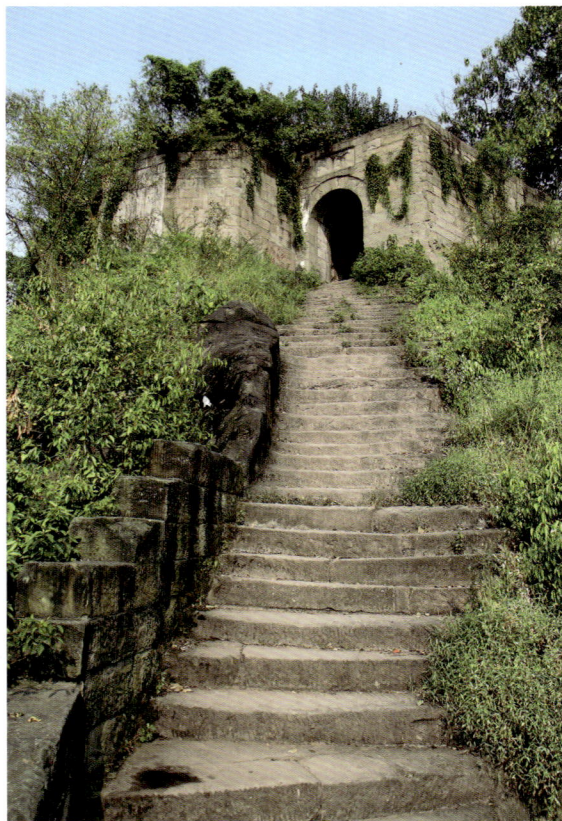

内城前寨门（万州博物馆提供）

【历史渊源】

天生城，因传刘备曾驻兵于此，又名"天子城"。始建年代不详。《华阳国志》载："胸忍县，郡西二百九十里。水道有东阳、下瞿数滩。山有大、小石城势。"[2]文中所说的"小石城势"，即天生城。《蜀中广记》载："（万县）其西四里天子城，相传昭烈驻兵于此，常璩所云小石城，是也。"[3]又《读史方舆纪要》载："天城山，在县西五里，四面峭壁如堵，惟西北一径可登。又名天生城，相传昭烈驻兵于此，常璩所云小石城也。"[4]

当地传说蜀汉先主章武元年（221），刘备率军东征孙权，因士兵水土不服，很多人得了病，于是便驻兵于此休整。当地百姓听说后，纷纷自发上山挖草药，煎好之后送到军营为士

1 蔡亚林：《万州天生城布局结构及严格变迁新探》，《文物鉴定与鉴赏》2018年第8期。

2 （晋）常璩著，任乃强校注：《华阳国志校补图注》，上海古籍出版社，1987，第36页。

3 （明）曹学佺撰：《蜀中名胜记》卷二十三《名胜记·下川东道》，清文渊阁四库全书本。

4 （清）顾祖禹撰：《读史方舆纪要》卷六十九《四川（四）》，清稿本。

内城后寨门（万州博物馆提供）

内城城墙南段（万州博物馆提供）

兵治病。刘备十分感动，便拿出军粮赈济当地百姓，并教百姓耕种，极大地改善了当地的生活状况。百姓十分感念刘备的恩德，于是将此处称为"天子城"。[1]清同治《增修万县志》引《舆地纪胜》载："天城山，……累石为门，俗亦为天子城，以昭烈名也。"

南宋淳祐三年（1243），四川宣谕使余玠"筑青居、大获、钓鱼、云顶、天生凡十余城，皆因山为垒，棋布星分，为诸郡治所，屯兵聚粮为必守计"[2]。天生城成为四川山城防御体系中的一环，是扼控荆蜀通道的要塞，在抗蒙战争中立下赫赫战功。德祐二年（1275），杨文安率军围攻天生城，守将上官夔"巷战而死"，天生城陷落，结束了其33年抗蒙战争的历史。杨文安属将王师能于天生城刻石《宣相杨公攻取万州之记》以记功，题刻犹存。明末清初，天生城为地方抗清武装"三谭"（谭文、谭诣、谭弘）所占据，直至康熙二十年（1681），清兵攻陷万县，谭弘子谭天密弃天生城逃往云南。清代中晚期，巴蜀匪患频发，天生城作为民间防匪寨堡继续发挥功能。此次调查中，我们发现天生城顶部有大型清代建筑基址群遗迹，城门上有"咸丰三年""光绪辛卯"题记，西南崖壁上还有"地主姚老爷咸丰七年三月"所凿"泰平洞"，都是这段历史的见证。

全面抗日战争期间（1938—1945），国民政府曾在天生城设立监视哨、瞭望哨，并配有高射机枪，前门两座炮台就是当时所留。[3]中华人民共和国成立后，天生城的军事要塞功能彻底退出历史舞台。20世纪60年代，历史、考古学者逐步开始了对天生城遗址的调

查、研究。1988年公布为万县文物保护单位，1999年公布为万州区文物保护单位，2000年公布为重庆市文物保护单位，2013年公布为全国重点文物保护单位。2014年以来，重庆市文化遗存研究院先后对天生城进行了考古发掘，基本理清了天生城城址面积、布局等基本情况。

《三国志》对于刘备东征描述非常简略，缺乏对其东征行军路线的详细记载，仅有"章武元年秋七月，遂帅诸军伐吴……吴将陆议、李异、刘阿屯巫、秭归。将军吴班、冯习自巫攻破异等"[4]简短史文。清同治《增修万县志》中有元代王师能《万州天生城石壁记》。王师能，元世祖忽必烈至元十三年（1276）为万州安抚使，曾亲自参与元军进攻天生城的战争，故此文对考证天生城沿革具有重要价值，现迻录于下：

万州天生城石壁记[5]
（元）安抚使王师能

元朝造我区夏，丕冒海隅出日，宪述唐制，分道以理天下。昔先皇帝躬履蜀道，利、夔以东，畀之先侍郎肃翼郡公，地未悉平，将星示变，今圣天子遂命我宣抚使招讨都元帅、金吾上将军杨公继之。受任以来，尽瘁国事，誓挈舆图以报君王。乙亥元正，不两旬而取开、达，越月而下洋川，附庸列寨，传檄而定。独夔以上，恃衣带水，未归职方。万在江北，城号"天生"，昔昭烈上经蜀汉，下窥三峡，于此乎插剑，盖荆蜀之要会也。公曰："得万，则忠、夔可次第

1 马儒君：《寻找三国》，中国文联出版社，2008，第449页。

2 （元）脱脱等撰：《宋史》，中华书局，1977，第12470页。

3 万州区博物馆颜泽林副馆长口述资料整理。

4 （晋）陈寿撰：《三国志》，中华书局，1994，第890页。

5 （清）张琴修，（清）范奉衡纂：《增修万县志》卷三十六《艺文》，清同治五年刊本。

北外城全景（万州博物馆提供）

北外城残存宋代城墙（万州博物馆提供）

而下。"是岁，乃亲董六师，不惮蕴隆，秋，军于城下者五旬，遣檄谕旨，靡不曰善。郡将上官夔，怙险蕴奸，侮慢自贤。公曰："且置此子于度外，吾将有事于夔。"遂拔牛岭一二寨而行。越明年夏，戎车再驾，远次于郊，不菑农工，不俘人民，亦曰"取之以力，不若服之以德也"。上官夔自谓："如此绝险，除是飞来！"虽遣纳降之款，然阳从阴违，姑延旬日，欲老我师。于是我公愤然，建大将旗鼓，对垒于笔架峰前，严厉诸将，分住地面，三绕环攻。八月辛未，一鼓而拔其外城，军民大窘。王师薄垒而营，城内直可扪上蹴倒。我公不忍生灵涂炭，一再遣檄原宥，冀其保活。上官夔终迷不悟。是月甲申，公是以益命佟开达安抚使、监军杨应之贾勇将士，用夜半自城南鱼贯而上，王旅如飞，一刻即平。上官夔尚施困斗，自干阵戮，其余生灵，一无血刃。是役也，师能亦预被坚之列。翌日，公乃按辔徐行，登城抚定，建州牧，置县令，崇学校，完城郭。民乃即巴国之故居，沐元朝之新化，曰："而今而后，吾等为太平民矣！"相与而歌曰："始时吾民，迫于势驱，昼守夜防，靡有宁居；我公既来，慰我无辜，劳来还定，安堵自如。始时吾民，困于征役，无小无大，朝不谋夕；既见我公，念其艰食，解衣以赐，輓粟以给。万之卒徒，解甲欢呼；万之官士，见仪咸喜。"吁嗟斯城！巉岩倚空，王旅如飞，伊谁之功？问之诸将，归之我公。公曰："此州特予小试，夔峡悉平，端自今始。"师能庸谬不才，误膺隆委，滥领州麾，目击盛美，讵敢默然？姑录其实，以俟太常之大纪。至元十三年岁次丙子良月日，宣武将军本帅府管军总管、万州安抚使古珉王师能拜手勒石。

万州甘宁墓

【地理位置】

地理坐标：东经108°13′58.72″，北纬30°41′22.15″，海拔307米。

行政属地：万州区甘宁镇甘宁村1组。

地理环境：东临甘宁河，西靠挂儿崖，周围为民居及农田。

【现状概述】

万州甘宁墓毁于20世纪50年代，墓碑、墓葬都已不存。原墓地址现为农田，周围为村舍。近年来，万州大瀑布景区内重新修建了甘宁墓，墓平面为圆形，周长约17米，封土高约1.8米，墓前设墓碑，碑面上刻"西陵太守""折冲将军"，左右并排，下刻"甘宁之墓"，墓碑宽2.45米，高3米。景区广场中间，塑立一尊甘宁骑马像，威风凛凛。

【历史渊源】

甘宁，字兴霸[1]，巴郡临江县人，历任孙吴政权西陵太守、折冲将军。《华阳国志》云："（临江县）严、甘、文、杨、杜为大姓……甘宁轻侠杀人。在吴为孙氏虎臣也。"[2]正史对甘宁墓葬位置无记载，后世地理文献对甘宁墓位置主要有三种说法。

第一种说法，在江苏省南京市直渎山。此说最早，隋代杜公瞻《编珠》引伏滔《北征记》曰："九井山，西北有吴将甘宁墓，占者云有王气。孙皓凿其后十数里名曰直渎。"[3]九井山即直渎山，在南京郊外。伏滔为东晋时人，曾从桓温讨伐袁真，《北征记》即为其从征纪行之作。伏滔所处时代距离三国不远，其说具有较高的可信度，后来宋代《太平御览》、明清《一统志》也均采用此说。

第二种说法，在湖北省黄石市阳新县富池口。此说流传最广，溯其源流，应与演义小说或戏剧影响相关。《三国演义》第八十三回云："（甘宁）被沙摩柯一箭射中头颅，宁带箭而走，到于富池口，坐于大树之下而死。树上群鸦数百，围绕其尸。吴王闻之，哀痛不已，具礼厚葬，立庙祭祀。"毛宗岗评曰："至今富池口有甘兴霸庙，往来客商祭祀。"[4]《大明一统志》载："甘宁墓，兴国州东六十里军山之阳，吴将也。"也采用此说。明代嘉靖年间、清代雍正年间，当地政府都对此墓进行过维修，并在墓前设置了石兽、翁仲、牌坊等，可见其影响之大。

第三种说法，在四川省通江县。此说主要流行于明清时期。明代曹学佺《蜀中广记》载："吴将军甘宁墓，《通志》云：'在通江县西，露浴溪上，谓之甘谷。'"[5]后清代雍正《四川通志》《通江县志》均采用此说。此传说的由来无考，盖因此地初名"甘谷"，后遂附会甘宁墓在此。

1 （晋）陈寿：《三国志》，中华书局，1994，第1292页。

2 （晋）常璩著，任乃强校注：《华阳国志校补图注》，上海古籍出版社，1987，第30页。

3 （隋）杜公瞻：《编珠》卷一《天地部》，清康熙三十七年刻本。

4 （明）罗贯中著，（清）毛宗岗评改：《三国演义》上海古籍出版社，1989，第1070页。

5 （明）曹学佺：《蜀中广记》卷二十五《名胜记·川北道》，清文渊阁四库全书本。

甘宁墓旧址鸟瞰

甘宁墓旧址现状

甘宁墓旧址现状

至于万州的甘宁墓,主要来源于当地的传说。传说甘宁死后欲归葬故里即巴郡临江县,但因他是孙吴将领,在夷陵之战中与蜀汉军队交过战,族人害怕受到株连,纷纷隐姓埋名,避祸异地他乡。当地人虽敬重甘宁忠勇,也不敢对外张扬,只敢在这里偷偷为他垒了个土堆坟,并且不敢树立墓碑。直到1932年,当地教书先生杜介山,才重新为其垒坟培修建墓。[1]据当地村民口述,20世纪50年代还可见甘宁墓圆形封土,墓前还有大小两块石碑,碑高1.5—1.6米。后来墓葬坍塌,出现一个大洞,有好事者曾爬入墓中,看见墓穴宽五六尺有余,为石头砌筑。[2]1999年10月,万州区文化部门与甘宁乡政府曾对甘宁墓进行过实地探查,发现墓葬平面呈圆形,坐西向东,直径6米,高约2米,四周有弧形条石砌筑,墓前有碑,碑高1.8米,宽1.2米,篆书碑文"吴折冲将军西陵太守甘宁之墓";墓前还开辟出一个长5.5米、宽5.6米的平台,平台上有石桌、石刻香炉凳等物;墓旁植有古柏四株,刚劲挺拔。但以上景物现今均已不存。[3]

新修甘宁墓

甘宁塑像

1 马儒君:《寻找三国》,中国文联出版社,2008,第438页。

2 据甘宁村村民易宝发口述资料整理。

3 据甘宁镇退休教师杨真权提供资料整理。

涪陵区

涪陵区位于重庆市中部，地处长江和乌江交汇之处，东接丰都县，南邻武隆区，西连巴南区，北靠长寿区、垫江县。截至2022年底，涪陵区下辖11街道、14镇、2乡。三国蜀汉时期，今涪陵区大部分地域归巴郡枳县管辖。

涪陵区三国文化遗存点位分布图

1 铁柜山
2 诸葛山

撰稿：彭　波
摄影：李　耀　尚春杰
绘图：尚春杰

铁柜山

地理坐标：东经107°23′16.67″，北纬29°43′38.66″，海拔507米。

行政属地：涪陵区江北街道北山公园。

地理环境：位于长江北岸，下临长江、乌江交汇处，与涪陵县城隔长江相望。

站在铁柜山山顶眺望涪陵城区

【现状概述】

现已开发为北山坪公园。山上有步道，周围植被茂密。

【历史渊源】

铁柜山，古名"吴君山"。后因其形如铁柜，故称"铁柜山"；又因其地处于长江北岸并在涪陵县城之北，当地又俗称"北山坪"。《舆地纪胜》载："铁柜山，旧经云吴君山。横亘江北，与涪陵县相对，雄压诸山。"[1]至明代，开始传说诸葛亮曾屯兵其上。《蜀中广记》云："铁柜山……俯临长江，屹立如柜。相传武侯屯兵于此，旧城犹存。"清代方志多承袭此说。2015年前后，重庆文化遗产研究院曾在铁柜山山麓一带发现40余座汉晋时期的墓葬。

诸葛山远眺

诸葛山与清溪镇隔长江相望

1（宋）王象之撰：《舆地纪胜》卷一百七十四《夔州路·景物下》，清影宋抄本。

诸葛山

【 地理位置 】

地理坐标：东经107°25′4.12″，北纬29°48′15.12″，海拔357米。

行政属地：涪陵区江北街道葛亮山邓字村6组。

地理环境：地处长江北岸，南临一条乡村公路，东边有一条小溪流入陈家庙水库，四周为民居和农田，与清溪镇隔长江相望。

【 现状概述 】

山体大部分被开垦成农田，种植玉米、黄豆等农作物。

【 历史渊源 】

诸葛山，当地又名"葛亮山"。清《涪州志》载："诸葛山，州北四里。相传诸葛武侯屯兵于此，故名。"[1]清代在诸葛山上建造了上、中、下三个寨子，当地称作"葛亮寨"。三寨呈左、中、右分布，寨墙为条石砌筑。上寨、下寨已不存，中寨残存部分寨墙，中寨的西、南垣还辟有寨门。20世纪60—80年代，村民修建住房时从葛亮寨取材，寨中主要建筑被拆除，今已不存。[2]

诸葛山局部鸟瞰

---

1 （清）多泽厚修，（清）陈于宣纂：《涪州志》卷一《古迹》，清乾隆五十年刻本。

2 据涪陵博物馆提供第三次不可移动文物普查资料。

渝中区

　　渝中区，位于重庆市的核心市区，地处长江、嘉陵江交汇处，两江环抱，形似半岛。截至2022年底，渝中区下辖11街道。三国蜀汉时期，该区域主要为巴郡治所江州县的辖地。

渝中区三国文化遗存点位分布图

1　佛图关
2　渝中关岳庙

撰稿：彭　波
摄影：李　耀　樊博琛
绘图：尚春杰

佛图关

地理坐标：东经106°31′59.02″，北纬29°33′10.42″，海拔345米。

行政属地：渝中区长江一路鹅颈巷8号。

地理环境：位于佛图关公园内，东接鹅岭公园，北近嘉陵江，南临长江，三面悬崖。

【 现状概述 】

佛图关南北两面环江，危岩壁立，磴曲千级，易守难攻，为古重庆城中心陆路咽喉要道，成渝古道必经之处，被誉为渝西"第一雄关"，自古有"四塞之险，甲于天下"之说，守此一区，"能守全城，可保无恙"[1]。现佛图关已改建成公园，园中的山上有很多开凿的山洞，具体开凿时间不详，曾作为工厂和防空洞使用，东面崖壁上留存有宋代佛像摩崖及清至民国时期的题刻。佛图关周围还保留有清代民国建筑及部分现代仿古建筑。

【 历史渊源 】

佛图关，又名"浮图关""佈图关"，始建年代不详。一般认为因崖壁有佛教摩崖而得名[2]，但有学者从民族语言学的角度出发，认为佛图关名称之由来，源于战国时期楚语中"於菟"一词，意为像老虎把守一样牢固。[3]至于始建年代，有学者与重庆建城年代联系起来，推测为战国中晚期，即公元前316年秦灭巴国后，张仪修筑江州城（今渝中区）[4]之时。

蜀汉后主建兴四年（226），都护李严驻防江州，在张仪所筑江州城的基础上进行扩建，"更城大城，周回十六里"，并设想在此处挖一条人工渠以贯通长江和嘉陵江，使江州城变为一座易守难攻的孤岛，并"求以五郡为巴州"[5]。李严设想凿渠通江之处，就在佛图关一带。《元和郡县志》载："州理城，即汉巴郡城也。先主令都督李严镇此，又凿南山，欲会汶、涪二水，使城在孤洲上。会严被征，不卒其事。凿处犹存。"[6]又《蜀中广记》载："（巴县）治西十里佛图关，左右顾巴、岷二江，是李正平欲凿处，斧迹犹存。"[7]清道光《重庆府志》也载："佛图关，县西十五里，即李严欲凿通岷涪二江处。"[8]事实上，李严凿山通江仅

---

1 （民国）朱之洪修，向楚纂：《巴县志》卷二《建置》，民国二十八年刻本。

2 （清）王梦庚修，（清）寇宗纂：《重庆府志》，《中国地方志集成·四川府县志辑⑤》，巴蜀书社，1992，第27页。

3 白俊奎：《重庆市渝中区"浮图关""鹅岭"地名的文化人类学研究—以民族语言内涵和史志文献考证为突破口》，《重庆工商大学学报（社会科学版）》2016年第5期。

4 （晋）常璩著，任乃强校注：《华阳国志校补图注》，上海古籍出版社，1987，第11页。

5 （晋）常璩著，任乃强校注：《华阳国志校补图注》，上海古籍出版社，1987，第28页。

6 （唐）李吉甫：《元和郡县志》卷三十四《剑南道三》，清武英殿聚珍版丛书本。

7 （明）曹学佺：《蜀中广记》卷十七《名胜记·上川东道》，清文渊阁四库全书本。

8 （清）王梦庚修，（清）寇宗纂：《重庆府志》，《中国地方志集成·四川府县志辑⑤》，巴蜀书社，1992，第27页。

立于佛图关山腰俯瞰嘉陵江

佛图关公园内的景观雕塑

"佛图古关"摩崖

佛图关南门

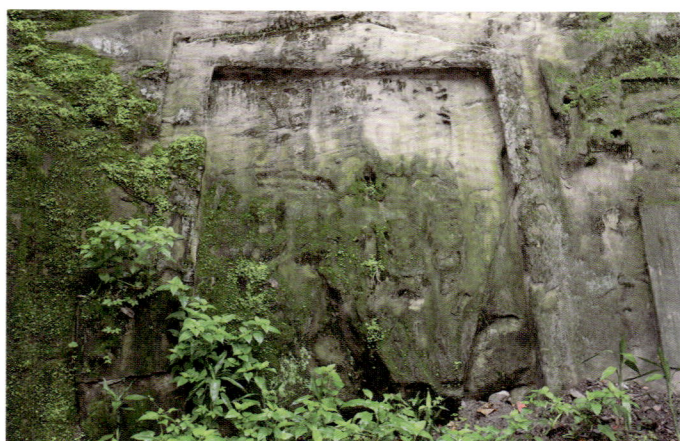

佛图关摩崖

仅是一种构想，并未真正实施。《华阳国志·巴志》中明确记载："后都护李严……欲穿城后山，自汶江通水入巴江，使城为洲。求以五郡置巴州，丞相诸葛亮不许。亮将北征，召严汉中，故穿山不逮。"[1]史文所言的"穿山不逮"，含义很清楚，就是开凿山岩的设想并未来得及付诸实施。另外，佛图关位于山脊之上，崖石陡峻，又高出江面约300米[2]，开凿难度极大，即便实施也难以成功。当地传说，李严凿山修渠的计划虽然落空，却在山顶修建了一座小城垣驻军，古城墙的遗迹今依稀可辨。

佛图关为重庆老城的西面门户，战略价值极大，历来为兵家必争之地。南宋景炎二年（1277）十二月，元军进驻佛图关，围攻重庆老城，次年重庆老城陷落。明天启元年（1621）九月，永宁土司奢崇明割据重庆老城发动叛乱。次年，秦良玉攻破佛图关，收复重庆老城。明崇祯十七年（1644），张献忠由湘鄂入川，绕道江津进攻重庆老城，即先夺取佛图关，不久重庆老城即告陷落。清道光二年（1822），在佛图关设置川东浮图汛署（四川第一个防汛机关)，驻军100余人。抗日战争时期，国民党中央干部训练团设于佛图关，团长为蒋介石兼任。1941年2月13日，蒋介石下令将佛图关改名为"复兴关"。原佛图关内还有城楼三座，西为瑞丰门，东为仁清门，南为秦安门，城墙多以悬崖为屏障。关内建有夜雨寺、文昌宫、关帝庙、蚕神祠及姚公场街道等。现今佛图关城门及关内寺、庙、宫、祠等古建筑均已不存。[3]

1 （晋）常璩著，任乃强校注：《华阳国志校补图注》，上海古籍出版社，1987，第28页。

2 据重庆市文化遗产研究院林必忠研究员口述资料整理。

3 渝中区文物管理所提供资料。

渝中关岳庙

【地理位置】

地理坐标：东经106°31′01.40″，北纬29°33′00.68″，海拔280米。

行政属地：渝中区李子坝坡137号。

地理环境：位于佛图关公园山麓，北近嘉陵江，下临华村立交桥。

【现状概述】

关岳庙，旧址在巴县督邮街上街[1]（今渝中区民权路42号[2]），原有两进院落、三重殿宇，后因年久失修而损毁。到第三次不可移动文物普查时仅存正殿，重檐歇山顶，面阔五间26.74米，进深三间15.5米，高15.18米，占地约700平方米。原关岳庙正殿内有关羽铜像，高约3米，头戴金冠，凤目微合，身穿图龙袍，双手拱于胸前。两旁塑关平、周仓塑像；后殿还供奉有刘备、诸葛亮、岳飞、张飞、文昌帝君等塑像。关羽铜像现保存在重庆中国三峡博物馆内，其余塑像均已不存。[3]

今关岳庙建筑整体为2007年迁建后重修，占地约3000平方米，依山势而建，三进院落，中轴线布局，主要由灵官殿、岳王殿、关帝殿、三清殿组成。其中关帝殿坐东南朝西北，重檐歇山顶，面阔五间长20米，进深9米，高7.3米，前面及左、右绕以进深2.3米的回廊。殿内正中供奉关羽汉白玉全身坐像，头戴高冠，身穿战袍，凤目微合，左手持《春秋》，右手捻须髯，不怒自威。左边陪祀周仓，狮鼻阔口，双目圆睁，左手叉腰，右手持刀而立；右边陪祀关平，眉清目秀，左手托印，右手置于前胸。

【历史渊源】

渝中区关岳庙，旧称"关帝庙"，始建于明万历年间。明末张献忠攻陷重庆老城，关岳庙惨遭兵燹，仅存偏殿。清康熙三年（1664），四川总督李国英重建；同治二年（1863），川东道恒宝督饬文武官绅扩修。民国三年（1914），以关羽、岳飞"皆读《春秋》，通大义，不仅以武"，故将岳飞庙并入同祀，改名"关岳庙"。[4]当时巴县道教会、重庆道教会以及四川联合道教会均设于此，关岳庙成为当时四川东部和重庆道教活动的中心。

1939年，在日军轰炸重庆的炮火中，关岳庙主殿大部分建筑被毁。蒋介石于1940年4月签署修缮关岳庙手令。1941年，国民政府在关岳庙举行了连续15天的盂兰盆会以超度同胞亡魂。1942年，中国远征军新一军数万将士在关岳庙前祭拜宣誓，齐唱《满江红》，高呼"还我河山"，宣誓祭拜仪式后，新一军军长孙立人给出征的每一位将士发了一枚刻

1 （民国）朱之洪修，向楚纂：《巴县志·卷二·建置》，民国二十八年刻本。

2 1937年，为纪念孙中山先生民权主义，国民政府改名为民权路。参见龚毅：《失踪的关岳庙》，《重庆日报》2018年4月11日版。

3 渝中区文物管理所提供资料。

4 （民国）朱之洪修，向楚纂：《巴县志·卷二·建制》，民国二十八年刻本。

渝中区关岳庙

关岳庙关帝殿

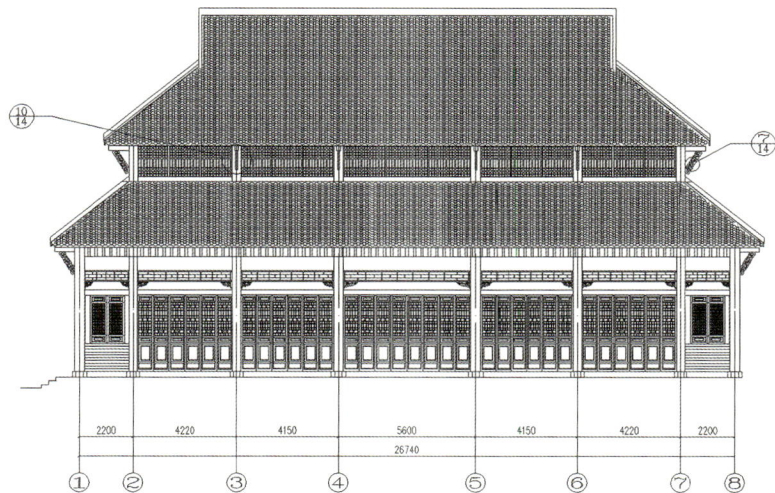

| 2200 | 4220 | 4150 | 5600 | 4150 | 4220 | 2200 |

26740

旧关岳庙大殿立面图（渝中区文物管理所提供）

迁建前的关岳庙老照片（渝中区文物管理所提供）

关岳庙关帝殿内关帝塑像

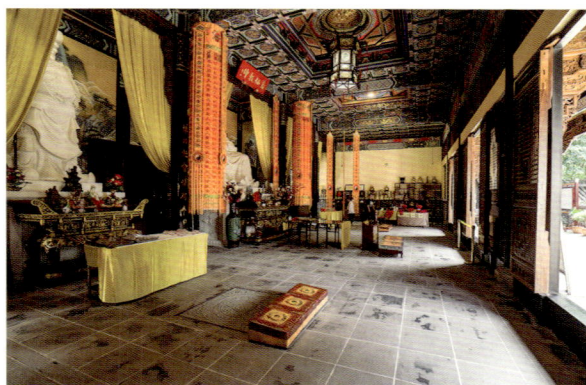
关帝殿殿内

有"还我河山"四字的铜质徽章。[1] 1956年，重庆房管局将关岳庙临街铺面改建为一家国营旅馆，命名为"建设公寓"。20世纪60年代中期，关岳庙因年久失修而大部分坍塌，仅存大殿，作为印刷厂的厂房。到第三次不可移动文物普查时，仅存大殿。[2] 2007年，关岳庙被拆除。2008年，受中国台湾岳氏后人捐助，合资将关岳庙迁建至渝中区佛图关公园北侧。[3] 2012年，重庆市渝中区关岳庙与中国台湾岳飞庙结成友好庙宇。

重庆中国三峡博物馆藏渝中区关岳庙原关羽铜像

1 龚毅：《失踪的关岳庙》，《重庆日报》2018年4月11日版。

2 国家文物局编：《中国文物地图集·重庆分册下》，文物出版社，2010，第2页。

3 张兴发：《重庆关岳庙迁建工程正式启动》，《中国道教》2009年第6期。

九龙坡区

　　九龙坡区，位于重庆市中部，地处长江北岸。东与渝中区比邻，南与大渡口区相连，西与璧山区、江津区接壤，北与沙坪坝区相邻。截至2022年底，九龙坡区下辖9街道、4镇，另有3街道、7镇由重庆市高新区代管。三国蜀汉时期，九龙坡区属于巴郡江州县辖地。

九龙坡区三国文化遗存点位分布图

1　走马镇关武庙

撰稿：谢　乾
摄影：李　耀　尚春杰
绘图：尚春杰

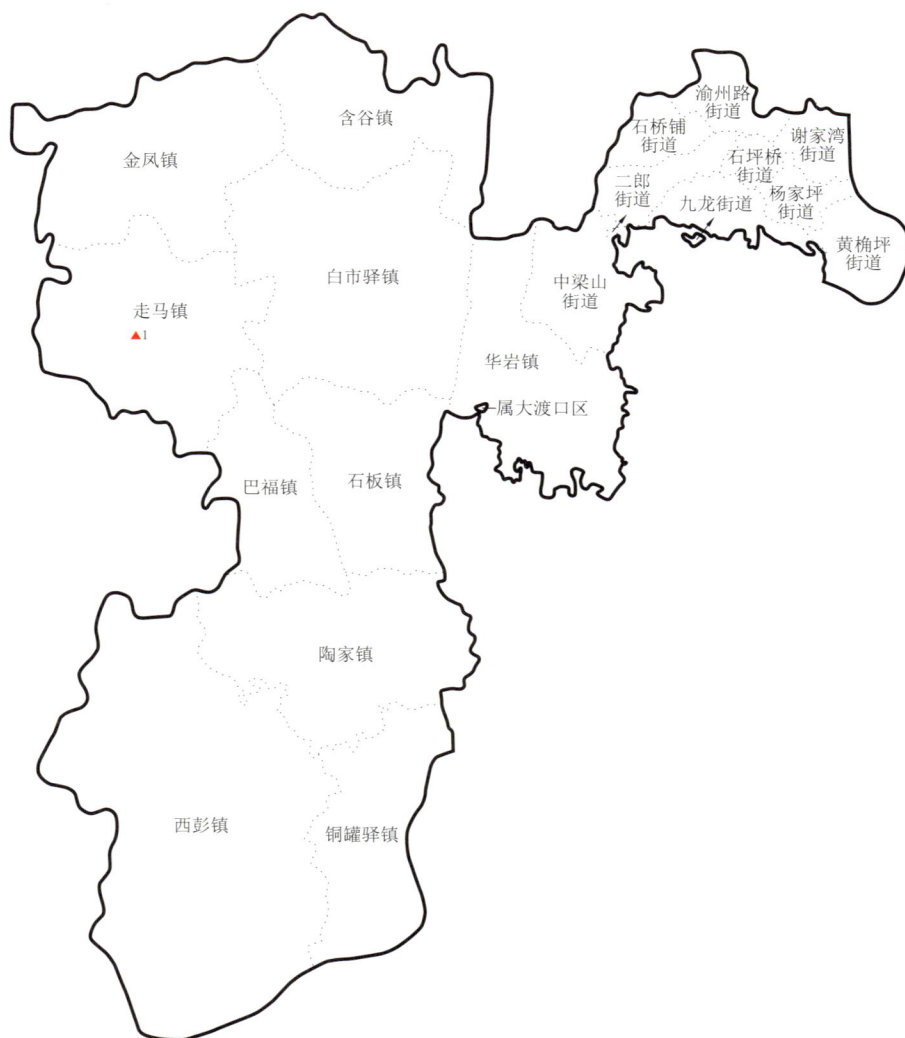

走马镇关武庙

地理坐标：东经106°17′43.01″，北纬29°27′47.38″，海拔341米。

行政属地：重庆市九龙坡区走马镇关武庙社区走马街36、37号。

地理环境：走马镇现由重庆市高新区代管，西接璧山区，南邻江津区，西为缙云山。关武庙四周为民居所包围，古道东西穿两厢而过。渝昆高速、九永高速及重庆绕城高速于镇境内交会。

【保护级别】

2010年，走马古建筑群被公布为重庆市文物保护单位。

【现状概述】

走马镇关武庙坐北朝南，由山门、戏楼、两厢、正殿、后殿组成。山门连戏楼所开三间石朝门，距地面约1.5米，中门高3米、宽1.9米，两侧门高2.7米、宽1.2米，中门前有石挡墙，通过两侧阶梯连接进门，两侧门为"假门"装饰。戏楼为歇山顶木结构框架，面阔三间21.7米，进深8.2米，脊高10.7米，主檩有"大中华民国三年甲寅岁十月二十日丁卯重建"墨书题记。戏楼分上下两层，下层空间高3.3米，作为民众茶馆使用，上层为戏台，堆放有表演道具。戏楼一层檐处有"千里走单骑""单刀赴会""三英战吕布""空城计"等三国题材木雕，保存较为完好。登上高约1.5米的8阶甬道式步梯，可至中央院落，现为关岳庙文化

广场。两厢为二层木结构建筑，面阔23.7米，进深3.5米，目前作为民居或镇办公用房使用。正殿基础高2.8米，面阔五间14.8米，进深8.2米，脊高6.3米，前廊有卷棚，进深3.6米，高4.7米。正殿明间阔4米，居中主祀关羽，周仓、关平胁侍左右两侧，关羽坐像高3米、宽1.5米，着金甲绿袍，左手持《春秋》，右手捻须。周仓、关平为立像，高1.8米，分别持青龙偃月刀及官印。明间石柱前挂有对联："赤面秉赤心，骑赤兔追风，驰驱时无忘赤帝；青灯观青史，仗青龙偃月，隐微处不愧青天。"此联系由原刻于石柱上的对联翻刻而来。东西次间分别祭祀有药王、观音神像。后殿距正殿3米，面阔五间16.6米，进深4.8米，脊高5.8米，有前廊进深1.6米，为在原来的基础上重建。

正殿东侧有小广场，建有休憩长廊。出东厢房，走马街道旁有二级古树黄葛树一棵，传说为赵云命人在此处始栽，通过种树避免泄露练马的军事秘密。

【历史渊源】

场镇"走马"的得名，一说因为赶马拉车的商贾多在此歇脚，一说因为场镇所在山岗远望如一匹奔驰骏马，俗称"走马岗"。伴随着公路及铁路交通的兴起，走马镇如同成渝古道上的大多数古镇一样，逐渐衰落。但因拥有保存较好的文昌宫、关武庙戏楼、禹王庙等清代、民国建筑，以及丰富的民间走马故事，走马镇依旧焕发着发展活力。2002年被重庆市政府命名为重庆市历史文化名镇，2006

关武庙鸟瞰

走马镇及关武庙鸟瞰

年"走马镇民间故事"入选国家级非物质文化遗产，2008年被国务院公布为中国历史文化名镇，2009年获批中国曲艺之乡，2012年走马镇椒园村名列中国传统村落。

据走马镇文化服务中心杨华介绍，关武庙始建于明代中叶，为往来商贾及本地仁人义士所建，现存戏楼主体为清代建筑。结合主檩题记，民国十三年（1924）年重建，当时香火极盛，有道士主持，每年均有庙会。20世纪60年代用作谷仓使用。至2007年，政府出资对已成危房的戏楼进行修复，恢复其演出功能，不定期举办非遗项目展示活动等。两厢为20世纪80年代所建，正殿及后殿均为2011年复建，仅正殿明间所用6根石柱为旧时遗留。2014年起，每年农历二月十三日至二月十四日桃花盛开的时候，会结合桃花节举办关公庙会节。走马武庙戏楼于1996年被九龙坡人民政府公布为区级文物保护单位，2010年作为走马古建筑群之一被公布为重庆市文物保护单位。

此处的山门有所谓"有门无路"之说。据杨华介绍，传说修山门时，施工人员做梦，梦到有人告诉他，张飞要骑马飞进来，故山门连戏楼所开三间石朝门，距地面约1.5米，仅中门有两侧阶梯连接，两侧门无路可入。推测真实的原因，一方面是戏楼因地势而建，建筑体量大，台基较高；另一方面或因关武庙已有洞穿两厢的走马古道可以进入，所以对山门连戏楼入口没有太大需求，两侧石朝门仅做展现建筑威严或装饰用。

走马镇关武庙戏楼

从戏楼望向正殿方向院落

戏楼下层民情茶馆及三国题材木雕

戏楼内部空间

走马镇关武庙戏楼局部

走马镇关武庙前廊空间

走马镇关武庙山门

走马镇关武庙正殿内景

北碚区

　　北碚区，位于重庆市西北部，地处缙云山麓、嘉陵江畔。东邻渝北区，南连渝中区和沙坪坝区，西接璧山区，北与合川区相接。截至2022年底，北碚区下辖9街道、8镇。三国蜀汉时期，北碚区分属巴郡江州县、垫江县辖地。

北碚区三国文化遗存点位分布图

1 张飞古道
2 温泉寺关圣殿

撰稿：彭　波
摄影：李　耀　尚春杰　何　汀
绘图：尚春杰

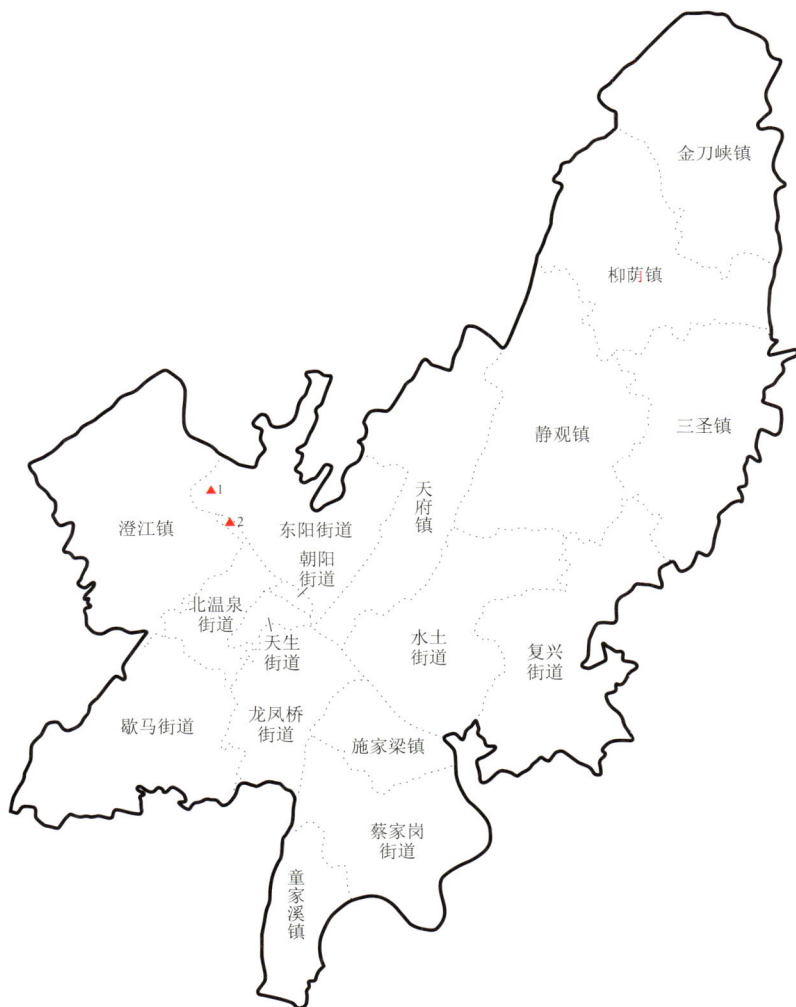

张飞古道

地理坐标：东经106°24′27.09″，北纬29°52′05.10″，海拔231米。

行政属地：北碚区东阳街道西山坪大沱口。

地理环境：地处西山坪山麓，南临嘉陵江温塘峡，与缙云山、北温泉隔江相望，四周植被茂盛。

【现状概述】

张飞古道，东起大沱口，西至白羊背，全长约10千米。[1]路面宽0.5—2米，由青石铺就。古道下临嘉陵江温塘峡。温塘峡河道狭窄，江水咆哮奔腾，旋涡叠生，两岸相距不过200米，悬崖挺立，犹如刀劈斧削，舟船难行，其间又石多、水陡、险滩密，如有名的狗脚湾急滩就在其中。[2]秋冬之时，碧波荡漾，风平浪静，但到了春夏水涨之时，江水狂流，汹涌澎湃，旋涡叠浪，"舟不敢行"[3]。

张飞古道沿线有民国功德碑、张飞泉、张飞泉渡口、谭生桥、长关桥、复兴煤矿遗迹等景观，以及近代墓葬与现代石刻。民国功德碑记载了民国时期国民政府及当地乡绅出资扩修张飞古道的事迹[4]，惜风化严重已不可识。张飞泉，当地又称"二岩温泉"，位于古道路段，临江面；温泉旁有渡口，名"张飞泉渡口"，20世纪80年代停用。

【历史渊源】

张飞古道，原是江州县（今重庆主城区）通往合川县（今重庆市合川区）的一条古驿道，道光十六年（1836）以前，是两地之间的必经之路。[5]始通年代不详。清乾隆至民国时期的县志载："蜀汉时凿有岊路，若栈道。"[6]民国时，当地政府及乡绅出资对古道进行了扩修。

当地传说，张飞率军攻破江州后，继续沿嘉陵江北上。途经此地，见大江北岸山路崎岖、艰险难行，于是命人昼夜不停地抢修道路。但是令人奇怪的事情发生了，道路白天修好，到了晚上铺路的石板就会不翼而飞，第二天又要重新修建。几经如此，耽误了行军时间。张飞领一哨人马埋伏在道路周围，想看看究竟是谁在破坏道路。到了晚上，但见一只巨羊带领一群羊随风而来，将铺好的石板用犄角掀翻至嘉陵江中。张飞见状十分恼怒，大吼

1 北碚区博物馆提供资料。

2 北碚区地方志编纂委员会：《北碚风景名胜录〈北碚志〉资料专辑》，重庆印刷七厂，1985年，21页。

3 （清）王尔鉴纂：《巴县志》卷一《疆域》，乾隆二十六年刻本。

4 据北碚区文物管理所提供资料。

5 北碚区地方志编纂委员会：《北碚风景名胜录〈北碚志〉资料专辑》，重庆印刷七厂，1985，第22页。

6 （清）王尔鉴纂：《巴县志》卷一《疆域》，乾隆二十六年刻本。

沿河道延伸的张飞古道

张飞泉

张飞古道

临江的张飞泉

一声，率军杀出，顷刻间群羊便被赶尽杀绝，仅剩那只巨羊，刀枪不入，不管怎么杀都杀不死。眼看巨羊就要逃走，张飞急得满头大汗，突然想到自己以前杀猪时，有"杀猪杀屁股"的说法。于是，手提丈八蛇矛，对着巨羊屁股用力一刺。"噗"的一声，巨羊应声而倒。张飞正要仔细观瞧时，巨羊变身成一座小石山，于是后人将此称为"白羊背"。没有巨羊阻碍，张飞很快就把道路修好了，这条道路就被人们称为"张飞古道"。[1]

陈寿《三国志》记载，东汉献帝建安十九年（214），诸葛亮率张飞、赵云从荆州溯江西上，增援刘备。张飞破江州，生擒益州牧刘璋所任命的巴郡太守严颜，随后取道嘉陵江、涪江，与刘备会合，共同围攻成都，占领了益州。[2]这应是张飞古道传说的渊源。

1 马儒君：《寻找三国》，中国文联出版社，2008，第190页。

2 （晋）陈寿：《三国志》，中华书局，1982，第943页。

张飞古道局部

张飞古道上的"入西川"题刻

张飞古道上的民国功德碑

温泉寺关圣殿

【地理位置】

地理坐标：东经106°24′43.03″，北纬29°51′38.06″，海拔190米。

行政属地：北碚区北温泉街道北温泉公园内。

地理环境：地处缙云山山麓，东临嘉陵江。距离温泉寺不远有柏林楼、数帆楼等近代建筑，四周植被茂盛。

【保护级别】

2000年，温泉寺被公布为重庆市文物保护单位。

【现状概述】

温泉寺依山势而建，三进院落，四重殿宇，中轴线布局，由下而上依次为关圣殿、接引殿、大佛殿和观音殿。关圣殿属于温泉寺的山门殿，坐西南向东北，悬山顶，面阔三间12.4米，进深两间7米，高6.4米。原殿门楣上悬有一匾额，上书"纲常立极"，右题"道光八年秋首月　穀旦"，落款"本寺僧长洞恭立"。[1]

【历史渊源】

温泉寺始建于南朝刘宋景平元年（423），原为缙云寺下院。北宋真宗景德四年（1007），朝廷赐名"崇胜禅院"。后寺院损毁。明宣德年间重建。清乾隆四十七年（1782）扩修庙宇时，将山门改建为关圣殿。此后格局大致未变。原寺庙内还保存有清乾隆年间《募众装关圣帝君全身油漆殿宇碑记》，今已不存。[2]

---

1 北碚区博物馆提供资料。

2 北碚区博物馆提供资料。

温泉寺建筑群俯视

温泉寺建筑群轴线鸟瞰

临江的温泉寺

温泉寺关圣殿山面

关圣殿老照片（北碚区博物馆提供）

温泉寺

维护施工中的温泉寺关圣殿前视

温泉寺关圣殿内新置的关羽塑像

温泉寺关圣殿后视

綦江区

　　綦江区，位于重庆市南部，东连南川区，南接贵州省遵义市，西邻江津区，北通巴南区。截至2022年底，下辖7街道、24乡镇。三国蜀汉时期，该区域主要属巴郡。

綦江区三国文化遗存点位分布图

1　中峰镇东汉崖墓遗址
2　东溪古道（綦江段）
3　吹角坝遗址

撰稿：尚春杰
摄影：李　耀　尚春杰
绘图：尚春杰

中峰镇东汉崖墓遗址

【地理位置】

地理坐标：东经106°26′34″，北纬28°54′12″，海拔396米。

行政属地：綦江区中峰镇鸳鸯村。

位置环境：位于清溪河东岸崖壁上。

【保护级别】

2000年，中峰镇鸳鸯村崖墓群被公布为重庆市文物保护单位。

【现状概述】

中峰镇鸳鸯村崖墓群，位于中峰镇清溪河东岸崖壁上，共有三座。以墓门外有立马雕刻的墓葬为中心，将其编为M2，南侧墓葬编号为M1，北侧墓葬编号为M3，现依次对三座墓葬的具体情况介绍如下。

M1，单室墓，方向310°。由墓门、墓室组成。全长约2.7米。墓门立面呈长方形，双层门楣。墓门宽1.2米，高0.94米。墓门外东侧有纪年题记"光和六年三月十二日□□为作石"。墓室平面呈长方形，两面斜坡顶。墓室长2.3米，宽0.8米，高0.9米。墓室西壁凿有一壁龛，立面呈长方形，长0.9米，高0.45米，进深0.3米。

M2，单室墓，方向268°。由墓门、墓室组成。全长约2.8米。墓门立面呈长方形，三层门楣。墓门宽1.2米，高1.44米。墓门外南侧有立马雕刻，北侧有题记，字难辨识。墓室平面呈长方形，两面斜坡顶。墓室长2.5米，宽1.45米，高1.3米。

M3，单室墓，方向3°。由墓门、墓室组成。全长约2.2米。墓门立面呈长方形，三层门楣。墓门宽1.24米，高1.57米。墓门顶端有纪年题记"建安十五年二月十日陈元盛葬"。墓室平面呈长方形，弧形顶。墓室长1.9米，宽2.2米，高1.3米。

【历史渊源】

崖墓，是一种模仿墓主人生前宅邸而凿山为室的一种特殊墓葬形制，盛行于东汉时期，进入两晋南朝时期后逐渐衰落。历史文献对崖墓的描述，更多认为其是修仙之处，亦称"神仙洞府"。如《后汉书·冯衍传》载："凿崖石以室兮，托高阳以养仙。"南梁李膺《益州记》载："（玉女房）其房凿山为穴，深数十丈。中有廊庑堂室，视若神功，非人力也。"中峰镇鸳鸯村崖墓群的题记在1987年文物普查时发现。[1]其中的"光和六年"为公元183年。"建安十五年"即公元210年，是刘备率军从荆州进入益州的前一年。由此可以获取三国蜀汉政权建立之前，巴郡地区墓葬形式风格的文化信息。

---

1 高文、高成刚：《四川历代碑刻》，四川大学出版社，1990，第34页。

中峰镇鸳鸯村崖墓航拍

中峰镇鸳鸯村崖墓航拍

中峰镇鸳鸯村崖墓周边环境

崖墓 M1

崖墓 M1 墓室内部

崖墓 M2

崖墓 M2 立马雕刻

崖墓 M2 题记

崖墓 M3

崖墓 M3 建安十五年题记

东溪古道（綦江段）

【地理位置】

地理坐标：东经106°39′53″，北纬28°46′7″，海拔269米。

行政属地：綦江区东溪镇。

位置环境：古道紧邻綦江河。其中的水码头位于綦江河、东丁河交汇处。

【现状概述】

东溪古道以石板铺路，古道沿途有太平码头、东溪王爷庙、太平桥、南平僚碑、盐商码头、上平桥等。

【历史渊源】

东溪古道是一条专门转运川盐入黔的重要盐马古道。相传三国时期，马忠、关索南征牂牁郡时曾途经于此。清代道光《綦江县志》记载："诸葛武侯遣李恢、关索分道南征，又马忠抚定牂牁，皆由此。盖即綦城上东溪大路是。关索、马忠皆曾驻綦，特武侯未身亲耳。"[1]

东溪古道（綦江段）

1（清）宋灏修，（清）罗星等纂：《道光綦江县志》《中国地方志集成·四川府县志辑⑦》，巴蜀书社，1992，第645页。

东溪古道码头航拍

东溪古道码头

东溪古道（綦江段）
南平僚碑

东溪古道（綦江段）太平桥

东溪古道（綦江段）

东溪古道（綦江段）

吹角坝遗址

【地理位置】

地理坐标：东经106°38′32″，北纬28°35′6″，海拔637米。

行政属地：綦江区打通镇吹角村3组。

位置环境：遗址为平坝中耸起的一处平缓连绵的喀斯特地貌山体，山体中有一处天然的大溶洞，当地人称"孔明洞"，四周为平阔的农田。

【保护级别】

2018年，被公布为綦江区文物保护单位。

【现状概述】

吹角坝遗址的主体遗存为孔明洞，位于双狮山崖壁下，洞穴区域积水较多，地面湿滑。据当地文管所介绍，曾在洞内发现一块刻有"建安六年"的残石，发现时石上文字尚有部分模糊可辨："建安六年八月乙丑朔廿一伏庐议严季男设□兵遂讨五连讨营平卅西卅牧□方以灾致祀项分表□壮□之及吉加引永列于今。"残石现藏于四川博物院。目前，孔明洞前有当地居民自发组织修建的寺庙，寺庙名为"复兴寺"。庙宇内除了祭祀玉皇、文昌、川主、观音菩萨等主神外，还供奉有马忠、诸葛亮、姜维、华佗等三国人物。目前，寺庙由当地村民自行管理，每年农历的正月、六月、九月，当地村民会在洞内进行朝拜、聚会。

【历史渊源】

吹角坝遗址的历史溯源，在当地有两种传说。第一种为：相传诸葛亮南征时，派遣马忠率东路军伐牂牁郡，途经于此，并在此处连夜练兵，积草屯粮。马忠谨遵诸葛亮的教诲，采用"用兵之道，攻心为上，攻城为下，心战为上，兵战为下"的策略，与当地乡人进行交涉。当地乡人深受感动，为感恩诸葛亮，称马忠中军帐所在的山洞为"孔明洞"，马忠站立在双狮山指挥，脚踩的石壁被称为"将军岩"。第二种为：蜀汉丞相诸葛孔明率兵南征途经于此，并在此处号角练兵，后宿营于岩穴。当地人为纪念诸葛亮在此屯兵，因此称该洞为"孔明洞"。20世纪80年代的时候，当地政府准备打造景区。90年代，原吹角乡政府投资修建双狮山自然风景区，重修塑像、新建寺庙并对外开放。

吹角坝遗址

吹角坝孔明洞鸟瞰

远眺吹角坝遗址

吹角坝孔明洞新建复兴寺山门

吹角坝孔明洞

吹角坝遗址孔明洞内的诸葛亮塑像

吹角坝孔明洞内的马忠塑像

吹角坝孔明洞内的华佗像（右起第二位）

大足区

　　大足区，位于重庆市西部，本合州巴川县地，唐乾元二年置县，取丰足之意命名，也有说得名是因境内宝顶山上发现有巨人脚印。截至2022年底，辖27街道和乡镇。三国蜀汉时期，该区域主要为江阳郡辖地。

大足区三国文化遗存点位分布图

1　明月寺关羽殿
2　麻杨村关羽摩崖造像
3　光明殿关羽摩崖造像

撰稿：吴　娲
摄影：李　耀　尚春杰
绘图：尚春杰

明月寺关羽殿

【地理位置】

地理坐标：东经105°38′17.7″，北纬29°44′27.2″，海拔426米。

行政属地：大足区中敖镇明月村4组。

地理环境：寺庙位于白云山东北山腰处，背靠红砂岩山体。考虑到地质安全，周围农户已迁出，有村民自发修建的步行上山小道通往明月寺。现有寺庙建筑深处竹林之间，环境清幽。

【现状概述】

明月寺现存前后殿，坐西南朝东北，依山往上层层递进。前殿三开间，面阔10.6米，进深4.9米，高4.3米，明间面阔3.6米，两边次间面阔3.5米。主脊上有"帝道遐昌""临济正宗""皇图巩固"等墨字题记可识。关羽圆雕像现位于前殿东南面，神台高0.94米，长2.1米。关羽像高1.25米，宽0.87米，左手抚膝，右手捻须，左足微微前蹬，姿态潇洒。两侧陪祀周仓、关平。周仓像高0.63米，宽0.32米，

明月寺

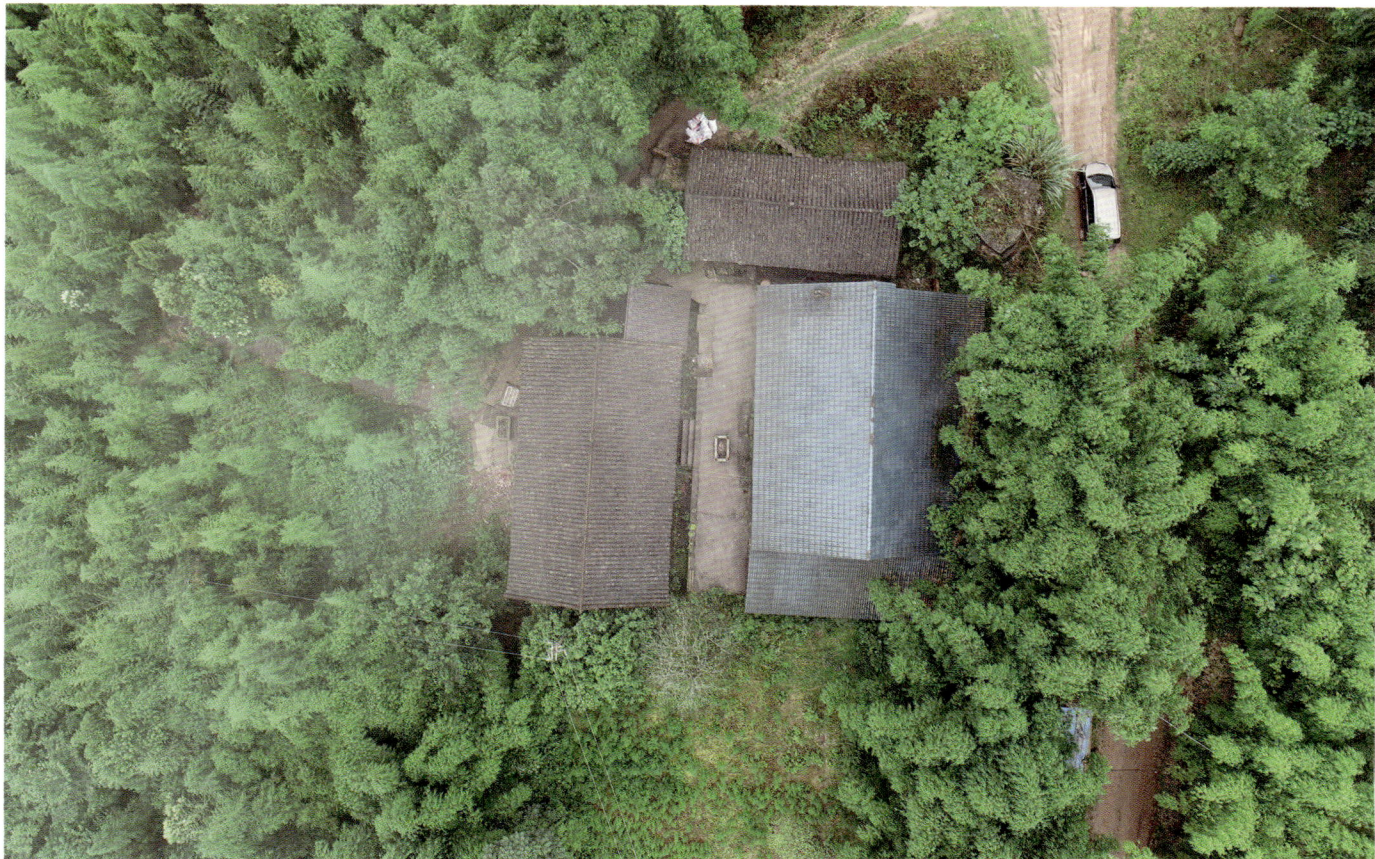

明月寺俯视

明月寺前殿

明月寺前殿原供奉关羽的神台和嘉庆二十三年记事碑刻

明月寺关羽圆雕像局部细节

明月寺前殿供奉的关羽圆雕像和周仓关平圆雕像

刀长0.95米。关平像高0.63米，宽0.32米。主
龛神台正面嵌有清嘉庆二十三年（1818）的纪
事碑刻，主龛背屏嵌有乾隆四十二年（1777）
的功德碑刻。后殿现祀观音，殿内两侧墙上有
清代金刚彩绘壁画。

【历史渊源】

据《道光大足县志》载："明月寺，在城
西二十里。"根据嵌于前殿主龛正面的嘉庆
二十三年碑刻文字记载：明月寺原为古刹，创
建于明代，历经多年，殿宇倾颓。自嘉庆七
年（1802）起，主持广恒及师兄开始筹措修缮，

明月寺前殿山面空间

明月寺后殿壁墙上的
金刚壁画

明月寺后殿壁墙上的
金刚壁画

至嘉庆二十三年时刻碑为志。据明月村支部书记杨武宽介绍，明月寺背靠的山顶上，原有两块巨石，大的犹如太阳，小的犹如月亮，故当地取名"明月村"，建明月寺。2008年汶川大地震后，两块巨石部分裂落，为避免地质危险，故将周围村民迁走，但村民每逢农历十五还是会到明月寺中祭祀祈福。中敖镇是川东古道上的古镇，有"火烧龙"的传统民俗。明月寺前殿原主祀关羽，推测为关羽殿。2000年左右，现寺中原祀的关羽圆雕像，及陪祀的关平、周仓像，均已被移到前殿侧面神台，主神台现祀村民后塑的西方三圣像。

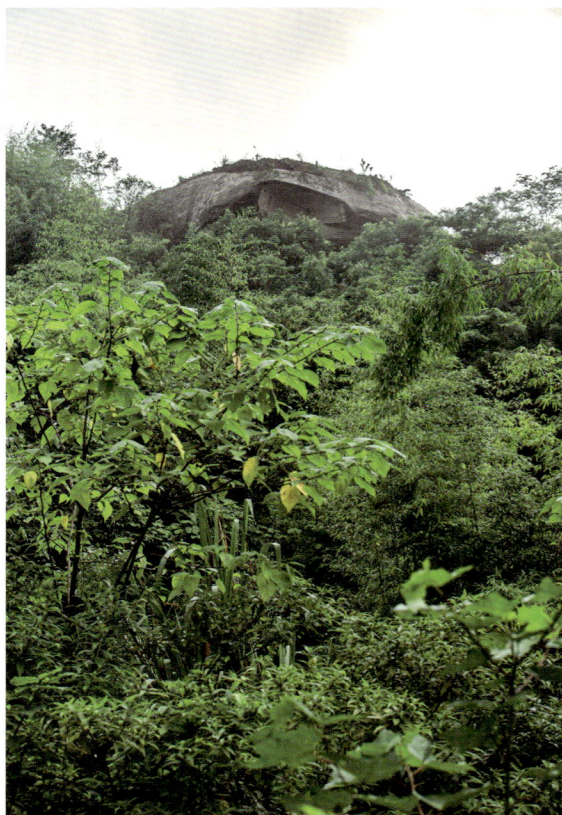

明月寺殿后的巨石

麻杨村关羽摩崖造像

【地理位置】

地理坐标：东经105°42′10.7″，北纬29°46′53.8″，海拔467米。

行政属地：大足区中敖镇麻杨村2组。

地理环境：位于寨子坡密林中，坡顶南向石壁上，坐西北朝东南。

【保护级别】

2020年，麻杨村摩崖造像被公布为大足区文物保护单位。

【现状概述】

麻杨村摩崖造像现共6龛，分别为观音、三清、文武二圣、释迦佛、土地、宝珠观音。文武二圣龛为3号龛，为方形龛。龛口高1.28米，宽18.9米，深0.37米。刻像四身，中间两尊为主尊文昌帝君和关圣帝君，并坐于高0.46米的神台上。文昌帝君像，坐高0.76米，戴冠，方面和蔼，腰束革带，左手抚膝，右手握革带。文昌帝君左侧为天聋立像，戴冠帽，额刻皱纹，面有长须，左手持笏板。关圣帝君像，坐高0.78米，眉眼上挑，下颌有须孔，不怒自威，内甲外袍，腰束革带，左手抚膝，右手呈捻须结印状，着靴端坐。关圣帝君右侧刻周仓立像，戴盔帽，顶有缨，鼓眼张嘴，连鬓浓须，左手竖执长柄大刀。

1988年，麻杨村摩崖造像被公布为大足县文物保护单位。大足石刻研究院为该处摩崖搭建了保护房屋，内设值守点，时年66岁的当地村民王同旺是该处文物点的管理员。

位于密林深处的麻杨村摩崖

被建筑保护起来的麻杨村摩崖造像

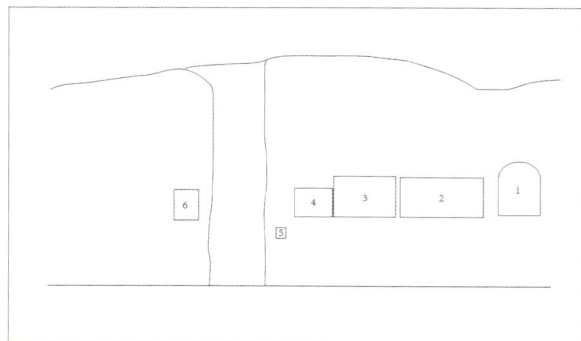

麻杨村石窟分布示意图（大足区石刻研究院提供）

【历史渊源】

　　据大足石刻研究院研究，麻杨村摩崖造像始凿于明，清有增刻，佛、道题材均有，因岩壁风化，现场已经没有能够确定凿刻年代的题刻信息。

麻杨村摩崖宝珠观音

麻杨村摩崖

文武二圣龛内的关羽和周仓

麻杨村摩崖文武二圣龛

光明殿关羽摩崖造像

地理坐标：东经105°43′17.1″，北纬29°51′7.15″，海拔452米。

行政属地：大足区高坪镇冒咕村7组。

地理环境：光明殿摩崖造像位于附近最高山峰的垂直砂岩崖壁上，崖壁呈南北走向，四周山林植被茂密，绿化覆盖率高。

【保护级别】

2020年，光明殿摩崖造像被公布为大足区文物保护单位。

【现状概述】

据大足石刻研究院研究员邓启兵介绍，光明殿关羽摩崖造像始凿于明末，主要增刻于清代，共有造像5龛，有灵官、孔子、老子、释迦佛、关羽、川主、药王等儒释道题材。

光明殿摩崖6号龛，目前命名为"俗神龛"，为方形龛。龛口高1.61米，宽3.93米，深0.68米。刻像5身，中部刻主像3身，其中一位为关羽像。居中主像坐高0.72米，头戴梁冠，颈戴圆形项饰，腰带长垂足间，装饰坠饰一道。双手覆巾，置于胸下，着鞋倚坐方台上。据大足石刻研究院推测，此像所刻人物可能为刘备。造像身后为浮雕圆弧形龙首靠背，通高0.47米，宽0.65米。主像左侧为文昌帝君，坐高0.74米，戴乌纱帽，冠带长垂胸前，着圆领宽袖服，腰束革带，左手抚膝，右手握带，着鞋倚坐方台上。主像右侧关羽像坐高0.73米，戴夫子盔，双目上挑，内甲外袍，胸有圆护，腰束革带，身形修长。左手抚膝，右手扶革带，着靴倚坐于方台上。关羽像右侧为周仓像，戴盔，顶缨，鼓眼呵斥状，长须垂胸，上着对襟衫，腰束绳带，胫甲，足环。左手持刀，刀已残断，残长0.75米，右手下垂体侧，着靴立于台上。文昌左侧为天聋，白须老者，戴幞头，左手扶革带，右手夹持长杖，杖已残断。

1986年，光明殿摩崖造像被公布为大足县文物保护单位。今崖前建二层楼阁，对摩崖造像进行保护。

【历史渊源】

光明殿所处山头，为周围最高处，夜晚登山此处，纳凉游憩，月光普照，明亮通达，故名。6号龛神台下方有清光绪时期碑刻，铭文2则，刻于同一幅面内。

第1则李殿卿撰《李三合施山土为庙产碑记》，清光绪二十九年（1903），位于龛下方碑左侧。文竖刻14行，209字。

第2则李殿卿撰《补修字库基坝刊碑》，清光绪三十二年（1906），位于第1则右侧。文左起，竖刻11行，前3行序及末行纪年计43字；第4—10行捐资人名，略。

光明殿摩崖新建保护建筑

光明殿摩崖三教龛及"清风明月"匾

光明殿摩崖6号龛

6号龛主祀人物造像

6号龛关羽、周仓造像

930

6号龛关羽造像细部

6号龛关羽造像细部

6号龛关羽造像细部

长寿区

　　长寿区，位于重庆市中部，地处长江沿岸。东南与涪陵区接壤，西南与渝北区相连，东北与垫江县毗邻，西北直通四川省广安市。截至2022年底，长寿区下辖7街道、12乡镇，以及1个国家级经济技术开发区。东汉末至三国初，长寿大部分属巴郡江州县辖地。刘备建立蜀汉后，在今长寿区县城附近设置常安县，蜀汉延熙十七年（254）撤销，并入枳县。三国蜀汉时期，今长寿区分属于巴郡江州县、枳县。

长寿区三国文化遗存点位分布图

1　长寿桓侯宫
2　桓侯不语滩
3　黄草峡
4　赤甲山
5　阳关
6　滨江路武庙

撰稿：彭　波
摄影：尚春杰　李　耀
绘图：尚春杰

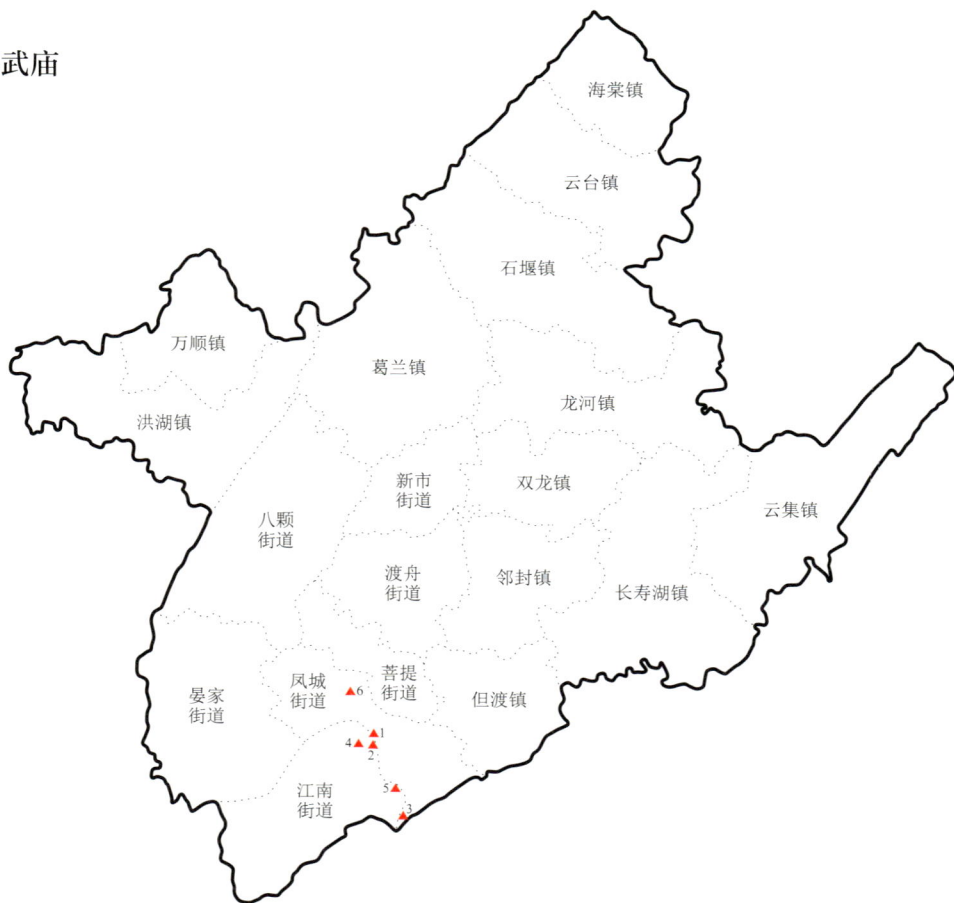

长寿桓侯宫

【地理位置】

地理坐标：东经107°05′20.34″，北纬29°47′58.67″，海拔176米。

行政属地：长寿区凤城街道复元村詹家沱。

地理环境：位于一处岗地的山麓，背靠高家梁子，面向长江，周围为山林及民居、厂房。山门南部有桓侯不语滩，不语滩的上方传说有张飞行军古栈道。

【保护级别】

2009年，被公布为重庆市文物保护单位。

【现状概述】

长寿桓侯宫，占地1030平方米，建筑面积800平方米，依地势而建，坐南朝北，由山门、大殿、横殿、配殿、三清殿等组成。

牌坊式山门，坐东朝西，面阔9.9米，高约8.8米。三重屋檐，气势雄伟，雕刻精美。

临于长江畔的长寿桓侯宫

山门正中镌刻"桓侯宫"三个大字。门壁两侧镌刻楹联一副:"精心壮志于今为烈;忠肝义胆振古如兹。"横批"蜀汉正统"。旁边落款"大清咸丰七年丁巳念日吉旦"。

大殿坐南朝北,是桓侯宫的主体建筑,建在一座高约2.6米的台基上,重檐歇山顶,抬梁穿斗混合式梁架,面阔三间30.15米,进深9.3米,高约9米。大门两侧楹联为:"水势西流犹顾蜀;江声东下直吞吴。"横批"威震巴江"。大殿有两层,一层殿中塑有一丈见高的张飞坐像与左右侍从。张飞在庙中被称为"伏魔大将军",头戴高冠,"面如韧铁,豹头环眼,燕颔虎须"的形象显然是受了《三国演义》小说的影响。张飞像西侧为文曲星君,东侧为月下老人与红娘。二层阁楼的墙壁上残存有壁画。

配殿位于大殿东侧,面阔三间13.8米,进深两间8.8米,悬山顶。抬梁与穿斗混合式梁架,有"文财神""武财神"造像两尊。

横殿紧邻配殿东侧,悬山顶,抬梁与穿斗混合式梁架,面阔七间,高约8米。内部空间被分成三部分,两侧稍间封闭成两间独立用房,明间现为慈航殿,殿内供奉观音神像。

三清殿位于横殿北,悬山顶,砖木结构。墙壁上有现代三清彩绘壁画。

【历史渊源】

桓侯宫,又名"张桓侯祠",具体始建年代不详。原址在长寿城西河街镇西乡阁长江岸边(今河街码头一带),明正统年间迁至现址。清末修建原址一带街道时,出土了一通宋代碑刻[1],佐证了长寿桓侯宫原址所在。北宋崇宁三年(1104)五月,张楚民"过祠下而祷",并作《西乡侯碑记》。明代曹学佺《蜀中名胜记》卷十八"长寿县"条,引录了宋代县令安刚中为长寿县张桓侯庙修缮工程所撰的《张桓侯庙记》一文。安刚中为南宋绍兴年间进士,撰写此文的年代也应在绍兴年间。从文中可知,长寿县的张桓侯庙在南宋绍兴之前即已存在。绍兴二十年庚午(1150),郡守李公曾来此庙拜谒,见庙宇"行廊烂颓",于是捐献金帛,进行修缮。明代正统年间,知县何聪、主簿何恕,因感庙址狭小,"不足以桓侯灵",于是迁建于东面八里的不语滩岸边,即雄威庙内的今址。

当地曾有传说,明朝末年张献忠入川经过此地,江水奔溢,舟船不行,困顿几日。后有人指点,此处乃桓侯张飞地界。张献忠便登岸拜谒桓侯祠,并祷誓曰"不妄杀一人",舟船乃过,后来,张献忠屠戮全蜀,惟此邑中无恙。[2]经清代康熙四十八年(1709)和咸丰七年(1858)两次维修改建,曾达十二重大殿的宏大规模,香火鼎盛一时。

中华人民共和国成立后,桓侯宫曾划归长寿县房管局管理,并出租给川江造船厂作为仓库使用。1986年,列入长寿县文物保护单位。2007年,又划归长寿区民宗局管理,并由道长张宗鼎进驻庙宇,设立殿堂,恢复基本的宗教活动。2009年12月,列入重庆市文物保护单位。[3]

长寿县志记载,桓侯宫内还有一井,名曰"桓侯井",水味清冽[4],现已不存。当地人

1 (民国)刘君锡纂:《长寿县治》卷二《建置下》,民国三十三年(1944)铅印本。

2 (清)王梦庚编:《重庆府志》卷二《祠祀志》,清道光二十三年(1843)刻本。

3 长寿区博物馆提供资料。

4 (清)王梦庚编:《重庆府志》卷二《祠祀志》,清道光二十三年(1843)刻本。

认为，每年农历八月二十八日为张飞生日，桓侯宫会举办盛大庙会，周围百姓齐聚于此，拜张爷、逛庙会，热闹非凡。县志中，还保存有两篇宋代有关桓侯宫的碑文，对考证桓侯宫的历史沿革具有重要价值，现迻录于下：

西乡侯碑记[1]
岷山张楚民

蜀西乡侯张翼德祠，在涪州乐温涂暨之南，负冈俯江，丛木蔚茂，舟人往来，敬祀羊豕，鼓箫管籥，日有事于祠内。侯没仅千岁，神威凛然未亡，至今尤为中人敬惮。按侯以武力佐先祖（主）得蜀，号"万人敌"，其天资爱敬君子而恶小人。余尝考其人、论其世，方战争破裂，智者以诈相倾，勇者以方相暴。侯于是时，以勇闻天下，乃独爱君子，其贤于人远矣，使之不戕其身而位于庙堂，推其好恶之心，必能纠逖小人，和辑君子，而继孔明之志。其或谓侯以武显而使之辅相人主，不亦过乎？盖尝观楚汉扰攘之季，而高祖定天下，曹参战功居第一，及其相齐也，能延盖公，师其道德，入继萧相国，卒能以清净治民，号称贤相，况区区蜀国而行侯之志乎！甲申岁五月，余赴巴陵，水方悍激，过祠下而祷焉，旋以吉卜献，顾欲为文，以识侯之志未暇也，已而若有感焉，故序其崖略于祠。庶乎识者辨之。圣宋崇宁四年乙酉二月二十记。

桓侯祠碑记[2]
（宋）邑令安刚中

汉自建安以来，皇纲废弛，神鼎震覆，奸雄观衅，实生豕心。本初、孟德之徒，磨牙砺吻，血视生灵，期于吞噬，不留遗臭。先主慷慨为国，志在拯援，一时豪杰，徇义蜂起，相与提挈，共成大事。诸葛、关、张，实为之最，凛冽威风，万夫之雄！荆州之役，群盗鼎来，公为后拒，毕力尽死，以抗群丑，奋髯张目，横戈一叱，蛇豕异类，褫魄逃遁。虞渊之日，复耀西南，系公之功！迄今千岁，英灵之气，森耸如在，庙食百世，在礼固宜。乐温之山，下瞰大江，公之神爽，实兹寓焉。自古迄今，长载祀典。舟行上下，与彼士民，奔走奉事，敢不虔至。九谷嘉生，连被原隰，舳舻往返，安流无恙，阴相之功，在国与民。天朝累封，进爵为王。惟是庙宇，兴建岁久，行廊烂颓，往来咨嗟，力莫能振。郡守李公，向者趋朝，祇谒祠下，再拜祈祷，厥应如响。至郡未几，首议修缮，自捐金帛，众趋成之。功费虽多，了不病民，撤去卑陋，增饰轮奂，开展地基，比旧加倍。是役也，议兴于庚午之冬，落成于辛未之春。惟公既有以利其民矣，又有以奉其神，民和神安福，禄来宜行，将以是贺公。刚中忝吏是役，知之为详，敢具以记。

---

1 （民国）刘君锡纂：《长寿县治》卷二《建置下》，民国三十三年（1843）铅印本。

2 （清）黄廷桂撰：《四川通志》卷四十一《文艺》，清文渊阁四库全书本。

长寿桓侯宫山面鸟瞰（长寿区博物馆提供）

长寿桓侯宫鸟瞰

长寿桓侯宫

长寿桓侯宫山门

长寿桓侯宫建筑群局部

长寿桓侯宫大殿

长寿桓侯宫大殿山面空间

长寿桓侯宫大殿神台上的张飞像

桓侯不语滩

【地理位置】

地理坐标：东经107°5′16.94″，北纬29°47′50.19″，海拔175米。

行政属地：长寿区凤城街道詹家沱。

地理环境：地处长江东岸一级台地上，下临长江的一处回水湾，背靠张飞点军台，滩上开凿有一条栈道。北距长寿桓侯宫约1千米，四周多乱石。

【现状概述】

桓侯不语滩崖壁上有清代题刻"桓侯不语滩"五个大字，每字高80厘米，全长6米。上款题"知长寿李忠，赵纶捐开"；落款"乾隆二年孟夏穀旦"。滩上有一条栈道，长约1千米，宽约80厘米，从江面上一直延伸到桓侯宫脚下，纤道系在崖壁上开凿而成，临江一面用条石砌筑围栏，今大部分已垮塌，条石

"桓侯不语滩"题刻

桓侯不语滩题刻局部

滚落至江中。此栈道传说为张飞行军经过此
处而开凿，纤道崖壁上还残存有纤绳孔。桓侯
不语滩后有一处山丘，当地名"点军台"，传
说是张飞点军之处。

桓侯不语滩崖壁上有许多纤绳孔

【历史渊源】

桓侯不语滩，旧名"羊角滩"。《蜀水经》
载："江水又东，北经羊角滩。俗称不语滩，
乘舟至此，相戒无语。闻呼号之声，则水势
喷涌或高丈余，旧立张桓侯庙以镇之，今乃
以为桓侯触怒，至有'偷张爷闹巴斗'之谣。
下流有悬岩，岩穿铁索，纤夫扳索引舟而上，
可谓险矣！"[1]清乾隆二年（1737），赵铸题"桓
侯不语滩"于崖壁之上。

江边延伸至题刻的纤道

1（清）李元撰：《蜀水经》卷五《江水五》，清嘉庆传
　经堂刻本。

黄草峡

【地理位置】

地理坐标：东经107°06′15.32″，北纬29°45′11.28″，海拔183米。

行政属地：长寿区凤城街道。

地理环境：为长江上的一处峡口，南北走向，长近3千米，两岸悬崖峭壁，江水湍急，地势险要。

【现状概述】

黄草峡是荆楚西入巴蜀的必经之路，也是巴蜀的一道天然屏障。现仍为长江航道，是当地著名的旅游景点，两岸为居民区与沿江公路。

【历史渊源】

黄草峡，原名"鸡鸣峡"[1]，与黄葛峡、明月峡并称"巴之三峡"。[2]后因两岸"山草多黄"，更名为"黄草峡"。当地传说，诸葛亮、张飞入蜀时曾经过此地。[3]陈寿《三国志》载，建安十九年（214），刘备攻刘璋，诸葛亮率张飞、赵云溯长江西入巴蜀[4]，而黄草峡正当其道，这应是传说的来源。20世纪90年代以来，在黄草峡西岸的将军滩、锯梁沱等遗址，发现了从新石器时代至明清时期的文化遗存。

黄草峡（长寿区博物馆提供）

1 （晋）常璩著，任乃强校注：《华阳国志校补图注》，上海古籍出版社，1987，第29页。

2 （北魏）郦道元注，（清）杨守敬疏：《水经注疏》，江苏古籍出版社，1989，第2797页。

3 长寿区文管所张银轩所长口述。

4 （晋）陈寿：《三国志》，中华书局，1982，第882页。

黄草峡

黄草峡峡口

赤甲山

地理坐标：东经107° 4′ 57.13″，29° 47′ 50.11″，海拔186米。

行政属地：长寿区江南街道。

地理环境：地处长江西岸，与不语滩隔江相望。

【现状概述】

为长江西岸一处山岗，山上植被茂盛。

【历史渊源】

赤甲山为长江西岸的一处山岗，扼控峡口江面，是一处绝佳的屯兵扎营之处。当地传说，诸葛亮曾在此练兵扎营，并训练赤甲军平定南中叛乱。[1]《华阳国志》载："汉时赤甲军，常取其民。蜀丞相亮，亦发其劲卒三千人为连弩士，遂移家汉中。"[2]唐代杜甫有诗云："黄草峡西船不归，赤甲山下行人稀。"[3]奉节县东面的长江三峡之中，也有一处赤甲山，与此同名而异地。

赤甲山航拍

1 长寿区文管所张银轩所长口述。

2 （晋）常璩著，任乃强校注：《华阳国志校补图注》，上海古籍出版社，1987，第41页。

3 （清）曹寅编：《全唐诗》卷二百二十七《杜甫·黄草》，清文渊阁四库全书本。

阳关

【地理位置】

地理坐标：东经107°6′21.45″，北纬29°46′19.89″，海拔143米。

行政属地：长寿区凤城街道永丰村。

地理环境：地处长江东岸，正对黄草峡东峡口，背靠黄草山，四周为农田、民居。

【现状概述】

阳关所在地，现为长江东岸二级台地，已难寻遗址踪迹。

【历史渊源】

阳关地理位置十分重要，扼控黄草峡东峡口。《华阳国志》载："巴楚数相攻伐，故置扞关、阳关、沔关。"[1]《寰宇记》卷十三云："涪州界阳关。"[2]又《玉海》引《括地志》："阳关，今涪州永安县治阳关城也。"[3]永安故城，在今长寿凤城街道永丰场。[4]三国蜀汉时期，此地是蜀汉东面的屏障，"延熙中，车骑将军邓芝为都督，治阳关"[5]。阳关城为蜀汉江州都督府治所的所在地。

阳关现状

1 （晋）常璩著，任乃强校注：《华阳国志校补图注》，上海古籍出版社，1987，第27页。

2 （宋）乐史撰：《太平寰宇记》卷一百三十六《山南道西四》，清文渊阁四库全书补记古逸丛书景宋本。

3 （宋）王应麟：《玉海》卷二十四《地理》，清光绪九年浙江书局刊本。

4 （晋）常璩著，刘琳校注：《华阳国志校注》，巴蜀书社，1984，第61页。

5 （晋）常璩著，任乃强校注：《华阳国志校补图注》，上海古籍出版社，1987，第41页。

滨江路武庙

【地理位置】

地理坐标：东经107° 04′ 20.99″，北纬29° 49′ 47.29″，海拔258米。

行政属地：长寿区凤城街道滨江路社区。

地理环境：地处凤山山腰，下临桃花溪，东接三洞沟桃源仙洞，西连三倒拐古街、西岩瀑布，北近校园路小学，四周为农田。

【保护级别】

2013年，被公布为长寿区文物保护单位。

【现状概述】

滨江路武庙，为四合院结构，仅存山门、前殿、后殿。在两点之间有一座三层砖混结构建筑，是中华人民共和国成立后校园路小学修建的教职工宿舍。

山门坐东北朝西南，毁塌严重，仅存石朝门。前殿坐西北朝东南，建于高约0.9米的台基之上，悬山顶，穿斗式梁架，面阔五间约21米，进深三间6.7米，高约7.2米。整体架构保留了原来的痕迹，屋顶脊檩之上还有墨书，可辨"大清道光□十六年"字样。外观改动较大，砖砌墙体将殿内空间分割成两个房间，中间留出过道。后殿建在高约1.4米的台基之上，悬山顶，穿斗式梁架，面阔三间13.4米，进深两间8.3米，高约6.4米，左右两侧原有挟屋，但垮塌严重。东、西厢房形制一致，悬山顶，面阔22米，进深7.6米，改动痕迹明显，各被分割成了三个小房间。

原武庙西边还有文庙，武庙与文庙居中靠前的位置还有魁星楼，今皆不存。

【历史渊源】

滨江路武庙始建于明朝洪武年间。[1]《长寿县志》载，武庙初为文昌阁，祀文昌帝君、梓潼帝君。清雍正年间，长寿知县台琭迁凤山书院于文昌阁右。光绪二十九年（1903），知县唐我圻在此开设师范传习所，后更名为"林庄新校"，光绪三十三年（1907）学堂停办。[2]后因与城中文庙俱祀孔子，便更名为"武庙"，专祀关羽。民国三年（1914），以岳武穆并祀，改称关岳庙。抗日战争全面爆发后，国民政府将十一陆军医院迁至于此[3]，武庙成为医治前线伤员的医院。1954年，武庙改建为长寿县第一中学；1998年，长寿一中迁至长寿城内原凤城中学，武庙闲置。2005年，长寿区佛教协会成立，设址于武庙。2006年，信众在此择屋兴办念佛堂，随后更名"安国寺"，部分闲置、荒废的庙宇房舍和教学设施，得以保护和利用。[4]

1 长寿区博物馆提供资料。

2（民国）刘君锡纂：《长寿县志》卷七《学校》，民国三十三年铅印本。

3（民国）刘君锡纂：《长寿县志》卷二《建置下》，民国三十三年铅印本。

4 长寿区博物馆提供资料。

滨江路武庙鸟瞰

滨江路武庙西连三倒拐古街

滨江路武庙山门

滨江路武庙

滨江路武庙前殿

滨江路武庙前殿后视

滨江路武庙东厢房

滨江路武庙西厢房

滨江路武庙后殿

江津区

　　江津区，位于重庆市西南部，地处长江中游。东连巴南区、綦江区，南达贵州省遵义市，西邻永川区、四川省泸州市，北接璧山区、九龙坡区、大渡口区。自古水陆交通发达，是西南地区重要的交通要道。截至2022年底，江津区下辖5街道、25乡镇。三国蜀汉时期，江津区属于益州巴郡辖地。

江津区三国文化遗存点位分布图

1 白沙镇张爷庙

撰稿：彭　波
摄影：李　耀　尚春杰
绘图：尚春杰

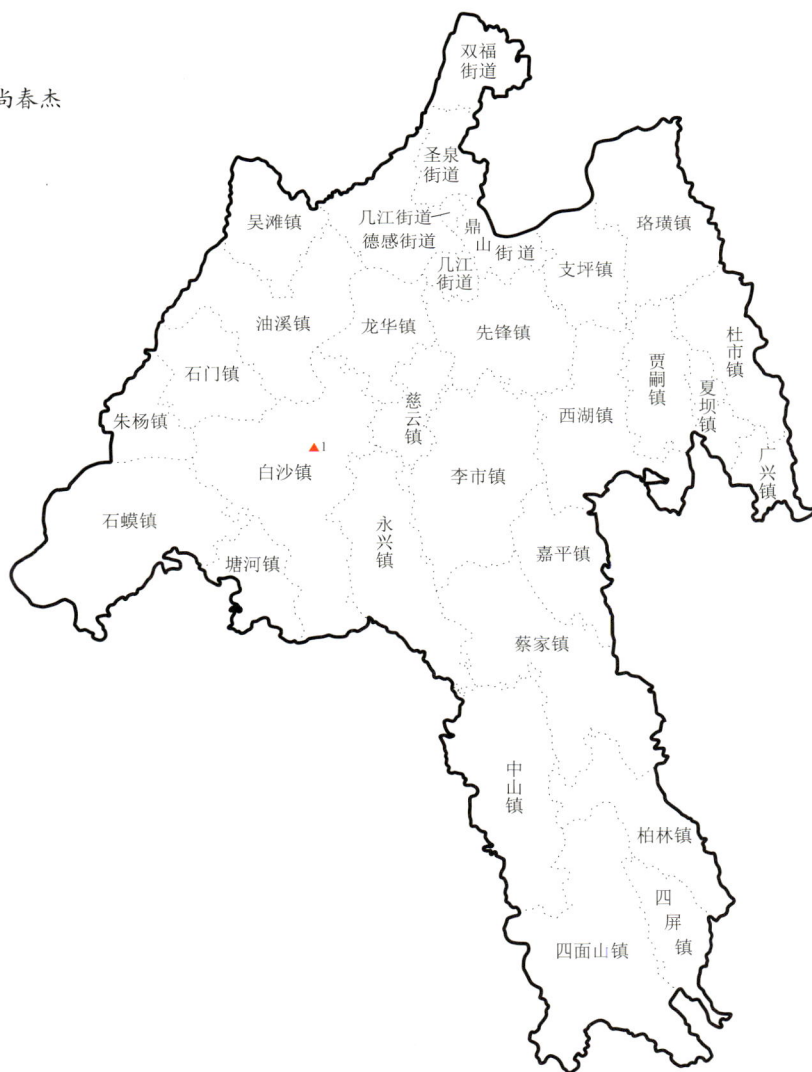

白沙镇张爷庙

【地理位置】

地理坐标：东经106°7′14.25″，北纬29°3′46.99″，海拔180米。

行政属地：江津区白沙镇聚福街12号。

地理环境：地处长江南岸，与成渝铁路隔江相望，距离张爷庙不远还有南华宫、王爷庙等清代会馆，四周为商铺及民居。

【保护级别】

2009年，白沙抗战遗址群（张爷庙）被公布为重庆市文物保护单位。

【现状概述】

白沙镇张爷庙依地势而建，坐西向东，四合院布局，外围有风火墙，建筑面积1400平方米，由山门、南北厢房、大殿组成。

牌坊式山门，坐西向东，辟有3个门洞，正中为石朝门，门楣上方有浮雕，阴刻"义尽桃园"四字。山门后的戏台改建为面阔五间的三层小楼，现为白沙镇综合文化站展览馆用房。南、北厢房形制一致，单坡顶，两层木结构建筑，一层系厢房，二层为看台。大殿修建在高约3.2米的台基之上，硬山顶，抬梁式

白沙镇张爷庙鸟瞰

张爷庙俯视

白沙镇张爷庙新建山门牌坊

白沙镇张爷庙大殿

白沙镇张爷庙山门

白沙镇张爷庙院落空间

白沙镇张爷庙山门后视

大殿内部空间

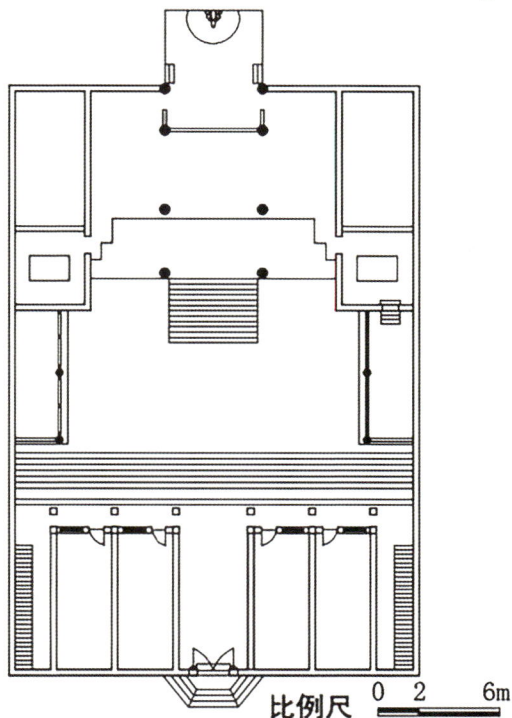

白沙镇张爷庙平面图
（江津区博物馆提供）

梁架结构，面阔三间11.8米，进深三间14.9米，高11.6米，大殿两侧各辟一角门，通往两侧天井。天井又各有梯道通往厢房的二层看台。

【历史渊源】

白沙镇张爷庙始建于清末民初，由白沙镇屠宰行业人员筹资修建。1922—1926年，在此设立聚奎书院。1931—1950年，又在此创办白沙镇区立女子初级中学校。抗日战争期间，张爷庙曾接收大量的流亡师生并安置国民革命军伤兵。1950年改名为四川省江津县第三中学校，1958年并入聚奎中学。后张爷庙分给百姓居住，21世纪初收归国有。

张爷庙所在地白沙镇，地处长江之滨。明清时期，凭借川盐贸易及转运，成为川东、川南水路要津和川、黔、滇驿道上的重要集镇，人文荟萃，文化繁荣。

大殿前廊空间

合川区

　　合川区，位于重庆市西北部，嘉陵江、渠江、涪江于此汇流。东邻渝北区，南靠北碚区、璧山区，西连铜梁区、潼南区，北接四川省广安市。截至2022年底，合川区下辖7街道、23乡镇。三国蜀汉时期，合川区属于巴郡垫江县辖地。

合川区三国文化遗存点位分布图

1　龙多山关羽摩崖造像

撰稿：谢　乾
摄影：尚春杰　李　耀
绘图：尚春杰

龙多山关羽摩崖造像

【地理位置】

地理坐标：东经106°0′32.13″，北纬30°15′43.83″，海拔558米。

行政属地：合川区龙多镇龙多村7组。

地理环境：龙多山位于合川、潼南、武胜交界处，距合川城区约60千米，海拔624米，主峰位于龙凤镇境内，摩崖及题记分布在龙多山东、南、西、北崖壁上。

【保护级别】

2019年，龙多山摩崖造像及题记被公布为重庆市文物保护单位。

【现状概述】

龙多山关羽摩崖造像位于龙多山东崖壁造像群中段，坐西南向东北，编号东上K6。关羽龛，为桃形龛，龛高1.93米，宽1.2米，

龙多山摩崖关羽龛所在崖壁正视鸟瞰

龙多山关羽龛所在崖壁造像

龙多山摩崖千佛龛

龙多山摩崖关羽龛侧视

龙多山摩崖关羽龛所在崖壁远景

深0.45米，龛右壁为释迦牟尼龛。关羽坐像高1.8米，宽0.9米，座高0.5米，头戴绿巾帻，身着甲袍，左手扶膝提袍，右手做捻须状，为后期补塑，右脚踏虎，左脚所踏疑似金元宝。后期妆彩痕迹明显。龛外有不规则方形、圆形石孔，有木石结构搭建痕迹。释迦牟尼龛上下侧有文字题记，因风化剥蚀，漫漶不可识。龙多山摩崖多处为危岩体，目前摩崖造像外搭建有木结构窟檐进行保护。

龙多山关羽摩崖造像

【历史渊源】

龙多山因"委蛇如盘龙"[1]而得名，以石刻、奇泉、怪石为观赏特色，历来为佛道二教名山及风景胜地。传说西晋时广汉仙人冯盖罗在龙多山上炼丹，一日而全家17人飞升而去，龙多山因此扬名。武则天称帝时曾命山僧建放生池，唐玄宗时山僧亦曾奉旨醮祭，历来为佛道名山。宋绍兴二十九年（1159）冯时行《游龙多山记》称"山负一道宫三佛刹"[2]。现有灵山寺、鹫台寺、武丑宫、龙君亭等庙观遗址。[3]

龙多山摩崖造像现存93龛，题刻91方，造像1742座，多为唐宋和明清时期建造。因自然风化和人为破坏，多残损不全。较为知名的千佛龛，刻于唐咸通五年（864），是龙多山摩崖造像中最早的石刻。依据造型，龙多山关羽摩崖造像的刻制应为清代，其脚踏猛虎、元宝，或与其作为佛道护法神及财神信仰相关。

1 （清）周澄修，张乃孚等纂：乾隆《合州志》，见故宫博物院编《故宫珍本丛刊》第215册，四川府州县志第11册，海南出版社，2001，第107页。

2 （清）周澄修，张乃孚等纂：乾隆《合州志》，见故宫博物院编《故宫珍本丛刊》第215册，四川府州县志第11册，海南出版社，2001，第188页。

3 合川县地方志编纂委员会：《合川县志》，四川人民出版社，1995，第682页。

永川区

    永川区，位于重庆市西部。东连璧山区、江津区，西邻大足区、荣昌区，北接铜梁区，南达四川省泸州市。截至2022年底，下辖7街道、16乡镇。三国蜀汉时期，永川区属益州巴郡辖地。

永川区三国文化遗存点位分布图

1 板桥镇张王庙

撰稿：彭　波
摄影：李　耀　尚春杰
绘图：尚春杰

三教镇
板桥镇
金龙镇
茶山竹海街道
双石镇
胜利路街道
大安街道
红炉镇
青峰镇
中山路街道
永荣镇
南大街街道
陈食街道
宝峰镇
来苏镇
卫星湖街道
临江镇
吉安镇
五间镇
何埂镇
仙龙镇
松溉镇
朱沱镇

板桥镇张王庙

【地理位置】

地理坐标：东经105°57′8.63″，北纬29°30′41.44″，海拔256米。

行政属地：永川区板桥镇板桥社区幸福街14号。

地理环境：位于板桥古镇老街，地处板桥河南岸，东紧邻板桥镇卫生院，西北约100米处为清代老街，四周为商铺民居。

【保护级别】

2014年，被公布为永川区文物保护单位。

【现状概述】

板桥镇张王庙仅存大殿，坐东南朝西北，悬山顶，穿斗与抬梁混合式梁架，面阔三间14.32米，进深10.5米，高7.3米。内部空间做过改造，东次间自成空间，北端辟门与明间相通；西次间与明间连通。现为民俗博物馆展厅。

张王庙及板桥镇鸟瞰

张王庙大殿上面鸟瞰

板桥镇张王庙大殿

板桥镇张王庙大殿内的石柱础

板桥镇张王庙大殿内的石柱础

【历史渊源】

张王庙始建于清代，具体时间不详，由当地屠宰行业集资修建。中华人民共和国成立后曾作为民居，后收归板桥镇政府。2021年改建为板桥镇民风民俗博物馆。

张王庙所在地板桥镇，设置于清康熙六十年（1721），原属铜梁县管辖，1953年划归永川。板桥镇地处铜梁、永川交界处，水陆交通便捷，商贸云集，经济繁荣。

张王庙大殿内部空间

板桥镇张王庙大殿内部梁架

铜梁区

　　铜梁区，位于重庆市西部，西南靠大足区、永川区，东北连合川区，西北邻潼南区，东南依璧山区。截至2022年底，下辖23乡镇、5街道。三国蜀汉时期，该区域主要属于益州巴郡辖地。

铜梁区三国文化遗存点位分布图

1　半边寺关羽摩崖造像

2　盘龙寺

3　铜梁武庙

撰稿：尚春杰

摄影：尚春杰　李　耀

绘图：尚春杰

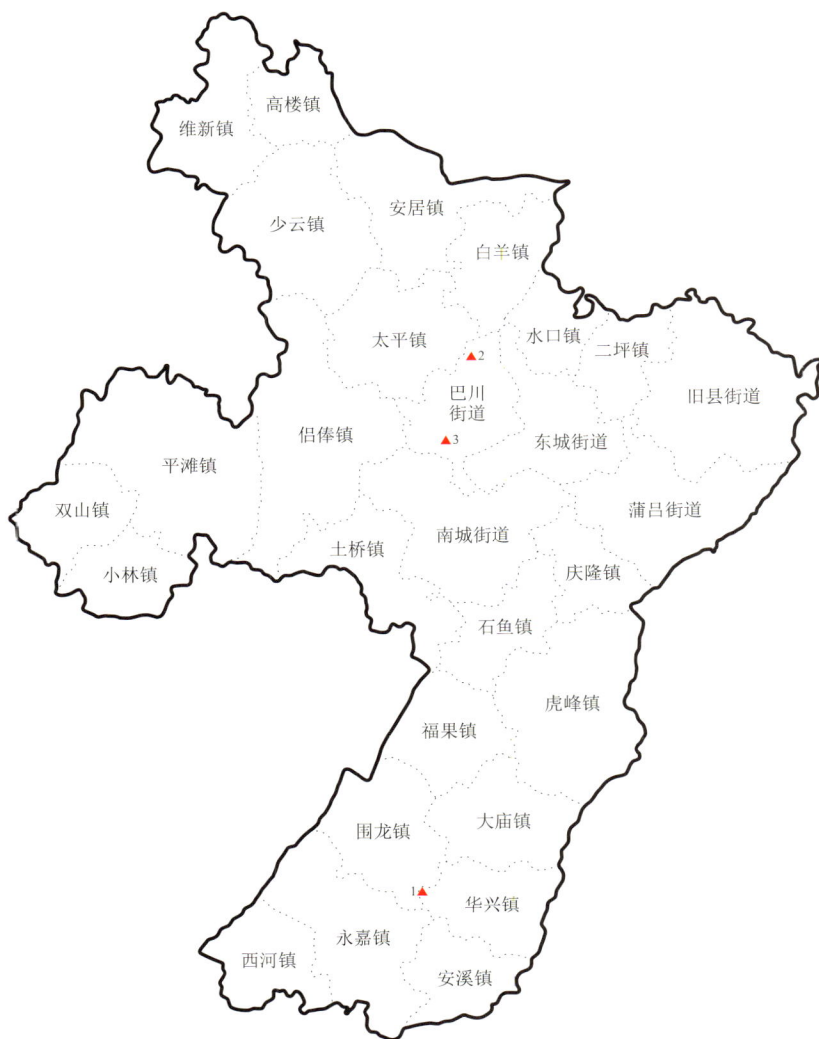

半边寺关羽摩崖造像

【地理位置】

地理坐标：东经106°1′54″，北纬29°35′35″，海拔362米。

行政属地：铜梁区华兴镇三塘村3组。

位置环境：摩崖位于三塘村一处坡地平坝的崖壁上，新建民居内，四周绿树掩映，视野开阔，西北面为韩婆岭。

【保护级别】

2014年，半边寺摩崖造像被公布为铜梁区文物保护单位。

【现状概述】

半边寺摩崖造像，坐东南朝西北，龛立面呈长方形，长2.5米，宽1.3米，进深0.74米，底部距地面0.55米。龛内造像分别为牛王菩萨、关羽、川主、二郎神，旁边还有一龛为送子娘娘像。关羽坐像，头饰巾帻，柳眉凤眼，长髯自两嘴角、下颌前垂下，身披战袍，左手握玉带，右手捻须。像高约1.1米，宽0.43米。据村民文红介绍："土改时分给爷爷文守万（已去世）的半边寺建筑，分成上、下两殿。上殿供奉罗汉、菩萨等神像，摩崖造像位于半边寺下殿位置。"目前，半边寺原建筑已不存，造像整体置于村民文红自己住房的围墙内，依托崖体，留出了一个单独的保护空间。

半边寺周边环境

半边寺民国二十五年
（1936）碑刻

半边寺摩崖造像
环境现状

半边寺摩崖造像

　　根据门口的民国二十五年（1936）碑刻记
载，半边寺创建于明代，旧时有佛像数尊。清
代光绪年间，刘兴顺路过此处，出力募捐修建
简易瓦屋为佛像遮风避雨，未能完善，村民
俗称"半边寺"，远近乡邻均摩肩接踵前往祈
福。几历寒暑，肖时盛又添塑神像，满堂穿
金，故寺庙更名为"金伕寺"。民国以后，寺
庙建筑倾颓，村民罗茂林召集同乡捐资，重
修庙宇，庙山土界广阔，后几经岁月，寺庙
建筑倾颓大半。土改时，政府将半边寺建筑分
给村民文守万作为住房，文守万老人曾用木
板将摩崖神像封护起来，摩崖文物得以保存。
周边乡民依然会去半边寺摩崖祭祀祈福。

半边寺关羽摩崖造像

半边寺关羽摩崖造像局部侧视

盘龙寺

【地理位置】

地理坐标：东经106°3′51″，北纬29°54′23″，海拔303米。

行政属地：铜梁区巴川街道盘龙村1组。

位置环境：北临和尚墓，四周为民居和农田。

【保护级别】

2014年，被公布为铜梁区文物保护单位。

【现状概述】

铜梁盘龙寺，坐北朝南，中轴线上自北向南依次为前殿、正殿、后殿，两侧为厢房。前殿破败，保存状况较差。正殿面阔三间约13.2米，进深9.6米，脊高8米，前廊进深2米，抬梁式结构，硬山顶。正殿供奉释迦牟尼，两侧为罗汉像。正殿保存有两块碑刻，分别为道光二十年（1894）《重修庙宇碑志》和同年《盘龙寺装塑佛神诸像碑记》。后殿面阔三间约10.6米，进深四间约6.3米，脊高6.1米，脊梁存有

盘龙寺鸟瞰

盘龙寺俯视

存于铜梁区博物馆的盘龙寺文殊菩萨、观音菩萨、普贤菩萨明代圆雕像

题记，内容为“大清同治二年岁次癸亥桂月望九日大吉黄道，穀旦竖立”。另一处脊梁题记为“盘龙寺当代主持比丘上圆下亨、徒明彻、明超、明鉴、明修、果泰、果训、果参、超轮、超常、超来、超泉、超如、成瑞重建。大足县七宝山白塔寺传侄明信、明俊，侄孙果正、果仑监立”。前廊进深1.6米，抬梁式结构，硬山顶。后殿保存有四块碑刻，西侧为乾隆三十三年（1864）《重修观音殿碑序》及嘉庆十六年（1811）《重装碑记》。东侧为同治三年（1864）《重修庙宇》和功德碑。后殿正中位置供奉观音菩萨，观音菩萨两胁侍分别为文殊菩萨、普贤菩萨。观音菩萨左侧为真武大帝，右侧为关圣帝君。现寺庙内文殊菩萨、普贤菩萨、观音菩萨、真武大帝及关羽塑像均为重塑，原塑像现保存于铜梁区博物馆。原关羽坐像，头饰紫金冠，柳眉凤眼，长髯自两嘴角、下颌前垂下，身披战袍，左手抚膝，右手捻须。像高1.6米，宽0.9米，像台座高0.14米，宽0.82米，进深0.53米。目前，铜梁盘龙寺由一位刘姓大爷看管。

存于铜梁区博物馆的盘龙寺关羽坐像

【历史渊源】

铜梁盘龙寺，始建于宋，元明补修，清康熙五十一年（1712）重修，乾隆二十四年（1759）、道光二十八年（1848）再次维修。[1]据光绪《铜梁县志》记载：“盘龙寺，县东二十里……康熙五十一年重修。”[2]根据留存的题记和碑刻可知，乾隆年间，僧人慈量想要重修盘龙寺，但是没有成功。后来，他的徒弟永禅修成大殿及

----

1 根据铜梁区博物馆提供的三普资料。

2 （清）韩清桂修，（清）陈昌等纂：《光绪铜梁县志》，《中国地方志集成·四川府县志辑㊷》，巴蜀书社，1992，第630页。

盘龙寺正殿

盘龙寺后殿

盘龙寺后殿内部空间

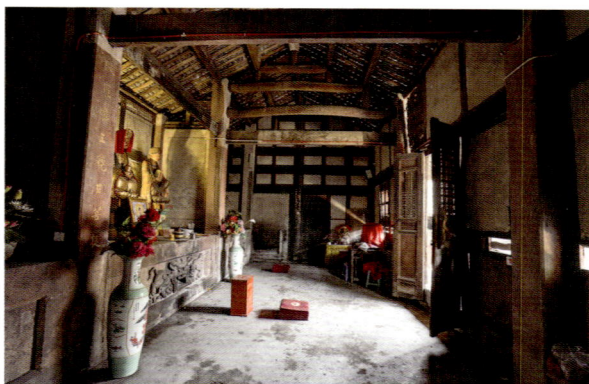
盘龙寺后殿山面空间

两廊。随后盘龙寺遭遇战乱，祖堂被毁。道光二十年（1840），盘龙寺又进行修缮。同治二年（1863），盘龙寺住持与他的徒弟谋修后殿、前殿，同治三年（1864）落成。中华人民共和国成立后曾作为盘龙村小学使用，小学搬迁后，暂停开放至今。《同治三年重修庙宇碑记》对研究其沿革有重要意义，现将碑文迻录于下：

同治三年重修庙宇碑记

巴川北郭十里许，有寺名盘龙，古刹也。乾隆末，寺僧名慈量，欲重修而未果。其徒永禅有大志，自皈依后，游历两湖、三江、两广，至京师学道参禅十余年。始归，即欲改造为十方丛林。乃大殿两廊甫成，而其徒明彻即坐脱，继又遭李逆乱，毁其祖堂寿隆寺，始念遂寝。同治二年与其徒明超，

徒孙果泰、果训，谋修后殿，期年落成，合前殿共计费二千余缗，皆独力为之，未有募化，惟附近□那庙出功果者听其便。时余自新繁学博解任归，同里人往贺，僧曰："今春庙成，众山邻俱有功果，不可以不记。"余思斯庙之兴，先祖福山公之力居多，其巅末亦尝闻之，不敢以不敏辞。夫当世之庵堂寺观多矣，或创而不能继，或继而不能久，求如斯寺之前后得人、历久不衰者，恒不多得。大率皆由寺僧严戒规、守佛法，不随浮屠为转移，故得以振兴不坠。窃愿主持斯寺者，恪体此意，以为继承，庶不负永禅之初志也。是为志。

新繁县教谕杨德树撰 增生杨士荣书 龙士瑾

同治三年孟夏月下澣重建 主持比丘圆亨、明彻、明超、果参、果训、果泰、超如、超泉、超来、超轮、成瑞，同立。

铜梁盘龙寺同治三年碑刻

铜梁武庙

地理坐标：东经106°2′54″，北纬29°50′54″，海拔222米。

行政属地：铜梁区巴川街道民生路2号。

位置环境：西邻铜梁区中心，北临凤山公园，西北为邱少云纪念馆。

铜梁武庙山面鸟瞰

【保护级别】

1992年，被公布为重庆市文物保护单位。

【现状概述】

铜梁武庙坐西北朝东南，四合院布局，由山门、前殿、正殿、后殿、厢房等组成。前殿为弥勒殿，面阔三间约13米，进深四间约7.7米，脊高6.94米，屋基高1.8米，悬山顶，穿斗式梁架结构，中间供奉弥勒佛，弥勒佛左侧为文昌帝君，右侧为关圣帝君。正殿面阔三间13.3米，进深三间约11.7米，脊高10米，单檐歇山顶，抬梁式结构。后殿面阔三间约14.9米，进深约7.2米，前廊进深1.7米，脊高11.3米，重檐歇山顶。厢房面阔七间21.7米，进深三间4米。

铜梁武庙俯视

【历史渊源】

铜梁武庙，在光绪《铜梁县志》和《重庆市志·宗教志》中均有记载。

光绪《铜梁县志》记载："武庙，旧在县治成庆门外。其创建岁月无考。旧志载：前明万历庚申，奢崇明陷沦至铜，取庙，匾坠，毙贼首梅四数人，贼惊神异，遂溃去，庙被焚

铜梁武庙鸟瞰

铜梁武庙山门

铜梁武庙正殿

铜梁武庙前殿

铜梁武庙前殿内部

毁。士民协力修建，明季圮。国朝康熙二十九年重建如故。雍正三年增建后殿，制如崇圣祠。道光元年，司事等售庙产，改建全庙，规制愈备。咸丰十年，蓝逆围攻城，庙遂毁。同治六年，知县于胜移建凤山之土，即文庙故址。复以明人丁圣革所绘关帝像藏置庙中。"[1]

《重庆市志·宗教志》记载："铜梁区武庙，始建于北宋元符年间。明万历重建，雍正元年在正殿后建崇圣祠。乾隆三十年、乾隆六十年进行两次修补。道光元年重建棂星门。道光二十二年，将文庙迁至书院街张襄宪公祠。同治六年，邑人将武庙迁凤山腰原文庙庙址，供奉'关壮缪侯'和'岳忠武穆侯'两座牌位，并列在后殿崇圣祠，称'新武庙''岳庙'。"[2]当地文管所又做如下补充："民国时期，后殿改为学署衙门。20世纪六七十年代前曾为部队用房，1984年划为驻军部队医院，1986年政府将武庙划给当地文管所使用。2001年，文管所搬走，将武庙交由佛教协会使用。"

铜梁武庙关羽塑像

1（清）韩清桂修，（清）陈昌等纂：《光绪铜梁县志》《中国地方志集成·四川府县志辑㊷》，巴蜀书社，1992，第621页。

2 重庆市民族宗教事务委员会：《重庆市志·宗教志》，宗教文化出版社，2020，第159页。

潼南区

潼南区，位于重庆市西北部，东邻合川区、铜梁区，西连四川省资阳市、遂宁市，北接四川省广安市。截至2022年底，下辖23乡镇和街道。三国蜀汉时期，该区域主要归益州的巴郡管辖。

潼南区三国文化遗存点位分布图

1 大佛寺关刀石
2 双江镇关帝庙
3 双江镇张飞庙

撰稿：尚春杰
摄影：尚春杰　彭　波
绘图：黄　越　尚春杰

大佛寺关刀石

【地理位置】

地理坐标：东经105°48′30.96″，北纬30°11′19.92″，海拔209米。

行政属地：潼南区大佛街道大佛寺景区。

地理环境：大佛寺关刀石位于定明山东岩摩崖造像区，面向涪江，东侧为顶天佛字，西侧为太乙救苦天尊造像。

【保护级别】

2006年，潼南大佛寺被国务院公布为全国重点文物保护单位。

【现状概述】

大佛寺关刀石坐西南朝东北，为摩崖造像龛，主尊关羽，胁侍周仓和关平，龛高约33.65米，宽约38.8米，摩崖造像整体依岩面江，脚踏江岸。关羽坐像，通高约30.6米，宽约14.05米，头饰绿夫子盔，冠前有黑色绒球，方圆脸，柳眉凤眼，长髯分五绺，自两嘴角、下颌及两耳前垂下，身披甲胄，外罩战袍，胸前有护心镜，左手抚左膝，右手捻须。左侧关平立像，通高15.08米，左手叉腰，右手捧官印。右侧为周仓立像，通高15.08米，体格剽悍，左手持青龙偃月刀，右手抚肚。

大佛寺关刀石全景航拍

大佛寺关刀石近景航拍

大佛寺关刀石摩崖

关羽摩崖造像带龛白描

大佛寺关刀石题刻

関羽造像細部

【 历史渊源 】

据《潼南县志·舆地志》载:"大佛寺,县西三里,一名大像阁,在壁山下。山上有定明寺,一名南禅院,唐咸通年间建……有庙三层,宋赐名定明院,一名南禅寺。"[1]关刀石位于大佛寺东岩摩崖造像区,根据关羽像龛左侧所存《培修黄罗帐庙宇序》石刻可知,定明山东壁有古迹黄罗帐庙,不知创自何代,清代咸丰年间战乱,此地受关帝庇护,民众得以保全。其间,庙后悬崖从空中坠落一块,其形如刀,当地人认为是关帝显灵,遂开始建造关圣帝像。《培修黄罗帐庙宇序》对于了解关刀石修建背景有重要意义,现将碑文迻录于下:

---

1 (清) 吴增辉修,(清) 吴容纂:《民国潼南县志》
 《中国地方志集成·四川府县志辑㊺》,巴蜀书社,
 1992,第25页。

周仓造像

关平造像

培修黄罗帐庙宇序[1]

吾乡定明山东壁，有古迹黄罗帐，塑祀救苦天尊像，显应无方，不知创自何代。至国朝咸丰庚申贼乱，蒙关帝庇荫，蜀川人民保全。五月十三日，庙后悬崖从空坠石，如刀，森然而立，讵非圣帝之灵、太平之兆哉！厥后重新庙宇，始建圣帝像，与天尊并祀。庙依石壁，历久风雨浸渍，将就倾颓。都人士食德饮和，均沾闿泽，岂往来熟视而无睹耶？爰鸠工补葺，以蔽漂摇。虽所费无几，而一木难以成，因慕众锱铢，共襄此举。功成告竣，非敢勒石书庸也，亦永垂不朽之意云尔。大清光绪十五年己丑岁孟秋月谨志，毛玉兴镌石。

1《培修黄罗帐庙宇序》现完整保留在关羽像龛左侧，断句引用自刘长东先生《潼南大佛寺造像铭文考释》一文。

双江镇关帝庙

【地理位置】

地理坐标：东经 105° 44′ 43.31″，北纬 30° 13′ 2.08″，海拔 215 米。

行政属地：潼南区双江镇正街 33 号、35 号。

地理环境：关帝庙周围为商铺，西邻禹王宫，北邻杨氏民居。

【保护级别】

2009 年，双江禹王宫（含关庙、张飞庙）被公布为重庆市文物保护单位。

【现状概述】

双江镇关帝庙坐西南朝东北，现存山门和大殿，建筑面积 324 平方米，目前为双江镇中心幼儿园。山门面阔五间，单开门门楼，门楼宽 4.95 米，悬山顶。大殿部分由两侧耳室、内院、大殿主体三部分构成，两端有风火墙。大殿主体面阔五间 22.5 米，进深三间 8.73 米，两端有稍间，抬梁混合式砖木结构，悬山顶。正殿前檐柱到前金柱作为祭拜停留空间，是重点装饰空间，前后金柱不对称分布，前檐柱和前金柱间以上下两道梁穿接，上下梁间垫以抱鼓石云纹驼峰。两侧耳室前部均设有内院，

关帝庙山门

双江镇关帝庙鸟瞰

关帝庙正殿

关帝庙正殿现为幼儿园活动区

关帝庙正殿空间

两侧耳室均面阔一间4.1米，进深三间8.73米，悬山顶。大殿前殿第五檩有纪年题记："大清光绪廿年岁次甲午五月丁浣穀旦，遂邑双江镇阖境众姓弟子暨住持重建。"幼儿园主楼的柱子留有关帝庙楹联一副，为："大义君子，效皇叔，敬孟德，铸鼎三分遗受魏；伟烈忠臣，披春秋，驭赤兔，勒石千古功垂蜀。"

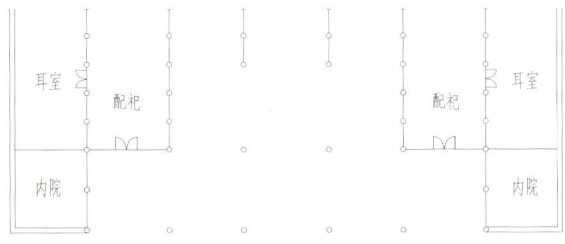

双江镇关帝庙平面图

【历史渊源】

双江镇关帝庙为清代建筑，具体始建年代不详，从第五檩题记可知，关帝庙由当地信众于光绪二十年（1894）五月重建。20世纪90年代改为双江镇小学和幼儿园，2010年后改为双江镇中心幼儿园延续至今。

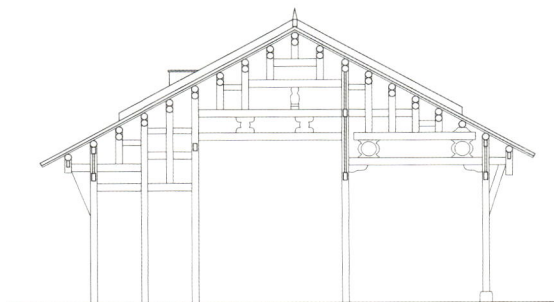

双江镇关帝庙剖面图

山门局部后视

双江镇关帝庙山面

正殿梁架

大殿上下梁间垫以抱鼓
石云纹驼峰

撑弓木雕

双江镇张飞庙

【地理位置】

地理坐标：东经105°44′40.1″，北纬30°13′3.06″，海拔217米。

行政属地：潼南区双江镇医院背后。

地理环境：紧邻双江镇小学校，周围为民居。

【保护级别】

2009年，双江禹王宫（含关庙、张飞庙）被公布为重庆市文物保护单位。

【现状概述】

双江镇张飞庙坐西南朝东北，现仅存正殿，面阔五间21.8米，进深三间8米，抬梁混合式砖木结构，悬山顶。正殿前檐为双挑双吊瓜，配双撑弓，为较特别的装饰做法。正殿前后金柱不对称分布，明间两榀为抬担式结构，前后金柱之间有上下四道梁穿接，其间垫以抱鼓石云纹驼峰。目前正殿建筑作为双江镇仓库使用，建筑墙体和门窗被改建。

【历史渊源】

双江镇张飞庙为清代建筑，具体始建年代不详，曾经作为医院职工宿舍使用，后改为仓库延续至今。

临街的张飞庙正殿

张飞庙正殿梁架

张飞庙正殿前廊

前檐双吊瓜配双撑弓

脊梁彩绘

双江镇张飞庙文保碑

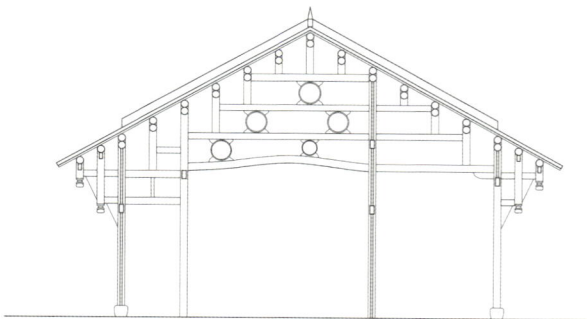

双江镇张飞庙剖面图

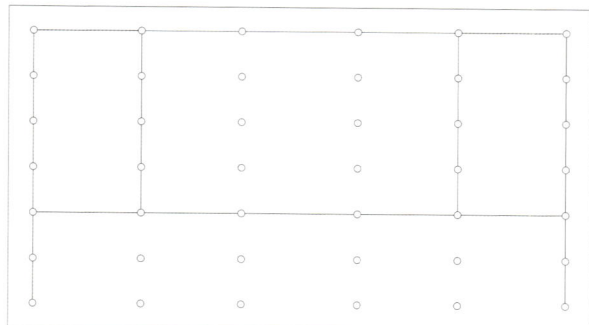

双江镇张飞庙平面图

梁平区

梁平区，位于重庆市中北部，东邻万州区，南接忠县、垫江县，北连四川省达州市。截至2022年底，下辖33乡镇和街道。三国蜀汉时期，该区域主要归益州的巴郡管辖。

梁平区三国文化遗存点位分布图

1 双桂堂关圣殿
2 蟠龙洞

撰稿：吴 娲
摄影：李 耀 尚春杰
绘图：尚春杰

双桂堂关圣殿

【地理位置】

【地理位置】

地理坐标：东经107°43′2.7″，北纬30°36′28.2″，海拔404米。

行政属地：梁平区双桂街道。

地理环境：双桂堂建筑群坐东北向西南，背靠万竹山，有金带河蜿蜒流过，附近有滴水岩石刻文物点和牛头寨山脉。

【保护级别】

2013年，双桂堂被公布为全国重点文物保护单位。

【现状概述】

双桂堂经历代修葺扩建，现占地面积120亩，其中寺庙建筑占地40亩，园林占地80余亩。七重大殿依次为：关圣殿、弥勒殿、大雄殿、文殊殿（戒堂）、破山塔、大悲殿、舍利殿（藏经楼）。关圣殿为第一重大殿，也是原双桂堂古建筑群的山门。殿前置石狮，重檐歇山顶，面阔三间15.5米，进深8.4米，高10米。二层檐下悬"金带寺"横匾，中开石坊门，门楣墨书"双桂堂"，左右石坊刻对联为："桂楼飘香，钟声历历绕金带；竹林滴翠，鹤影翩翩舞碧空。"殿内主神台奉祀关羽，周仓、

双桂堂建筑群鸟瞰（梁平区博物馆提供）

双桂堂关圣殿

双桂堂山面

双桂堂关圣殿内山面空间

双桂堂关圣殿内神台空间

关平陪祀两侧。神台面阔4.2米，深2.1米，神龛两侧刻对联为："万竹山前逢业衲，话虚心高节；三家村里学老农，得广种博收。"关羽坐像高2.7米，宽1.7米，头戴冕旒，持笏板。周仓、关平立像均高1.8米，宽0.6米。主神台右侧祀山神、金刚，左侧祀土地、金刚。脊上有纪年题记："中华民国卅七年，岁次戊子，仲夏月，重建大山门，主持上妙下淡大和尚，统两序同心协立。"殿内两侧屋梁上还书有《华严经》《法华经》等经文。

【历史渊源】

双桂堂于清顺治十年（1653）由开山祖师破山海明禅师创建。咸丰六年（1856），洪道方丈疏浚寺前河道，拾得古金带一根，视为瑞祥，遂又名"金带寺"。关圣殿又称"伽蓝殿"，因关羽在佛教中为伽蓝护法而得名。根据殿内纪年题记，现关圣殿建筑主要为民国三十七年（1948）修复重建。

蟠龙洞

【地理位置】

地理坐标：东经107° 52′ 56.88″，北纬30° 39′ 44.2″，海拔727米。

行政属地：梁平区蟠龙镇蟠龙村。

地理环境：洞口坐东北向西南，位于蟠龙山山腰处，前临小溪，附近连接成万古驿道梁平段—蟠龙山段。

【保护级别】

2011年，蟠龙洞摩崖石刻被公布为梁平区文物保护单位。

【现状概述】

蟠龙洞为喀斯特溶洞，现为一处景区，夏日洞中清凉，适宜避暑。洞口南侧有刻于明嘉靖三十四年（1556）的石碑，碑体为长方形大理石，碑文阴刻楷书："明嘉靖乙卯仲夏，滇人万文彩□此谨□以纪岁日，典史□顺刻石。"进洞走约120米，一块肝形石上有北宋时题刻："万路提点刑狱公事陈春大观既元暮春妆部回游龙洞率管界巡检冯稷梁山邑令岳舜春从行申修前一日题。"洞外有清代圆雕造像残存。

离洞口不远处，往万州方向，尚有约2千米长的成万古驿道梁平段—蟠龙山段遗存，路基状况良好。成万古驿道形成于汉魏，后改为官道，用于连接南浦（今重庆市万州区）至顺庆府（今四川省南充市）甚至成都。驿道中途，有明嘉靖时的百步梯摩崖石刻遗存，文字为"天子万年""蜀岭雄风"，再往前，有明嘉靖时白兔亭遗址遗存。

古驿道新店子与夫马村交界处的夫马坝（地理坐标：东经107° 53′ 46.68″，北纬30° 37′ 30.36″，海拔284米），有关于赵云屯兵处的传说。据实地调查，夫马坝现为一处平阔的田坝，夫马桥公路将田坝一分为二。从夫马坝沿小路上山，可到达木华城山顶，现山顶只有一户村民。新店村当地村民只知"夫马坝""木华城"地名由来已久，但对赵云屯兵的传说并不知晓。

【历史渊源】

据《蜀中广记》卷七十五记载："梁山蟠龙洞古碑云：'张卞者，为蜀先主将，因谏先主伐吴，不听，入山，遇樵叟自称鸥夷人，授以丹诀，修炼洞穴，莫知所终。'"文中所提及的古碑，现已不存；所提及的人物"张卞"，也不见于其他史载。

据《梁平县志·古建筑·木华城》记载："木华城，位于夫马坝。传说三国时蜀将赵云，曾屯兵戍守此地，留下木华城遗址。"《梁山县志稿·古迹》记载："（木华城）旧志未载，载白兔亭外之夫马坝。三国时，昭烈帝令赵子龙屯兵于此。挖数十穴为马槽，遗迹尚存。"[1]

---

1 李克明原著，梁平县政协文史民宗委编：《梁平文化史记话》，第128—133页。

蟠龙洞远景

蟠龙洞洞口

从蟠龙洞内望向洞口

成万古驿道梁平段—蟠
龙山段及"天子万年"
"蜀岭雄风"摩崖

白兔亭遗址

夫马坝

城口县

　　城口县，位于重庆市东北端，地处大巴山南麓，川、渝、陕三地交界处，南邻开州区、巫溪县，北连陕西省安康市，西通四川省达州市。截至2022年底，下辖2街道、10镇、13乡。三国蜀汉时期，其地域主要为益州巴西郡辖地。

城口县三国文化遗存点位分布图

1　葛城遗址
2　诸葛寨

撰稿：彭　波
摄影：李　耀　尚春杰
绘图：尚春杰

葛城遗址

【 地理位置 】

地理坐标：东经108°39′35.96″，北纬31°56′55.48″，海拔756米。

行政属地：城口县葛城街道土城社区。

地理环境：地处仁河北岸，城口县城的中心地带，四周有高楼、商铺、民居。

【 保护级别 】

1990年，被公布为城口县文物保护单位。

【 现状概述 】

遗址大部分被现代建筑覆盖，仅存部分南段墙垣及南门。南门为清代重修，砖券结构，面阔3米，进深6米，高4米。城门上残存近代修建的两层砖楼。

【 历史渊源 】

葛城，又名"诸葛城"，因传说诸葛亮曾在此屯兵而得名。《城口厅志》载："诸葛城，旧志城口山下有中、前、后三城，左抵紫阳，右通平利，相传武侯尝屯兵于此。"[1]实际上，据已知线索，葛城始建于明末清初，清嘉庆年间进行过大规模的扩修。原葛城平面大致呈长方形，东西长400米，南北宽200米，占地面积约8万平方米，今大部分已被现代建筑所覆盖。[2]

葛城遗址现状

葛城遗址南门鸟瞰

1 （清）刘绍文等修：《城口厅志》卷四《古迹》，清道光二十四年刻本。

2 国家文物局主编：《中国文物地图集·重庆分册（下）》，文物出版社，2010，第336页。

葛城遗址南门城门洞

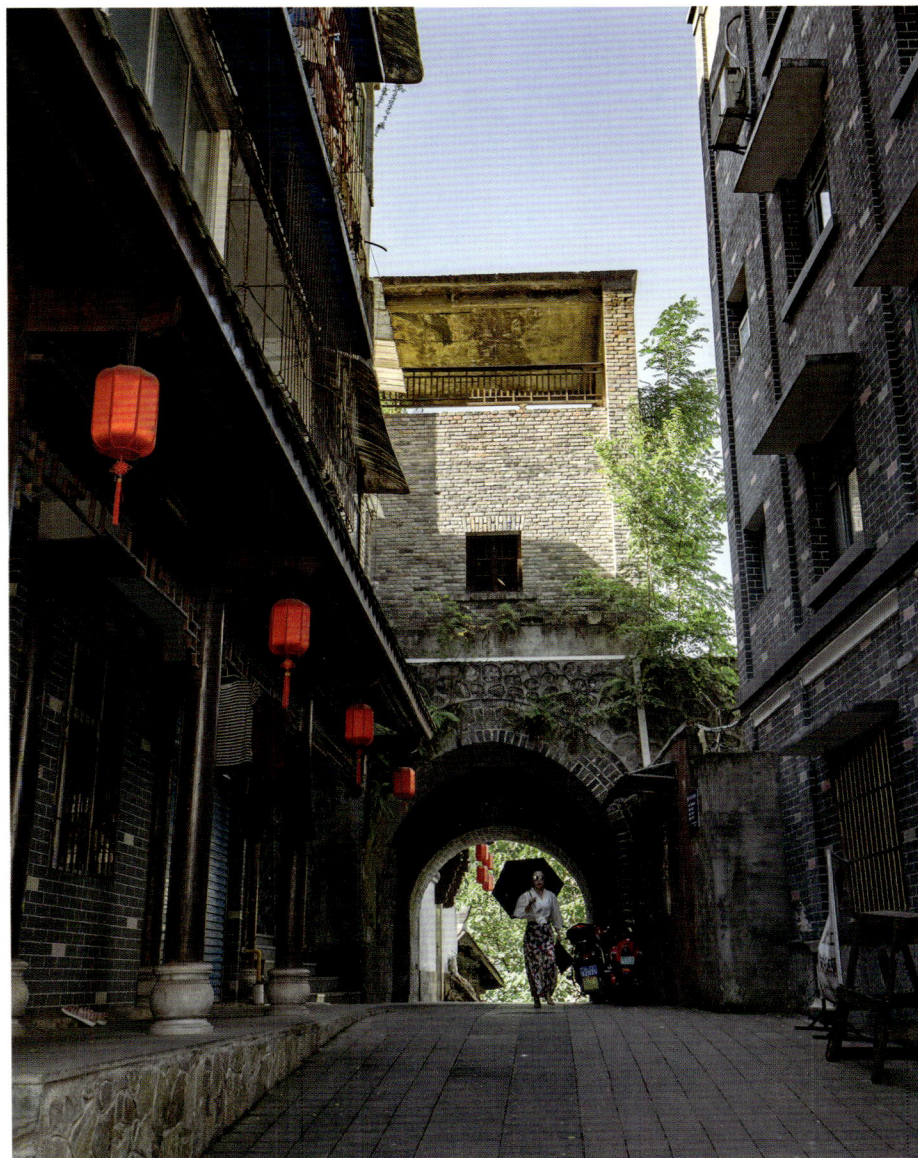

葛城遗址南门

诸葛寨

【 地理位置 】

地理坐标：东经108°40′1.86″，北纬31°56′39.40″，海拔765米。

行政属地：城口县葛城街道东方红村。

地理环境：位于城口县东面，地处后启湾山顶，仁河北岸，山上植被茂盛。

诸葛寨鸟瞰

【 现状概述 】

诸葛寨的寨墙以条石砌筑，平面呈长方形，长50米，宽10米，墙垣上辟有五个寨门，多已残缺。原南墙垣尚保存部分墙体，残长约20米，高1.5米；南墙券门面阔1米，高1.5米。[1]现已开发为诸葛寨植物公园，因退耕还林，山上植被茂盛，难寻寨址遗迹。

【 历史渊源 】

诸葛寨，始建年代不详，因传说诸葛亮曾屯兵于此而得名。《城口厅志》载："（诸葛寨）在七保，距厅北三里。寨居赤龙山第一重山上，俯视厅城。相传武侯屯兵时分扎此寨，以为巡视烽烟之所。寨上炮台、垛墙，系石砌成。今石相生为一，因年久故也。"清嘉庆初年，城口县境发生白莲教武装活动，当地乡民多至诸葛寨躲避战乱，并对寨墙进行修缮，在掘地中发现了刀、剑、箭镞等兵器。

诸葛寨远眺

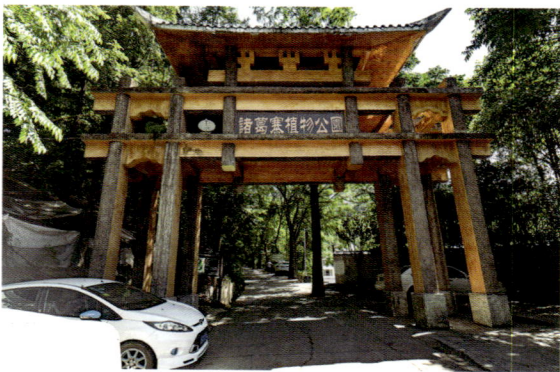
诸葛寨入口

---

1 国家文物局主编：《中国文物地图集·重庆分册（下）》，文物出版社，2010，第336页。

忠县

忠县，位于重庆市中部，地处三峡库区腹心。东邻石柱土家族自治县，南接丰都县，西与垫江县接壤，北靠万州区、梁平区。截至2022年底，忠县下辖4街道、19镇、6乡。三国蜀汉时期，忠县大部分为益州巴郡临江县辖地，部分为涪陵郡所辖。

忠县三国文化遗存点位分布图

1 忠县关帝庙
2 姜维井
3 忠县严颜墓

撰稿：彭　波
摄影：李　耀　尚春杰　樊博琛
绘图：尚春杰

忠县关帝庙

【地理位置】

地理坐标：东经108°2′22.35″，北纬30°16′33.45″，海拔373米。

行政属地：忠县忠州街道白公路24号。

地理环境：作为白公祠古建筑群的组成部分，处于香山山腰的白公祠景区内，植被茂密，山下为忠州博物馆展厅。

【保护级别】

2019年，白公祠古建筑群被公布为重庆市文物保护单位。

【现状概述】

忠县关帝庙占地面积1000平方米，建筑面积830平方米，四合院结构，周绕以风火墙，由山门、戏楼、大殿、厢房组成。

牌坊式山门，面阔18.2米，檐高8.9米，中辟石朝门，面阔1.1米，高2米。戏楼与山门连接，歇山顶，抬梁架，柱下承龟形柱础，面阔三间6米，进深两间5.6米，分上下两层，下层为过道，上层为戏台。戏楼两侧有耳房，并与东、西厢房相连。大殿建在1.8米高的台基之上，硬山顶，穿斗与抬梁混合式结构，面阔三间13.3米，进深三间8.4米，高7.3米。殿

白公祠古建筑群鸟瞰

忠县关帝庙鸟瞰

忠县关帝庙山门

忠县关帝庙戏楼

戏楼侧视

忠县关帝庙大殿

忠县关帝庙西厢楼

忠县关帝庙戏楼上的戏曲故事木雕

内脊檩及两侧檩上有墨书题记。脊檩书"皇图巩固，帝道遐昌"，南侧檩书"咸丰九年岁次己未□吉日甲午重□"，北侧檩书"四川直隶忠州□补分府加三级录五次……"大殿两侧各有角门。东、西厢房形制一致，单坡顶，双层木结构建筑，面阔三间12.7米，进深一间2.4米，一层高2.1米，二层高2.7米，上下各分割成三个房间。

【历史渊源】

关帝庙始建于清代嘉庆年间，咸丰九年（1859）重修。原址位于甘井镇顺溪村，文献对此庙记载较少，仅道光《忠州直隶州志》载："关帝庙，在督井。"因三峡大坝蓄水，2005年关帝庙整体迁建至白公祠公园内。

姜维井

地理坐标：东经108°2′22.50″，北纬30°16′33.56″，海拔373米。

行政属地：忠县东溪镇翠屏村2组。

地理环境：地处长江南岸，翠屏山山腰处，与忠县县城隔江相望，东邻一条乡村公路，四周为树林及农田。

【保护级别】

1986年，被公布为忠县文物保护单位。

【现状概述】

姜维井，坐东南朝西北，开凿于翠屏山的崖壁之上，岩壁高约7米。井平面呈三角形，外宽内窄，井宽0.36米，高0.30米，深0.52米，下沿距地面0.82米。距姜维井西北约200米处，有石马栏崖墓，翠屏山山麓处有火电厂崖墓群。

【历史渊源】

姜维井，又名"姜维泉"，传为姜维所凿。《明一统志》载："姜维泉，在忠州治南翠屏山。

姜维井所处大环境鸟瞰

姜维井

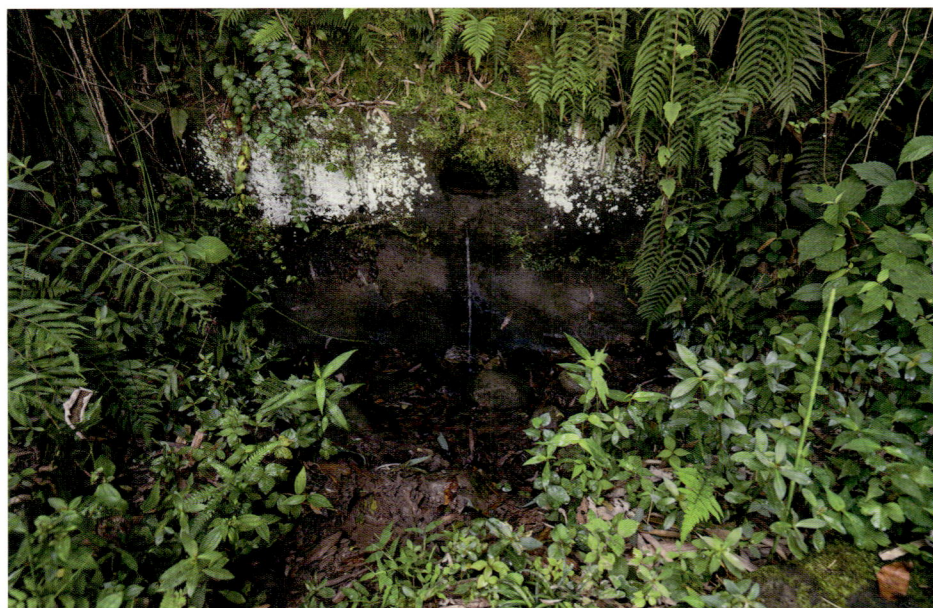

姜维井所在崖壁上流出的
小股山泉水

相传姜维所凿，有碑漫灭。"[1]文献记述姜维泉旁还有碑刻，姜维井之说产生时间应更早。明代嘉靖年间，忠州知州黄器重在此置学田，名"姜维井学田"，供当地书院用度。万历年间，忠县知州在姜维井旁刻"高山流水"四字。[2]当地文物工作者介绍，"高山流水"石刻字体大约宽0.3米，20世纪80年代还可辨认，后经过风化侵蚀，已不存，只有老照片上还依稀可辨。[3]清代县志出现"姜维驻兵时所凿"[4]的记载，开始将姜维井与驻军联系起来，但都记载极其简略，难考其详。现井口崖壁上仍有一小股山泉水，源源不断地从崖壁流至井口浅塘中。

1（明）李贤撰：《明一统志》卷六十九《重庆府》，清文渊阁四库全书本。

2（清）吴友箎修，（清）熊履青纂：《忠州直隶州志》卷二《古迹、陵墓》，清道光刻本。

3 据忠县文管所原副所长曾先龙口述资料整理。

4（清）吴友箎修，（清）熊履青纂：《忠州直隶州志》卷二《古迹、陵墓》，清道光刻本。

忠县严颜墓

【地理位置】

地理坐标：东经108°0′6.95″，北纬30°12′29.38″，海拔142米。（测点在乌杨阙发现处堤岸）

行政属地：忠县乌杨街道朱河社区将军村。

地理环境：乌杨阙发现处为长江临江台坡地。东靠将军村村落，西隔长江与塘土坝、邓家沱相望，周围为工厂厂房与民居。

【现状概述】

乌杨镇坐落在离忠县县城约10千米的长江南岸，2001年6月洪水过后，镇上一位叫王洪祥的居民，在江岸边的老峡嘴位置发现刻有图案的大石头（汉阙构件），立即通知了当地文管所。随后，重庆市文物考古所结合附近的花灯坟汉墓群位置，推测老峡嘴处所发现的汉阙构件为花灯坟墓地的墓阙，因山体滑坡倾倒滚落而移动了位置，并对周围山梁打探沟进行

将军村鸟瞰

1007

发现神兽石像的江岸现状

发现乌杨阙的江岸现状

了抢救性发掘。历时数月，清理出汉阙基址1处、神道1段、石阙构件16件[1]，乌杨阙由此被发现。2003年，又在距离出土乌杨阙构件不远处发现了一尊带翼神兽石像。发现乌杨阙和神兽石像的江岸台地，地势基本没有变化，部分因为三峡工程淹没于水下。清理出土的乌杨阙已经复原，乌杨阙与神兽实物，现均藏于重庆中国三峡博物馆内。2006年，三峡大坝蓄水，花灯坟汉墓群已整体被淹没。

乌杨阙为双子母石阙，庑殿顶，单檐，方位大致坐南朝北，面向长江，左右两阙，相距13米。主阙通高5.4米，顶宽2.66米，进深1.7米，阙基宽2.6米，进深1.64米，子阙高2.6米。[2]左阙右侧装饰有青龙图案，右阙左侧装饰白虎图案，背面上部雕饰一朱雀栖于如意斗拱之上，下部为浮雕的铺首衔环。

石辟邪，圆雕，作立姿状，体态修长，昂首挺胸，前肢并立，后肢跨步分开，肩生双翼，站立于长方形石台之上。石兽身上采用浅浮雕技法，雕刻出鬃毛、体毛等。

有学者推测，乌杨阙或属严氏家族墓地。

【历史渊源】

严颜墓，为蜀汉将军严颜之墓。严颜死后葬于何处，正史无载。后世文献记载的严颜墓主要有三处，即忠县严颜墓、巴中严颜墓、南充仪陇严颜墓。

忠县严颜墓之说，至迟北宋已有之。苏轼有诗咏颂严颜云："刘璋固庸主，谁为死不二？严子独何贤，谈笑傲砧几。国亡君已执，嗟子死谁为！何人刻山石，使我空涕泪。"[3]其弟苏辙亦诗曰："古碑残缺不可读，远人爱惜未忍磨。相传昔者严太守，刻石千岁字已讹。"[4]自注云"碑在忠州"。明代曹学佺《蜀中广记》云："州西五十里，江中高阜，名唐土洲，有严颜墓碑及祠。"[5]今距离出土乌杨阙、石兽处约50米的长江中，原有一江心绿洲即塘土坝（已被淹没）。明万历年间，忠县知州尹愉曾对墓葬进行过维修。[6]乾隆时，严颜墓曾被盗，出土有"瓦爵二"[7]。道光五年（1825），忠州知州吴友篪捐封又重修。[8]

花灯坟墓群所在的将军村，当地一直传说为严颜故里，伴随乌杨阙被发现，亦有学者

1 重庆市文物考古研究所、忠县文物管理所：《忠县花灯墓群乌杨阙发掘简报》，重庆市文物局、重庆市移民局编：《重庆库区考古报告集（2002卷）》，科学出版社，2010，第1059—1077页，

2 李大地、邹后曦等：《重庆市忠县乌杨阙的初步认识》，《四川文物》2012年第4期。

3 （宋）苏轼撰，（宋）王十朋集注：《东坡诗集注》卷二《述怀》，四部丛刊景宋本。

4 （宋）苏轼撰，（清）查慎行补注：《补注东坡编年诗》卷一《古今体诗四十二首》，清文渊阁四库全书本。

5 （明）曹学佺：《蜀中广记》卷十九，清文渊阁四库全书本。

6 （清）吴友篪修，（清）熊履青纂：《忠州直隶州志》卷二《古迹、陵墓》，清道光刻本。

7 参见《吴友篪重修严将军墓记》。

8 （清）吴友篪修，（清）熊履青纂：《忠州直隶州志》卷二《古迹、陵墓》，清道光刻本。

重庆中国三峡博物馆藏将军村出土神兽石像

重庆中国三峡博物馆藏乌杨阙（重庆三峡博物馆提供）

重庆中国三峡博物馆藏乌杨阙右阙

重庆中国三峡博物馆藏乌杨阙左阙

乌杨阙左阙下端的浮雕（重庆三峡博物馆提供）

乌杨阙左阙上端的浮雕（重庆三峡博物馆提供）

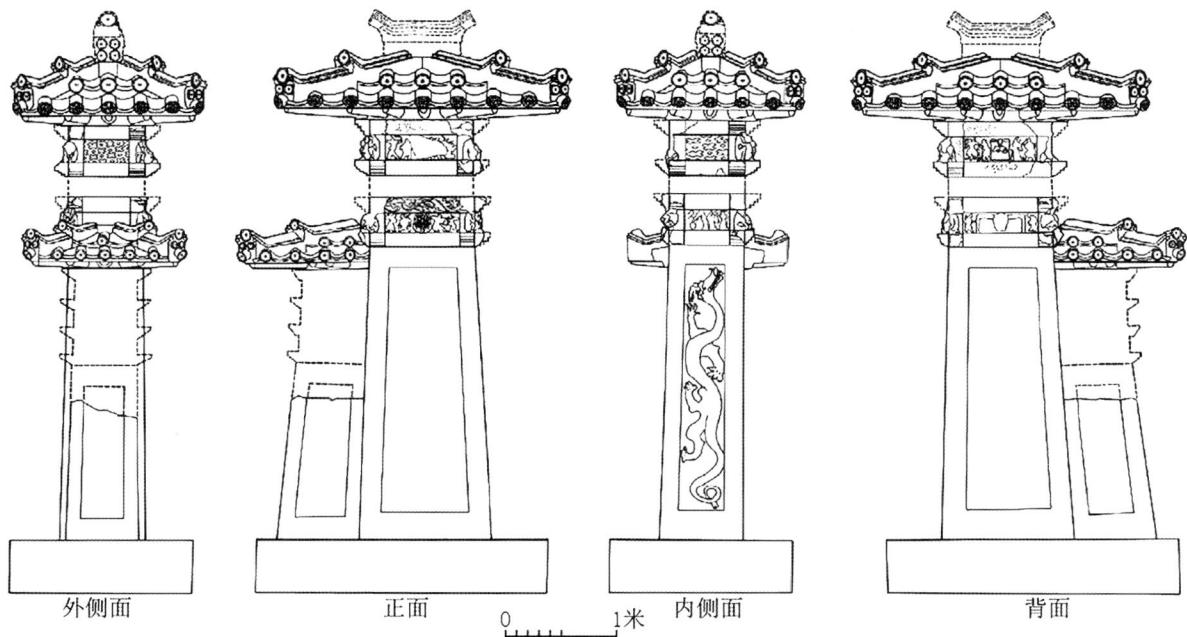

外侧面　　　　　　　　正面　　　　0　　1米　　内侧面　　　　　　背面

右阙图（引自李大地、邹后曦等：《重庆市忠县乌杨阙的初步认识》，《四川文物》2012 年第 4 期）

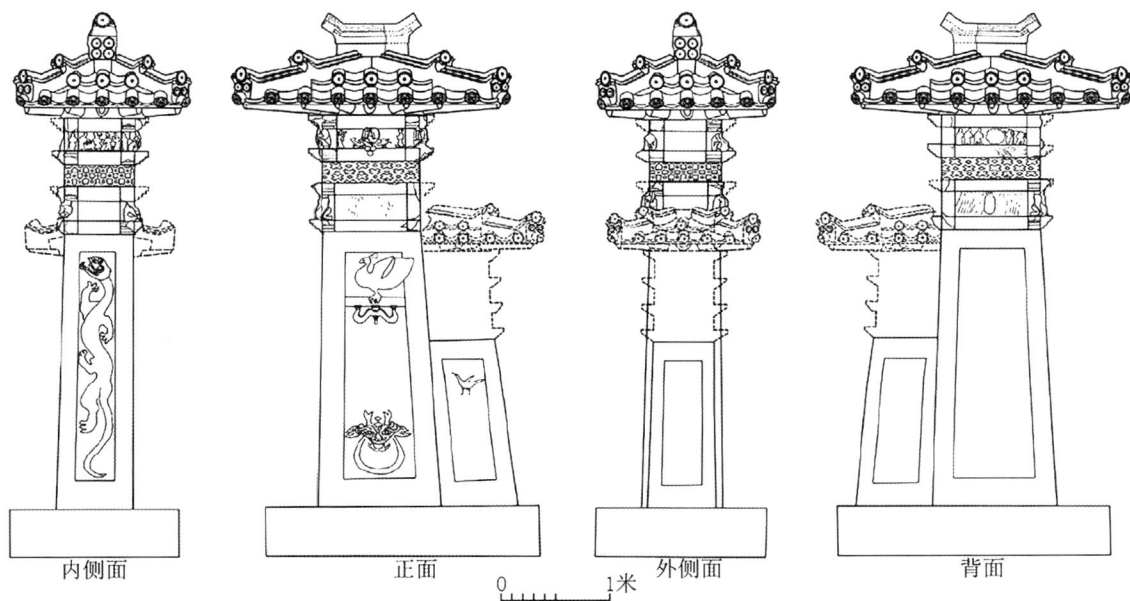

内侧面　　　　　　　　正面　　　0　　1米　　外侧面　　　　　　背面

左阙图（引自李大地、邹后曦等：《重庆市忠县乌杨阙的初步认识》，《四川文物》2012 年第 4 期）

推测，花灯坟墓群中可能有严颜墓。亦有学者认为，花灯坟墓群中未出土任何表明墓主身份的随葬品，更有可能是严氏家族墓。[1] 但有学者认为，距离乌杨汉阙不远的枞树包墓群中东汉末至蜀汉时期的墓葬，才可能是严颜或严颜家族墓地所在。[2]

清道光《忠州直隶州志》中有《吴友箎重修严将军墓记》，对考证严颜墓沿革具有一定价值，现迻录于下：

吴友箎重修严将军墓记[3]
（清）吴友箎[4]

东汉时州人严颜奉刘璋命守巴州，为桓侯所获，不屈，将就刃，桓侯义之得释。论者与巴子死国同称，此忠州之名所由昉也。夫忠义之士，间里馨香，而宦蹟所经，亦复流芳千古。闻巴州有颜将军墓，州民奉祀惟谨。忠为将军故里，生于斯，讵必葬于斯，则巴州有颜将军墓，信也！惟州南二十里，将军溪有严将军墓在焉。溪以将军传，访诸父老，墓为前明尹刺史愉所修，今墓前石碣犹存，"汉严"二字可考。或者严氏之祖若父葬于此，未可知也；或将军之子若孙奉衣冠葬于此，亦未可知也。《通志》有两说，则两存之：谓信以传信，可也；谓疑以传疑，亦可。乾隆时有盗入墓，窃瓦爵二，甫出墓，而目失明。里人奇之，相与禁渔樵采，以故冢荒，而刃不敢入。熊子履青为余言"为捐钱五十缗封其墓"，而立碑以记之。若夫缩堂之建，请竢后之来者。

---

1 忠县文管所原副所长曾先龙口述。

2 李大地、邹后曦等：《重庆市忠县乌杨阙的初步认识》，《四川文物》2012年第4期。

3（清）吴友箎修，（清）熊履青纂：《忠州直隶州志》卷二《古迹·陵墓》，清道光刻本。

4 吴友箎，江苏吴县监生，道光年间曾任忠州知州。

云阳县

云阳县，位于重庆市东北部，地处三峡库区腹心，东邻奉节县，西接万州区，北与巫溪县、开州区接壤，南连湖北省恩施自治州。截至2022年底，下辖4街道、38乡镇。三国蜀汉时期，云阳县主要为益州巴东郡辖地。

云阳县三国文化遗存点位分布图

1 张桓侯庙

撰稿：彭　波
摄影：尚春杰　李　耀
绘图：尚春杰

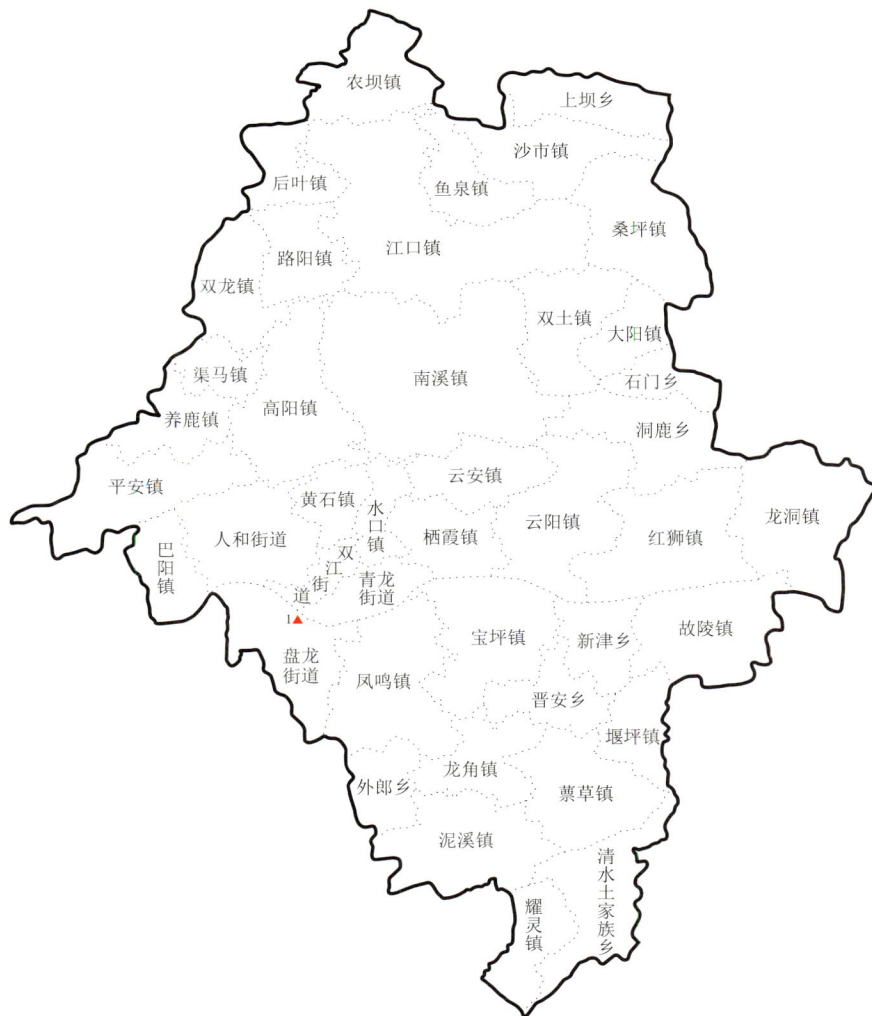

张桓侯庙

地理坐标：东经108°41′56.58″，北纬30°54′44.20″，海拔203米。

行政属地：云阳县盘龙街道南滨路15号。

地理环境：位于云阳县新城对岸的狮子岩下，背靠狮子岩，北临长江，狮子岩上植被茂盛。桓侯庙前有广场，广场中竖有一尊张飞雕像，周围为沿江道路与建筑群。

【保护级别】

2001年，被公布为全国重点文物保护单位。

【现状概述】

张桓侯庙即张飞庙。2002年因三峡工程建设需要，原庙从云阳县老县城对岸飞凤山麓整体迁建于新城对岸的狮子岩下。原址在今址下游约20千米处，因长江水位变化，已被水淹没。该庙正殿中的张飞塑像原为泥胎，后经过多次修造，三峡工程迁建后，原有泥胎造像被替换成铜制造像。

如今迁建后的张桓侯庙，占地面积约3.6万平方米，主体建筑面积约1625平方米。因山势而建，采用并列式布局，结构紧凑，错落有致。空间布局分上、下两层。下层建筑由山门、结义楼、望云轩、杜鹃亭等组成；上层建筑由大殿、偏殿、助风阁、财神殿等组成。

山门为石朝门，坐东南朝西北，门壁镌刻楹联一副："卅里风，舟船助顺，直与造化争权，况淑气东来，定能焕刁斗文章，落花

随水留樯燕；万人敌，召虎侔踪，自是忠忱扶汉，从惠陵西眺，得无念故宫禾黍，望帝有心托杜鹃。"横批为"山水有灵"。对联作者为云阳本地名宦彭聚星，写于光绪年间。

结义楼，三重檐四角攒尖顶，面阔7.56米，进深7.65米，高约12.6米。结义楼的第二层系戏台，戏台顶采用藻井装饰。戏台对面为看台，新塑有"桃园三结义"场景。

杜鹃亭，位于结义楼东侧。重檐盝顶，面阔三间11.7米，进深三间7.45米，高15.2米。为纪念杜甫客居云阳而建，以杜甫诗《杜鹃》为名。原址在云阳老县城内，宋明时期多有文人骚客咏颂。后原亭毁，清光绪元年（1875），县人于张飞庙东重修杜鹃亭，亭内有杜甫塑像。

正殿，硬山顶抬梁式架构，面阔五间17.6米，进深四间11.3米，高约7.8米。脊檩墨书题"大清道光元年……重建"。殿内明间金柱楹联为："遗像拜江干，义气如生，千古云安灵迹著；扁舟经峡路，愚忱默祷，一帆风助远人归。"上方匾额题"力扶汉鼎"。匾额下方神龛内塑张飞青铜坐像，高3.1米，头戴冠，豹头环眼，外罩铠甲，威风凛凛。殿内还新塑有"怒鞭督邮""长坂退敌""义释严颜""阆中遇害"等与张飞生平有关的故事场面。

偏殿，位于正殿东侧，两间。清代时，一间供奉有张飞妻子夏侯氏的塑像；另一间供奉普陀观音塑像。20世纪60年代，两间塑像毁坏。现均供奉观音。

云阳张桓侯庙位置环境鸟瞰

张桓侯庙鸟瞰

张桓侯庙

张桓侯庙山门

张桓侯庙结义楼戏台

助风阁，因"助我清风"匾而得名，重檐六角攒尖顶，位于偏殿东面。传说清康熙年间，名臣张鹏翮回乡省亲，路经张飞庙前，船老板让他下船祭拜张飞。张鹏翮不但不去祭拜，反而言道"自古相不拜将"，结果船在江面上徘徊三日而不能进。于是，张鹏翮赶紧备好祭品进庙拜谒，然后顺利回到家乡。后来张鹏翮专赴张飞庙，并赋诗一首："铜锣古渡蜀江东，多谢先生赐顺风。愧我轻舟无一物，扬帆载石镇崆峒。"[1] 阁内有苏轼《赤壁赋》题刻。

张桓侯庙北壁外墙，有题刻"江上风清"四个大字，出自清末云阳本地名宦彭聚星之手。原题刻后毁，2002年张飞庙搬迁时，重新翻刻。"江上风清"题刻所在之处，原本也有题刻"灵钟千古"，搬迁重修时将"灵钟千古"题刻镶嵌于张桓侯庙西面崖壁之上。

云阳当地认为张飞生日是农历八月二十八日，每年当天举办庙会，祭祀祈福。

【历史渊源】

云阳张桓侯庙，为纪念三国时期蜀汉车骑将军、西乡侯张飞而建。史载，张飞逝于章武元年（221），刘备东征孙吴，召张飞自阆中起兵东下会师江州。张飞起兵前夕，被部将张达、范强谋害，割其首级，投奔孙权。[2] 传说张达、范强谋杀张飞后，刚走到半路，听说蜀、吴双方已经和解，二人便放弃了投奔孙吴的想法，并将张飞首级抛至江中。首级顺长江流至云阳时，被一渔人捞起，遂在江边安葬，并立庙祭祀。明嘉靖《云阳县志》载："其首顺流，土人云：'渔人得之，置而弗去，显于噩梦，遂祠焉。'"明嘉靖《云阳县志》言："张桓侯庙在治南飞凤山隅，汉末建。"[3]

北宋政和二年（1112）十二月，北宋政府加封张飞为武烈公[4]，称张桓侯庙为"武烈祠"。庙内现藏一通宋代碑刻，提到北宋宣和五年（1123）曾对武烈祠进行过维修、翻新，这是能够证明云阳张桓侯庙年代的最早实物。元顺帝时又敕修。明代武烈祠改名为"张桓侯祠"。《蜀中广记》载："张桓侯祠设在此山（飞凤山）之脊，冯当可所称'武烈祠'也"。[5] 明朝建国后对武烈庙进行过重修，嘉靖十八年（1539），知县杨鸾、张一鹏筹资又重修。[6] 清嘉庆年间，知县钱塘人袁祖惠对张桓侯祠进行扩修。清同治九年（1870），张桓侯庙遭水患，庙宇倾圮。同治十年（1871），知县叶庆柈与潘秉坤重修。光绪十一年（1885），因四川盐船获佑，四川总督丁宝桢奏准列入祀典，清廷赐匾额"威佑江程"。

2002年11月14日至2003年4月10日，陕西省考古研究所对张桓侯庙建筑基址进行了

1 中国民间文学集成万县地区卷编辑委员会:《中国民间故事集成·四川省万县地区卷》，1988，第137—139页。

2（晋）陈寿撰，（南朝宋）裴松之注:《三国志》，中华书局，1982，第944页。

3（明）杨鸾纂:《云阳县志》卷下，明嘉靖刻本。

4（清）徐松:《宋会要辑稿》，上海古籍出版社，2014，第1002页。

5（明）曹学佺撰:《蜀中广记》卷二十三《名胜记·下川东道》，请文渊阁四库全书本。

6（明）杨鸾纂:《云阳县志》卷下，明嘉靖刻本。

张桓侯庙结义楼看台

张桓侯庙戏台藻井

考古发掘，发掘面积1285平方米。在张飞庙的中心区域即下台西部F3一带，发现了宋代至明清时期的建筑基址，并发现了一块从别处移来做柱础的唐代墓碑，但未发现相关的汉代遗迹。[1]

《三国志》载："先主伐吴，飞当率兵万人，自阆中会江州。临发，其将张达、范强杀飞，持其首，顺流而奔孙权。"[2]故张飞庙的由来，应是民间据此附会而产生的祭祀行为。《云阳县志》中保留着宋、明、清三代重修碑记，对考证张飞庙沿革具有重要价值，现迻录于下：

张桓侯庙大殿内的张飞塑像

云安桓侯祠碑记[3]

（宋）陈似[4]

　　□松阳陈似□祠飞凤，山巍岗峭，为□梁，前出□北直军垒，瀑布旁注，翠蔓蒙络。巫鼓□胙盉无虚日。宣和四年二月朔，似司刑云安，初□□祠下，道狭嵚峻，遥望巨往，例拜于江北。五年，沙浼□坊，众化披制决疏□石门翼持，起堂宇、靓□观□□华饬，严且丽也。七年春正月，似渡江履登新祠，□□□神官鬼隶飚起雾集，回视郭□，五峰作屏，塘堞□□□，琳宫蓝若，棋布绣错，不出指顾间，而景物如画，□□胸臆胜绝之最，祠无碑刻，将何以稽经始之因？

1 重庆市文物局等：《张飞庙遗址发掘简报》，《文博》2003年第5期。

2 （晋）陈寿撰，（南朝宋）裴松之注：《三国志》，中华书局，1982，第944页。

3 （民国）张朝墉等纂《云阳县志》卷二十二《金石》，《中国地方志集成·四川府县志辑（第53册）》，巴蜀书社，1992，第209页。

4 陈似，字袭卿，处州松阳（今浙江松阳）人，徽宗宣和年间，任职云安军司法参军。

张桓侯庙大殿内的山面空间

大殿内匾额

谨按《蜀志》，公字益德，涿郡人。初，先主困当阳之长坂，闻曹操至，弃妻子走，且使益德将三千骑拒后。益德□□□桥，瞋目横矛，曰："身是张益德，可来共决死！"故□莫敢近者。又尝破张郃于汉中山道，巴土获安。雄壮威□，为国虎臣，功非一端，而史臣独取其义释严颜，有国士风，何也？益德万人敌，岂畏严颜者。颜谓"我州有断头将军，无降将军"，毅然就死，色不变。公壮而释之，引为宾客，然后有以知盛德之不朽，虽千百世之下，为可怀也。似溯沿岷荆，舟楫所樯多武烈祠。喟然而叹，以为先主既定江南，益德溯流而上，分定州县，所至驻节，无非逆旅，而英气言言，使人畏而仰之，于今庙食不泯，与孔明、云长并，非其德可怀，孰臻是耶？因以益德名亭，又摭实为祠记，宣和□□□□日。

重修张桓侯庙记略[1]

（明）嘉靖秦觉[2]

按侯涿郡人，三国时入蜀佐先主定业，谋灭魏、吴，以复炎烬。章武元年移发阆中，军会江州。值张达之变，以其首顺流。土人云：渔人得之，置而弗去，显于噩梦，遂祠焉。吁！亦异矣。考《涪志》感应庙记有歇神滩，亦云"首东流涪，渔人得之后去，止于云阳，今祠焉"，若有符契焉者。某缔思之，狐死正丘首，汉王嫱一女子耳，胡地青冢至今传之。宋文天祥至燕，临刑亦曰："我南人也，愿南向。"侯当三分割据，志于匡汉，常曰："蜀、吴不两立。"已而志蹶身残，英魂烈概，随元首以东，安能以疾贼之愤愤而面目吴间耶！云阳迤东即永安、鱼复，为蜀、吴战场，下流数百里即吴地。是故云"宜为止所也"，理或当然欤！

1（明）杨鸾纂：《云阳县志》卷下，明嘉靖刻本。

2 秦觉，云阳县人，明嘉靖年间乡贡进士。

张桓侯庙助风阁

重修张桓侯庙碑[1]

（清）袁祖惠[2]

汉车骑将军张桓侯，当昭烈入蜀时，分定郡县，其功于蜀最多，故蜀民祀侯尤虔。祖惠尹南江，隶阆州，侯旧治也。雄风伟烈，昭昭然在人耳目者，盖如日星亘天，河岳在地。去年春，粤寇陷楚北，巴东戒严。上官不以祖惠为不才，移篆云安，理边防，钥兵事，兢兢焉，惧无以酬上知，副民望，而四境幸安，百谷以登。窃谓侯之灵，殆阴为国家而默佑我民也。侯有祠在县南，大河前横，崇峰高覆，风云变幻，林木深蔚，旱潦疾疠，民辄祷焉。声灵赫濯，同于阆州，而规模未宏，堂宇谫陋，廊庑无翼，榛莽丛杂，既不足壮瞻视，更无以将诚敬也。祖惠蠲俸倡始，而邦人响应而图之，营度会作，属役赋工，如恐不及。爰扩张正殿，辉以金碧。右有隙地，足称轩楹，依山取势，上下俯仰，层楼杰阁，气象万千。将与八阵永安并有千古。工既半，余以受代将行，不及待其成，惟后之人勿怠以中止，俾亲栋擅桷，缔构坚贞，严严翼翼，壮伟闳耀，不亦休哉！他日□爪重寻，风萍再合，试与邦之人士，岁时腠腊粢盛，告虔饮福。凭河登眺远瞩，夕阳城郭，烟雨帆樯，必当欣然而赋，慨然而兴，则料夫侯之云旗风马，亦必不舍此而之他。故于行也，刻辞于石，而立诸其庑以俟。钦加同知衔，奏署夔州府云阳县事，南江县知县袁祖惠撰并书。

---

1 （民国）张朝墉等纂：《云阳县志》卷二十二《金石》，《中国地方志集成·四川府县志辑（第53册）》，巴蜀书社，1992年，216页。

2 袁祖惠（1810—1874），字少兰，浙江钱塘人，是大诗人袁枚（1716—1797）的孙子，曾任云阳县知县，后军功保升同知、知府，署夔州府知府。

奉节县

奉节县，位于重庆市东北部，地处四川盆地东缘，长江三峡库区腹心，东邻巫山县，西接云阳区，北靠巫溪县，南达湖北省恩施自治州，是重庆市的东大门，自古有"巴蜀之喉吭"之称。截至2022年底，下辖4街道、29乡镇。东汉时属于益州巴东郡鱼复县辖地；蜀汉先主章武二年（222），刘备改鱼复县名为"永安"，依然隶属益州巴东郡，今奉节县大部分为其辖地。

奉节县三国文化遗存点位分布图

1 白帝城
2 白帝庙
3 永安宫大殿
4 水八阵
5 旱八阵
6 汉昭烈甘皇后墓

撰稿：彭　波
摄影：李　耀　尚春杰　苏碧群
绘图：尚春杰

白帝城

【地理位置】

地理坐标：东经 109° 34.5′ 32.9″，北纬 31° 2.4′ 27.1″，海拔 120—495 米。

行政属地：奉节县白帝镇紫阳村。

地理环境：地处长江三峡西端瞿塘峡口北岸，西距奉节县城约 8 千米。东南隔江与赤甲、白盐二山对峙，遗址东、南江河萦绕，隔江与瞿塘峡西口夔门相望，雄踞水陆要津。

【保护级别】

2006 年，被国务院公布为全国重点文物保护单位。

【现状概述】

白帝城分布在今白帝山、鸡公山、马岭一带，主要包含子阳城遗址、下关城遗址、瞿塘关遗址、白帝山遗址以及周边的协防城址、警戒设施。[1]

子阳城位于白帝镇紫阳村二社，为宋代白帝城城内制高点和陆路门户，面积 243045 平方米。遗址包含汉代、南宋、清代三个时期遗存，以南宋城防设施为主，今存石砌城墙 2700 余米，城门 2 座，墩台 3 处。2017 年发掘出土了南宋时期的铁火炮、铁矛、铜弩机等兵器。宋代遗迹之下还发现了汉代筒瓦等遗存。

下关城遗址位于白帝镇白帝村，地处子阳城西南，为明代瞿塘卫治所所在地，分布面积约 99500 平方米。2014—2015 年，考古发掘中确认了南宋城门、城墙、城壕、房址、水沟等遗迹，今存城墙约 412 米，包含南宋时期城墙 364 米，明代城墙 48 米。

瞿塘关遗址位于子阳城以南，分布面积约 169853 平方米。1999 年考古发掘时发现了南宋寺庙和城墙。现存南宋城墙约 268 米。

白帝山遗址位于白帝城风景区内，分布面积约 246000 平方米。经过 2000—2005 年多次考古发掘探明，白帝山遗址有内、外两重城垣。外城垣平面不规整，略呈椭圆形，长约 7 千米，面积约 500 万平方米。发现城门 6 处：东、西、北各辟一门；南边城墙靠近长江，有两个门；另有一个水门。唐代夔州城现仅可见一道 50 余米的墙基，另曾在白帝山顶部发现大片唐代建筑，推测白帝城应属于唐夔州城的一部分。[2]白帝山遗址清理了汉至六朝道路，唐代排水管道，宋代房址、城门、城墙等遗迹。

播鼓台遗址位于下关遗址东北播鼓台山顶，分布面积约 7000 平方米。考古调查表明，遗址地表残存大量汉代绳纹筒瓦，周围有条石垒砌城墙，残存约 280 米。

瞿塘关烽火台遗址位于白帝镇瞿塘村一社，在瞿塘峡口左岸，面积约 136 平方米。原为一处天然凸起的巨石，后在四周用砂石垒砌成圆形。现存底座周长 40 米，高约 5.2 米。

1 根据奉节县文物保护管理中心提供资料。

2 袁东山：《白帝城遗址—瞿塘天险战略要地》，《中国三峡》2010 年第 10 期。

【历史渊源】

白帝城，原为鱼复县的故城，始建年代不详。《水经注》云："江水又东，径鱼复县故城南，故鱼国也。"[1]西汉末年，公孙述据蜀时，更名为白帝城。[2]传说城中有一口井，井中曾有白龙飞升，故名"白龙井"[3]，公孙述以为"白龙献瑞"，于是自称"白帝"，将鱼复城改为白帝城。《元和郡县志》云："白帝山，即州城所据也，与赤岬山接。初，公孙述殿前有井有白龙出，因号白帝城，城周回七里。"[4]《后汉书》亦载："会有龙出其府殿中，夜有光耀，述以为符瑞。"[5]后因公孙述字子阳，故民间又称之为"子阳城"。

东汉献帝兴平二年（195），刘璋置固陵郡[6]，又于建安六年（201）改固陵郡为巴东郡，白帝城所在的鱼复县为该郡治所[7]。《水经注》载，彼时白帝城"周回二百八十步"[8]。章武二年（222），刘备兵败猇亭，"因夜遁，令驿人自担，烧铙铠断后，仅得入白帝城"[9]，遂将鱼

白帝城鸟瞰

白帝城山门

瞿塘峡

1 （北魏）郦道元注，（清）杨守敬疏：《水经注疏》，江苏古籍出版社，1989，第2816页。

2 （晋）常璩著，任乃强校注：《华阳国志校补图注》，上海古籍出版社，1987，第36页。

3 （清）曾秀翘修，（清）杨德坤纂：《奉节县志》卷三十四《古迹》，清光绪十九年刻本。

4 （唐）李吉甫撰：《元和郡县志》，卷二十五《山南道三》，清武英殿聚珍版丛书本。

5 （南北朝）范晔撰：《后汉书》，中华书局，1973，第535页。

6 （晋）常璩著，任乃强校注：《华阳国志校补图注》，上海古籍出版社，1987年，26页。

7 （北魏）郦道元注，（清）杨守敬疏：《水经注疏》，江苏古籍出版社，1989，第2817页。

8 （北魏）郦道元注，（清）杨守敬疏：《水经注疏》，江苏古籍出版社，1989，第2817页。

9 （晋）陈寿撰，（南朝宋）裴松之注：《三国志》，中华书局，1982，第1347页。

复县改名为"永安县"[1]。章武三年（223）夏四月，刘备病笃，召诸葛亮至永安县行宫，托后事于诸葛亮，这就是著名的"永安宫托孤"，又称"白帝城托孤"。刘备遗命尚书令李严为永安都督，在此造设围戍，应对白帝城有所增修。曹魏咸熙元年（264），魏灭蜀之后，吴大将步阐、唐咨围攻永安白帝城，不克退兵。晋武帝太康中，将永安县恢复旧名为鱼复县。[2]

南朝刘宋置三巴校尉，南齐置巴州，南梁置信州，皆以鱼复县白帝城为县治。后周武帝天和元年（566），将巴东郡治自白帝城移往永安宫南，后周宣帝宣政元年（578）还治白帝城。唐初，复置信州，后改夔州，迁治奉节县。约自六朝开始，白帝城从一座城的名称，泛化成了一个地名，又因唐夔州城与白帝城相近，故两者常常相混，故杜甫诗云："白帝夔州各异城，蜀江楚峡混殊名。"宋蒙战争时，白帝城因西扼巴蜀，东控荆楚，南接滇黔，北通秦晋，战略位置十分重要，是西线最后一道屏障，被余玠纳入山城防御体系中，成为抗蒙重镇，被誉为"蜀中八柱"，号称"蔽吴之根本"。明清两代，夔州设立了西南总税关，称为"夔关"。夔关又分上、中、下三关，下关所在地即属白帝城，故当地人也称白帝城为"下关城"。《奉节县志》载："下关城，在奉节县东十里，即白帝城也。"[3]

自20世纪70年代开始，对白帝城的考古发掘工作逐步展开，基本探明了汉代至清代白帝城遗址的分布范围及性质。2000年的发掘工作中，发掘到一道宽约6米、残高4米的南宋城墙，并发现南宋城墙与汉子阳城（白帝城）相连，表明汉代白帝城在宋代仍沿用。

1（晋）常璩著，任乃强校注：《华阳国志校补图注》，上海古籍出版社，1987，第36页。

2（晋）常璩著，任乃强校注：《华阳国志校补图注》，上海古籍出版社，1987，第34页。

3（清）曾秀翘修，（清）杨德坤纂：《奉节县志》卷二《沿革》，清光绪十九年刻本。

白帝庙

地理坐标：东经109°34′13.7″，北纬31°02′35.3″，海拔247米。

行政属地：奉节县白帝镇白帝村。

地理环境：地处瞿塘峡西口，白帝山之上，北连高山，南瞰长江，山上植被茂盛。

【保护级别】

2006年，作为白帝城遗址的一部分，被公布为全国重点文物保护单位。

【现状概述】

白帝庙坐北向南，占地面积约2600平方米，主体建筑由山门、前院、中院、东院（东碑林）、西院（西碑林）组成。

牌楼式山门建于清代，在白帝庙南北中轴线略偏东的位置。建在高约1.65米的台基上，中有台阶与门洞相连。大门正上方有一五龙环绕匾额，镌刻"白帝庙"三个大字，乃当代著名书法家刘孟伉1957年所书。匾额下方门壁楹联为："万国衣冠拜冕旒，僭号尊称，岂容公孙跃马；三分割据纡筹策，托孤寄命，赖

白帝庙鸟瞰

有诸葛卧龙。"大门左右外墙装饰牡丹、菊花，象征着富贵和吉祥。

前院左右两侧有白鹤、白龙雕像，象征公孙述据蜀时所见之祥瑞。

中院由前殿、后殿、东、西厢房构成。前殿现为托孤堂，悬山顶，面阔五间19.9米，进深两间6.2米，前廊进深1.5米。托孤堂内有"刘备托孤"彩塑群像，由著名雕塑家赵树同先生创作。后殿为明良殿，建在一座高0.65米的台基上，硬山顶，面阔五间长13米，进深三间宽11.3米，脊高8米，穿斗与抬梁式混合式架构。殿内正后方梁上高悬匾额书"汉代明良"四个大字。下方神龛内塑刘备坐像，高2.8米，头戴冕旒冠，身穿黄色龙袍，双手持笏，拢袖拱于胸前，神龛门额上匾额书"羽葆神风"，右题"咸丰壬子谷旦"，落款"知夔州府事恩成敬立"。刘备像左右站立侍者。东侧神龛内塑诸葛亮坐像，高2.2米，头戴皮弁冠，身着圆领长袍，双手持笏，拢袖拱于胸前；西侧神龛内塑关羽、张飞坐像。明良殿左、右稍间自成空间，东稍间另设昭烈祠，展示了刘备生平；西稍间设后主祠，展示了刘禅生平。稍间均辟有角门与明间相通。东、西厢房现分别为文臣厅、武将厅，二者建筑形制一致，面阔三间10.6米，进深二间4.7米，前廊进深1.8米，高约6.7米。

东院（东碑林）由前殿（蜀汉堂）、后殿（八阵厅）、东厢房（伐吴堂）构成。前殿现名"蜀汉堂"，面阔三间14.2米，进深两间6.1米，高5.6米，展示了蜀汉时期政治、经济、文化方面的内容；后殿现名"八阵厅"，面阔三间9.2米，进深两间8米，高6.4米；东厢房现名"伐吴堂"，面阔五间17.2米，进深两间5.4米，高6米。现均为展厅。

西院（西碑林）由忠武堂、后殿、武侯祠、观星亭、白楼等建筑构成。后殿三间11.8米，进深三间7.4米，高6.5米，内部展出碑刻。武侯祠位于后殿东侧，硬山顶，面阔三间9.4米，进深三间7.5米，高6米，正中神龛内塑诸葛亮坐像，高1.8米，头戴皮弁冠，身着对襟长袍，右手持羽扇，左手放于左膝。神龛外有楹联一副，出自杜甫诗《咏怀古迹（五首）》："诸葛大名垂宇宙，宗臣遗貌肃清高。"横批"伯仲伊吕"。左、右还塑有诸葛亮之子诸葛瞻、孙诸葛尚像。观星亭位于忠武堂西侧，重檐六角攒尖顶，传说诸葛亮在此观天象而得名。白楼位于后殿西侧，为西式建筑，始建于民国二年（1913），民国七年（1918）完工。1926年，吴佩孚战败投奔四川军阀杨森后，即居住于此。

明良殿内有一通碑刻，为清康熙十一年（1672）川湖总督蔡毓荣所立，结合《奉节县志》，现迻逯于下：

重修昭烈殿记[1]

（清）川湖总督蔡毓荣

巴蜀之险夔为首。夔故治白帝，蜀汉改永安，先主伐吴还跸、托孤武侯之地也。考旧志，白帝城，昭烈帝、武侯、关、张皆各有庙，隋唐无碑碣可稽。在宋，张震、王十朋已谓武侯庙在西郊，杜陵诗所谓"卧龙无首对江濆"者，不知何时为寺，故有凄然香火依僧之感。后又移武侯祠置他所，以关、张翼其侧。今又不知何时与昭烈庙复合为一。兵燹以来，殿宇颓圮，像设仅存，风雨摧剥。余持节入川，经过其地，瞻拜歔欷！捐

1（清）曾秀翘修，（清）杨德坤纂：《奉节县志》卷三十六《艺文》，清光绪十九年刻本。

白帝庙山门

白帝庙托孤堂

资首倡，藩臬郡县各劝助，鸠工庀材葺而新之。中构大殿，上祀昭烈，南面弁冕，东列诸葛武侯，西列关壮缪、张桓侯相左右焉；前构拜殿，旁置两庑。肇工于三月之吉，落成于九月中。事竣，有司请余颜额弁勒其俪牲之石。余讯旧额，绀楔曰"汉代明良"，遂不复易，因泚笔以纪岁月。悉记同事姓名如左，而不能不致慨于昭烈君臣之际也。当三国鼎峙，阿瞒虎踞中原，仲谋鹰扬江左，谋臣谋士如云如雨。昭烈百战之余，屡遭踬蹶。翱翔翻飞，卒成帝业者，独恃一龙二虎为之羽翼耳！诸葛明于治国而为相，关张勇冠三军而为将。当时止称将相材，而余谓昭烈君臣，微独岸视三国，要非三代以下所能并驾比肩者也。武侯气象规模伯仲伊吕，出师二表仿佛伊训说命。陈寿不公之论，崔浩责备之词，乌足窥其涯际；壮缪义炳春秋、光争日月，桓侯以死拒敌，皆王臣，謇謇不有其躬。而昭烈于关、张，义则君臣，恩同生死。隆中三顾与莘野之聘、后车之载，先后一辙。弥留数语，顾命元臣，心神不二，先儒以为君臣之极致、古今之盛轨。表曰"元良"，亶其然哉！余独惜昭烈以雄才屈于天命，使王业偏安，不得与高、光诸帝共列三十六陵之内并载祀典，诚千古一大憾事！然而，君臣祭祀、岁时伏腊走村翁者，千百年如一日也，非聪明睿智神武不杀者，其孰能当之？若关武安王久锡帝号，威震六合，张桓侯亦封忠显王，而今仍旧号者，君前臣名义统于尊也。

【历史渊源】

白帝庙，始建年代不详，传说为祭祀公孙述而建。唐代李贻孙在《夔州都督府记》中说："白帝，公孙述自名也，后人因其庙时享焉。"并记载了当时白帝庙的一些情况："腾宇饰偶，焕如神功。怪树峰笋，疎罗后前。罅山险涛，望者惊眙。又有越公堂，在庙南而少西，隋越公素所为也。奇构隆敞，内无樘柱，复视中脊，邈不可度。五逾甲子，无土木之隙。静而思之，以见其人之环杰也。"[1]

唐代诗人杜甫曾几度登临拜谒，留下了"白帝空祠庙，孤云自往来"等千古名篇。北宋时，白帝庙仍祀公孙述。文学家张俞在《谒白帝庙》中云："孤山扦江口，上有白帝祠……公孙奋神剑，定蜀图安危。"[2]陆游诗《白帝庙》道："参差层颠屋，邦人祀公孙。力战死社稷，宜享庙貌尊。"并在《入蜀记》中记述了当时白帝庙中的情形："谒白帝庙，气象甚古，松柏节数百

1（明）刘大谟等修，杨慎等纂：《四川总志》卷三十四《全蜀秋文志》，明嘉靖刻本。

2（明）刘大谟等修，杨慎等纂：《四川总志》卷十一《全蜀艺文志》，明嘉靖刻本。

明良殿

明良殿内刘备塑像

明良殿内诸葛亮塑像

明良殿内关羽、张飞塑像

托孤堂内塑像

年物，有数碑皆孟蜀时所立，庭中石笋有黄鲁直建中靖国元年题字，又有越公堂，隋杨素所创。"[1] 明正德五年（1510），巡抚林俊认为，"公孙述乃汉贼，不当祀"，于是毁公孙述塑像，而祭祀东汉马援、江神、土神，并改名为"三功祠"。正德十一年（1516），郡守吴潜重修。明嘉靖十一年（1532），巡抚朱廷立、按察司副使张俭，又改三功祠为"义正祠"，并改祀汉昭烈帝刘备，陪祀以孔明。嘉靖三十六年（1557），巡抚段锦又增关羽、张飞配享，改名曰明良殿。[2] 至此，白帝庙便形成了白帝庙内无白帝，而长祀蜀汉君臣的格局。清代康熙十年（1671），川湖总督蔡毓荣见"庙宇颓圮，象设仅存，风雨催剥"，对明良殿进行修缮，并匾书"汉代明良"，至今犹存。道光二十五年（1845），因庙宇久未修理，和尚三悦向乡绅化缘维修。咸丰二年（1852），夔州知府恩成又修缮。同治十一年（1872），夔州知府鲍康、奉节知县吕辉有进行了维修，并增修前殿、厢房、观星亭等建筑。民国三年（1914），辛亥革命元老张钫屯兵夔州，在庙内西侧修建白楼一座，奠定了今天白帝庙的格局。

伐吴堂内展出碑刻

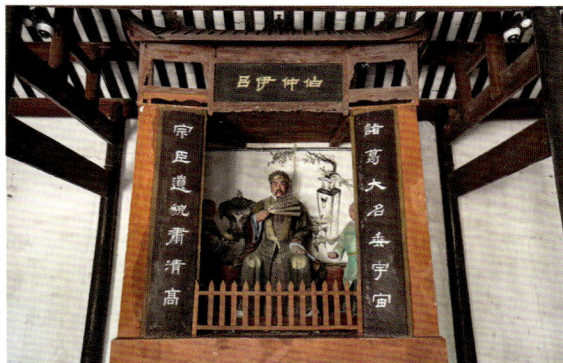

白帝庙武侯祠内的诸葛亮塑像

清康熙十一年《重修昭烈殿记碑》

1 （宋）陆游：《入蜀记》卷六，景钞宋本。

2 （清）恩成修，（清）刘德铨纂：《夔州府志》，《夔州府志目录》，清光绪十七年刻本。

1033

白帝庙文臣厅

白帝庙武将厅

白帝庙武侯祠

永安宫大殿

【地理位置】

地理坐标：东经109°32′38.1″，北纬31°02′39.8″，海拔223米。

行政属地：奉节县永安街道窑湾村夔州古城文物复建区内。

地理环境：坐落于一处临江的阶地之上，三面环江，江北岸为七月山，江南岸为莲花山。西北侧为夔州博物馆，东北侧有古民居院落及耀奎塔。

【保护级别】

2019年，夔州古建筑群被公布为重庆市文物保护单位。

【现状概述】

永安宫原址位于奉节老县城内。因三峡工程建设。2002年将永安宫大殿整体搬迁至夔州古建筑群内。2019年，夔州古建筑群被公布为重庆市文物保护单位。迁建后的永安宫大殿坐南朝北，硬山顶，左右风火墙，抬梁式梁架，面阔五间23.65米，进深四间12.92米，高9.3米，建筑面积305平方米。前有廊，廊两端各辟角门，正中廊柱两侧悬楹联一副："潮水入夔门，有千层浪，过繁星闪烁萧森地；乘霞辞白帝，欣万壑风，随海日流辉壮阔天。"2017年在殿内彩塑有"刘备托孤"塑像，现闲置。

在今永安宫大殿前陈列着三块石碑，是在原永安宫遗址大成殿附近发现的[1]。其中一块

石碑为清碑已残，残高1.25米，宽0.8米，厚0.33米，碑文正中镌刻大字"□□宫故址"，左侧有小字"在今府儒学署。昔有碣，佚去久矣……人李绪安孝廉，属补书之，刊诸石，仍……者之一助云尔"，下方落款"知夔州府事长白成昌并识"。成昌为清光绪年间夔州知府，此碑应立于光绪年间。另外两通碑为民国所立。一碑已残，正中镌刻"□安宫故址"，落款"奉节县县长杨乃斌重刊"，大约立于民国二十二年至民国二十三年间（1933—1934）；另一通碑保存较好，镌刻"文武官员军民人等至此下马"，所立时间不详。

【历史渊源】

永安宫，传为刘备在永安托孤的行宫，始建年代不详。《太平寰宇记》载永安宫为"汉末公孙述所筑"[2]，未审其真伪。章武二年（222），刘备兵败猇亭，退守白帝城，忧愤成疾。章武三年（223），刘备病重，诏诸葛亮于永安宫托付后事，并于夏四月殂于永安宫。[3]

魏晋南北朝时，永安宫"颓墉四毁，荆棘成林，左右居民多垦其中"[4]。《水经注》记载了永安宫的大致面积："其闲平地可二十许里，江山回阔……城周十余里，背山面江。"唐大历元年（766），诗人杜甫过夔州写下《咏怀古

---

1 据夔州博物馆黄辉副馆长口述资料整理。

2 （宋）乐史撰：《太平寰宇记》卷一百四十八《山南东道七》，清文渊阁四库全书补配古逸丛书景宋本。

3 （晋）陈寿撰，（南朝宋）裴松之注：《三国志》，中华书局，1982，第891页。

4 （北魏）郦道元注，（清）杨守敬疏：《水经注疏》，江苏古籍出版社，1989，第2814页。

永安宫大殿新址周围环境

搬迁至新址的永安宫大殿

迹（五首）》，其中一首便提到了当时的永安宫："蜀主窥吴幸三峡，崩年亦在永安宫。翠华想像空山里，玉殿虚无野寺中。"[1] 北宋苏轼也曾诗云："千古陵谷变，故宫安得存。徘徊问耆老，惟有永安门。"[2] 可见唐至北宋，永安宫一带依旧荒凉。北宋景德年间，转运使丁渭、薛颜，将州仓从白帝城迁至永安宫一带。南宋孝宗乾道五年（1170），陆游从山阴（今浙江绍兴）赴任夔州通判，于十月二十七日至夔州，有记云："（永安宫）今为州仓。"[3] 明代，永安宫成了夔州府学宫所在处。[4] 清康熙时为夔州县文庙，知府许嗣印在《重修夔州府学记》中云："按府学之址，蜀汉永安宫也，是昭烈托孤之处，犹有残碑可证其基，虽改文庙而古哲之遗迹有不可泯。"[5] 嘉庆十七年（1812），县令蔡星组织修缮；咸丰十年（1860），邑绅邓秉元又捐资维修；光绪年间，永安宫为文庙明伦堂。[6] 民国时，废除儒学，永安宫荒废。抗日战争时期，永安宫大部分毁于战火，仅存大成殿。中华人民共和国成立后，于1952年在此创办奉节师范学校，并于1992年集资修葺了永安宫故址。2002年，因三峡工程，整体迁建于夔州古建筑群内。

《文武官员军民人等至此下马碑》

清代《永安宫故址碑》

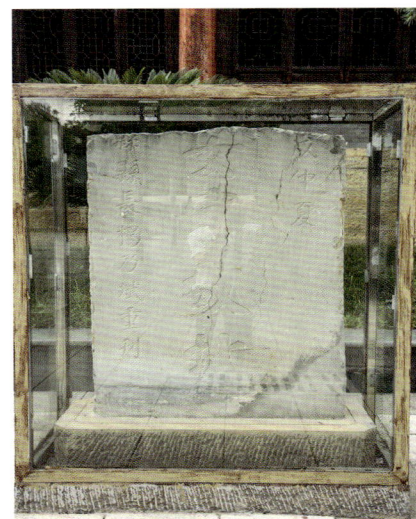
民国《永安宫故址碑》

1 （唐）杜甫撰，（清）仇兆鳌注：《杜诗详注》卷十七，清文渊阁四库全书本。

2 （宋）苏轼撰，（宋）施元之注：《施注苏诗》，清文渊阁四库全书本。

3 （宋）陆游：《入蜀记》卷六，景钞宋本。

4 （明）虞怀忠修，郭棐纂：《四川总志》卷十四《郡县志》，明万历刻本。

5 （清）崔邑俊修，（清）杨崇纂：《夔州县志》卷九，清乾隆十一年刻本。

6 （清）曾秀翘修，（清）杨德坤纂：《奉节县志》卷十九《坛庙》，清光绪十九年刻本。

水八阵

【地理位置】

地理坐标：东经109.27′52.01″，北纬31°0′58.08″。

行政属地：奉节县永安街道。

地理环境：原位于奉节老县城城东鱼腹浦，距梅溪河与长江交汇处不远。

【现状概述】

因三峡工程蓄水，遗址已淹没。

【历史渊源】

水八阵，又名"鱼腹八阵"，传为诸葛亮所布。《三国志》载："亮性长与巧思，损益连弩，木牛流马，皆出其意；推言兵法，做八阵图，咸得其要云。"[1]

东晋永和年间，桓温率军西征伐蜀，进至巴东鱼复（今奉节县）时，以为此地有如常山蛇势，写下《八阵图》一诗："望古识其真，寻源爱往迹。恐君遗事节，聊下南山石。"[2]《水经注》载："江水又东迳诸葛亮图垒南，石碛平旷，望兼川陆，有亮所造八阵图，东跨故垒，皆累细石为之。自垒西去，聚石八行，行间相去二丈，因曰：八阵既成，自今行师庶不覆败。皆图兵势行藏之权，自后深识者所不能了。"[3]按《荆州图记》所述，八阵图是聚细石为之，"高五尺，广十围，历然棋布纵横"，

中间"相去九尺，正中开南北巷，广悉五尺，凡六十四聚。"[4]

北魏时此处八阵因岁月消耗，最高处二三尺，下处磨灭殆尽。[5]唐大历元年（766），杜甫至夔州经此八阵图，写下"功盖三分国，名成八阵图。江流石不转，遗恨失吞吴"[6]的千古名篇。唐代会昌五年（854），夔州刺史李贻孙在《夔州都督府记》中也提到了此八阵图在瞿塘之西而稍南三四里处："在沙洲之壖。此诸葛所以示人于行兵者也。分其列阵，隐在石磊，春而潦大则没，秋而波减则露，造化之力，不能推移，所以见作者之能。"[7]唐代水八阵图遗迹犹存。

八阵图宋代又名"八阵碛"。苏轼有诗《八阵碛》云："惟余八阵图，千古壮夔峡。"苏辙亦有诗《八阵碛》云："乘高望遗迹，磊磊六十四。"北宋时八阵图还依稀可识。南宋绍兴戊辰年（1148），刘昉任夔州知州时见八阵石"顾将淹没"，于是"亟命军士衷石增累，复还其旧，方圆曲直、纵横广狭，不敢稍加损焉"。为保证八阵图可传后世，刘昉"刊图于石，以示后人"，并在其上修建武侯祠。可惜其所刊之图也已淹没在历史的尘埃之中，但

1（晋）陈寿撰：《三国志》，中华书局，1982，第927页。

2（明）刘大谟等修，杨慎等纂：《四川总志》卷十五《全书秋文志》，明嘉靖刻本。

3（北魏）郦道元注，（清）杨守敬疏：《水经注疏》，江苏古籍出版社，1989，第2814页。

4（宋）乐史撰：《太平寰宇记》卷一百四十八引《荆州图记》，清文渊阁四库全书补配古逸丛书景宋本。

5（北魏）郦道元注，（清）杨守敬疏：《水经注疏》，江苏古籍出版社，1989，第2814页。

6（唐）杜甫撰，（清）仇兆鳌注：《杜诗详注》卷十五，清文渊阁四库全书本。

7（明）刘大谟等修，杨慎等纂：《四川总志》卷十五《全蜀秋文志》，明嘉靖刻本。

水八阵现状鸟瞰

水八阵遗址现状

其《八阵图记》却流传了下来，这是对八阵图进行修缮的罕有记载。在文中，刘昉记载了当时夔人游览八阵图的盛况。明代曾在八阵图旁边修建了一座八阵庙，杨慎为之作《八阵庙记》，云："诸葛亮武侯八阵图在蜀者有二：一在夔之永安宫，一在新都之弥牟镇。"[1] 明代时，当地"踏碛"的民俗仍然盛行，"妇人拾小石之可穿者，以丝缕系于钗上，以为一岁之祥"。约在清代，人们又在八阵图之上修建了八阵台，以供人们俯瞰八阵，其乐融融。

三峡工程蓄水前，水八阵已经漫漶不可识了，只剩一片偌大的沙滩，偶见凸起一个个小石包，早已不见当年八阵图身影。三峡工程蓄水后，八阵图淹没在60米深的水下，彻底消失。

清代《奉节县志》中保存有宋代刘昉增累八阵图的碑记，具有较高参考价值，现迻录于下：

<h2 style="text-align:center">八阵图记[2]</h2>
（宋）刘昉

鱼复阵碛创自武侯，江流莫移，若有神护。虽经毁改，几失其真，稽之图经，访诸故老，而遗迹尚隐然可见也。顾将湮没，余心是悼。亟令军士衷石增累，复还其旧。方圆曲直、纵横广狭，不敢稍加损焉。尚虑他时复罹前厄，刊图于石，用示后人。界垣之内缩而计之，以丈为分，其外圆山川城郭之势，而不

计以度。且命作武侯祠于城上，以俯临之。夔人岁以人日倾城徙市，纵游八阵之间，谓之"踏碛"。是役告成，适当是日，宾僚咸集，酾酒陈诗，以落成之。昔侯尝擒孟获，获观营阵心不服曰："若只如是，固易胜耳！"迨至七擒七纵，然后以为天威；及司马仲达观其军垒，则叹服曰"天下奇才也"；桓温过此，虽能知其为常山之蛇势，盖未究其妙。然能知与否，在孔明初何损益。余非能知之者，姑修故垒以俟来哲云。绍兴戊辰正月丙寅潮阳刘昉书。

1（明）杨慎：《八阵庙记》，见（明）虞怀忠修，（明）郭棐纂：《四川总志》卷二十七《全蜀艺文志》，明万历刻本。

2（宋）刘昉：《八阵图记》，参见（清）曾秀翘修，（清）杨德坤纂：《奉节县志》卷三十六《艺文》，清光绪十九年刻本。

旱八阵

【地理位置】

地理坐标：东经109°36′24.49″，北纬31°4′37.28″，海拔162米。

行政属地：奉节县白帝镇坪山村。

地理环境：地处石马河东岸河床，西与八阵村隔河相望，周围为农田、道路及民居。

【现状概述】

20世纪50年代，还可见几堆石头。"农业学大寨"时期，平整土地开荒种地，遗址受到影响。石马河河道拓宽后，旱八阵在石马河河床，汛期还会被水淹没。旱八阵西北有一座小山丘，山上原建有观星亭，传说是诸葛亮岳父黄氏道人（黄承彦）住所[1]，现已不存。

【历史沿革】

旱八阵传为诸葛亮布阵之处，文献无载。旱八阵地理位置特殊，是陆路由鄂入川的必经之地。至20世纪80年代之前，从奉节到巫山县的老路仍要经石马河过旱八阵。

旱八阵

---

1 据白帝镇八阵村村民丁长青口述资料整理。

旱八阵鸟瞰

　　当地传说，刘备兵败猇亭后退守白帝城。东吴大军水陆并进追击蜀兵，进驻在奉节、巫山交界处的白腊坪。诸葛亮料到东吴大军必定要经过此地，于是布下旱八阵，并叮嘱其岳父黄承彦："某年月日，东吴大将某某会被困于旱八阵，到时你将他引出。"不久，东吴先锋大军到此，果然被围困在旱八阵内。在黄承彦帮助下才得以脱困。[1]这一传说，来源于《三国演义》第八十四回"陆逊营烧七百里，孔明巧布八阵图"故事。

---

1 据白帝镇八阵村村民丁长青口述资料整理。

汉昭烈甘皇后墓

【地理位置】

地理坐标：东经：109° 31′ 22.4″，北纬：31° 2′ 54.6″，海拔185米。

行政属地：奉节县鱼复街道茶店社区。

地理环境：地处长江北岸坡地上，东临草堂河，西邻白马，北邻茶店子。

【保护级别】

1983年，被公布为奉节县文物保护单位。

【现状概述】

2003年，因三峡库区蓄水，汉昭烈甘皇后墓被淹没，现为奉节水下文物点。奉节县夔州博物馆展厅内有甘皇后墓老照片。墓平面呈圆形，墓上封土以砖石砌筑，墓前有碑一通，隶书"汉昭烈甘皇后□□"，墓后侧亦有碑一通，书"汉甘皇后陵"。

【历史渊源】

据陈寿《三国志·二主妃子传》记载，甘皇后，沛郡人氏，刘备住小沛（小沛是沛郡下

汉昭烈甘皇后墓

属沛县的习称）时纳以为妾，后主刘禅生母，具体生卒年月不详。推测在建安十三年（208）刘备据有荆州后不久，甘氏卒，葬于荆州南郡。章武二年（222），被追谥为"皇思夫人"，迁葬于蜀，其灵柩还未到达，刘备就在永安行宫病逝，诸葛亮护送灵柩回成都后，上书后主刘禅，请求追尊甘夫人谥号为"昭烈皇后"，并将其与刘备合葬。[1]当年秋八月，刘备被安葬在成都南郊的惠陵，甘皇后应当在同时与刘备合葬于此。

奉节有甘皇后墓的传说，最迟南宋已有之。南宋孝宗乾道五年（1170），陆游从山阴（今浙江省绍兴市）赴任夔州通判，于十月二十七日至夔州，其《入蜀记》即提及到甘皇后墓："夔州，州在山麓沙上，所谓鱼复永安宫也。宫今为州仓，而州治在宫西北，甘夫人墓西南。"[2]元至正十一年（1351），教授陈嗣源撰有碑文。明成化年间，郡守吴晟为甘皇后墓筑土为台。[3]清康熙年间，夔州知府吴美秀作《甘夫人墓》一诗，留下"我来题片石，不敢吊贞魂"[4]的诗句。

1（晋）陈寿撰，（南朝宋）裴松之注：《三国志》，中华书局，1982，第905页。

2（南宋）陆游：《入蜀记》卷六，景钞宋本。

3（清）李元撰：《蜀水经》卷六《江水》，清嘉庆传经堂刻本。

4（清）曾秀翘修，（清）杨德坤等纂：《奉节县志》卷三十六《艺文》，清光绪十九年刻本。

巫山县

巫山县，位于重庆市东北部，地处长江三峡腹心地带。西连奉节县，北通巫溪县，东面和南面邻接湖北省神农架林区和恩施土家族苗族自治州。截至2022年底，巫山县下辖2街道、24乡镇。三国蜀汉时期，巫山县主要属于益州巴东郡巫县辖地，并直接与孙吴建平郡交界。

巫山县三国文化遗存点位分布图

1 大昌镇关帝庙

撰稿：谢　乾
摄影：李　耀　尚春杰
绘图：尚春杰

大昌镇关帝庙

【地理位置】

地理坐标：东经109° 49′ 18.15″，北纬31° 15′ 29.22″，海拔152米。

行政属地：巫山县大昌镇西包岭社区解放街。

地理环境：大昌古城地处长江支流大宁河畔，距巫山城区车程约60千米。关帝庙紧邻古城西门，后面临无名小河。

【保护级别】

2000年，被公布为重庆市文物保护单位。

【现状概述】

大昌镇关帝庙位于古城西门内东西街上，整体建筑坐西北向东南，分西、中、东三路，由前殿、正殿及院落组成，建筑面积约2000平方米。中路前殿面阔三间13.8米，进深6.5米，脊高6.4米，明间阔5.32米，经长6.2米、宽2.2米天井至正殿，天井两侧有二层钟鼓楼，面阔一间2.5米，进深3米，下层高2.5米，木阶梯被拆除不得入。正殿面阔与前殿相同，进深8米，脊高7.2米。正殿主祀关羽，周仓、关平胁侍左右，均为铜铸塑像，关羽为读《春秋》坐像。次间又有财神塑像。

大昌镇关帝庙俯视

大昌镇关帝庙外景

大昌镇关帝庙东路天井
看中、西路视角

大昌镇关帝庙西路正殿后
的三眼天井

大昌镇关帝庙正殿

东路布局与中路前殿、正殿布局较为一致，东路前殿面阔三间14米，进深6.5米，明间阔5.2米，同样经天井、两侧钟鼓楼后为正殿，殿内祀有释迦牟尼、观音等塑像。西路为三进院落，前殿面阔三间13米，进深7.7米，明间阔4.9米，脊檩有"大清同治八年岁次乙巳仲春良旦重建"题记，分上下两层，下层高3米，内有"桃园结义""刮骨疗伤"塑像，经长13米、宽6.4米院落可至正殿。正殿面阔同前殿，进深3.1米，明间略窄，为4.6米，两侧次间被木板隔离为独立房间。其后为二重院落，有一大二小三天井，中间天井长2.6米、宽1.3米，东西两侧天井分别长1.6米、1.8米，宽均为1.3米。最后为后殿，面阔同前殿，进深5.2米，两侧次间同样被隔离为独立房间。

大昌镇关帝庙关羽塑像

1048

大昌镇关帝庙所处大昌古城南门外景

【历史渊源】

大昌古城，又名"泰昌古镇"。西晋太康元年（280）始置泰昌县，属建平郡，至北周文帝改泰昌为"大昌"，故有此二名。清康熙九年（1670）废大昌，并入巫山县，结束了一千余年作为县治的历史。大昌城始修于明成化年间，此后历经多次增修，至正德二年（1507），城门有三：朝阳、永丰、通济。这种三城门的格局或与其东、西、南三面环水有关，北向白云山，为天然壁障；另有一说认为，三城门格局与阙北门以示尊崇皇权有关。清为李自成余部袁宗第占据，后废弃。清代为抗击白莲教，曾再筑土城，至道光年间重修三门：东曰紫气、西曰通远、南曰临济，后

因多次遭水患而倾圮过半。[1] 当时的大昌古城，东西街道北侧密集分布有南华宫、城隍庙、天上宫、关帝庙等"九宫八庙"，与明清湖广大量移民进入四川密切相关，大昌关帝庙的修建也可能源于移民文化。

中华人民共和国成立后，关帝庙一直为大昌地方政府使用，故内部多加隔断为独立空间。因三峡库区水位上涨，大昌古城于2001年整体搬迁至现址，整体开发为景区，现存南北、东西街，东、西、南三座城门基本完整，古建筑群包括温家大院、关帝庙等原样复建，免费对外开放。

---

1 （清）连山等修，李友梁等纂：光绪《巫山县志》，《中国地方志集成·四川府县志辑⑤②》，巴蜀书社，1992，第301、302页。

1049

石柱土家族自治县

　　石柱土家族自治县，位于重庆市中部的东面，地处长江东岸。南邻彭水县，西通丰都县和忠县，北连万州区，东面邻接湖北省恩施土家族苗族自治州。截至2022年底，石柱县下辖3街道、30乡镇。三国蜀汉时期，石柱县主要属于益州涪陵郡管辖。

石柱土家族自治县三国文化遗存点位分布图

1　西沱桓侯宫
2　西沱关庙
3　西沱二圣宫

撰稿：谢　乾
摄影：李　耀　尚春杰
绘图：尚春杰

西沱桓侯宫

【地理位置】

地理坐标：东经108°13′0.57″，北纬30°24′34.85″，海拔175米。

行政属地：石柱土家族自治县西沱镇沿江社区老云梯街144号。

地理环境：西沱古镇南临长江，桓侯宫位于老云梯街，距长江较近，南侧多吊脚楼民居古建筑。

【保护级别】

2009年，西沱云梯街民居建筑群被公布为重庆市文物保护单位。

【现状概述】

西沱桓侯宫，当地称"张爷庙""四川会馆"，坐东向西，依地势而建，天井四合院式建筑，由门楼、前殿、前后两厢及后殿组成。门楼正面贴有仿木结构三门三楼牌坊，入门后登12阶梯有左右二层厢房，南侧厢房为商店。门楼后为戏台，门洞并未正对前殿，即"忠义殿"，需右行数步，攀2级阶梯才能入前殿。前殿为砖木混合结构建筑，面阔三间14.8米，进深5.7米，脊高6.2米，脊檩有题记"大运丁卯年季春月十九日吉立，西界沱同善事××后学捐资重建"，明间阔5.2米。居中主祀关羽，铜制坐像，左手指向前方，右手抚

西沱桓侯宫鸟瞰

西沱桓侯宫山面鸟瞰

西沱桓侯宫外景

西沱桓侯宫前殿张飞塑像

西沱桓侯宫后殿空间

腰带，着甲袍，像高3.5米，宽2米，神台长2.5米，高1.2米。两侧次间均开后门，进入天井，由条石铺成，长5.2米，宽3.9米，两侧为二层厢房，进深3.2米。天井两侧4阶梯步至后殿，台基高1.3米。后殿开放式无门窗，面阔同前殿，进深6.2米，脊高6.3米，檩有"民国三年"款题记，中间塑有刘关张桃园结义场景。后殿明间柱有联为："威漫云阳，义在西沱，碧血昭天地；勇留阆苑，仁存石柱，丹心映九州。"两侧次间设二层阁楼，下层高2.9米，两侧均有木梯可入，并联通两厢。前殿与后殿围合的院落为原张爷庙，即四川会馆的主体遗存空间。

【历史渊源】

西沱镇，旧称"西界沱"，以所谓"巴州之西界"，地处长江南岸回水沱而得名。今为石柱、忠县、万州区交界地，西沱因盐运而兴，唐宋以来水陆贸易繁盛，"俨然一都邑也"[1]，为川东、鄂西边境物资集散地之一。明清时期，川盐经西沱镇销往湖北利川、恩施一带，形成了所谓的"巴盐古道"。后来随着现代运输业的发展和渝东盐业的衰落，西沱镇失去了往昔繁华。作为三峡库区繁华一时的古场镇，西沱以明清及部分民国时期的民居建筑群为主体，古街道从长江边沿山坡直上而建，宛若云梯，号称"万里长江第一街"。1986年石柱县人民政府公布云梯街为县级文物保护单位，1992年西沱古镇被四川省人民政府公布为省级历史文化名镇，2003年获批中国历史文化名镇，2009年西沱云梯街民居建筑群被公布为重庆市文物保护单位。

西沱桓侯宫前殿石朝门

西沱桓侯宫是随水运贸易而兴建的会馆建筑，始建于清代，不晚于道光二十二年（1842）。[2]民国三年（1914）重修后殿，长期作为保安队居住场所。中华人民共和国成立后先后设邮电局、照相馆于此，20世纪60年代门楼拆毁，建农业银行。20世纪80年代产权出售，房主开设舞厅，并对正殿进行改建。2017年，重庆西界沱古镇文化旅游开发有限公司购回产权，予以维修，修建门楼并于2021年重新对外开放，门票费10元/人。同时，西沱桓侯宫作为拓片展等文化展览场所使用。

1 石柱地方志办公室、长江师范学院乌江流域社会经济文化研究中心"石柱古代地方文献整理"课题组：《补辑石柱厅新志》，2009，第117页。

2 石柱土家族自治县第三次全国文物普查领导小组，石柱土家族自治县人民政府：《石柱文物图志》，重庆大学出版社，2012，第23页。

西沱关庙

【地理位置】

地理坐标：东经103° 13′ 9.81″，北纬30° 24′ 28.36″，海拔239米。

行政属地：石柱土家族自治县西沱镇月台社区老云梯街。

地理环境：关庙位于西沱古镇云梯街中段，四周为民居，临近千脚泉。

【保护级别】

2009年，作为西沱云梯街民居建筑群的组成部分，被公布为重庆市文物保护单位。

【现状概述】

西沱关庙目前仅存一殿，坐东向西，大门为后建，正对云梯街。殿为砖木结构，硬山顶，风火墙，面阔三间12.7米，进深9.5米，脊高5.7米，建筑台基高1.4米，建筑面积125平方米。拾6阶梯步入殿，中开石朝门，门高2.9米，宽1.7米，两侧有窗。殿明间阔4.5米，中祀关羽，关平、周仓胁侍左右。关羽为读《春秋》坐像，高3.5米，宽2米，头戴绿巾帻，着金甲绿袍，左手捧《春秋》，右手捻须。关平、周仓立像均高2.2米，宽1.1米，神台长4.5米，高1.1米。殿北侧及前侧为水泥铺就空地，南侧山前有一石朝门，已被填补。殿前民居后山墙依稀可辨古建筑残墙，殿后为幼儿园。

【历史渊源】

西沱关庙，当地又称"山西会馆"，始建年代不详，目前建筑主体为清代修建。据《石柱文物图志》记载，该殿旧为关庙前殿，明间梁架有题记"监修熊长兴、熊恒泰，大清同治十一年壬申岁小阳月立"，可知同治十一年（1872）曾重建或培修关庙。[1]民国时期为忠县、石柱县、万县三县联防兵办公室，中华人民共和国成立后先后为印刷厂、西沱第一职业中学校舍，当时庙内已无塑像。在西沱古镇整体开发后，重塑神像陈列，免费对外开放。

西沱关庙外景

---

1 石柱土家族自治县第三次全国文物普查领导小组，石柱土家族自治县人民政府：《石柱文物图志》，重庆大学出版社，2012，第19页。

西沱关庙鸟瞰

殿前民居后山墙内有古建筑残墙遗存

西沱关庙内新塑的关羽
读《春秋》像

西沱关庙现存大殿山面
空间

西沱关庙殿神台后间侧视

西沱二圣宫

【 地理位置 】

地理坐标：东经108°13′16.99″，北纬30°24′27.78″，海拔339米。

行政属地：石柱土家族自治县西沱镇云梯社区独门嘴。

地理环境：二圣宫地处古镇北侧，云梯街高处，园丁街、109县道交叉口，独立于民居之外。

【 保护级别 】

2009年，西沱云梯街民居建筑群被公布为重庆市文物保护单位。

【 现状概述 】

西沱二圣宫坐东南向西北，四合院式建筑，依地势而建，由门楼、两厢、正殿组成，整体建筑外围青砖，从空中看呈正方形，格局严谨。门楼外为仿三门三楼牌坊，有新绘彩画，进门后为甬道式上升阶梯，得入中间院落。门楼二层后侧为戏楼，面阔4.9米，进深6.7米，高5.4米，两侧各有三间耳房，均面阔9.5米。院落两侧为两厢，均为二层，面阔三间9.3米，有廊。正殿即文武殿，台基高2米，居中10阶梯步，面阔五间14.3米，进深5.8米，廊深2.8米，廊外有石质护栏，廊南有石朝门连接外侧院落。其中明间阔4.9米，次间阔4.6

西沱二圣宫鸟瞰

米，稍间阔4.8米。正殿主祀孔子、关羽，分居北、南两侧，二者立像高3.5米，神台高1.1米，长4.6米。1984年被石柱县人民政府定为县级文物保护单位。作为西沱云梯街民居建筑群的组成部分，2009年被公布为重庆市文物保护单位。

【历史渊源】

西沱二圣宫因祀孔子、关羽文武二圣而得名，原址位于石柱县沿溪镇滨江社区，在西沱上游20千米处。据石柱县文管所提供的资料，二圣宫始建于明代，当时的沿溪镇也是长江航道上较为繁华的水码头，是石柱县对外的商品贸易集散地之一，所以二圣宫在沿溪镇也具有会馆功能，为本地与外商会聚之处。中华人民共和国成立后，二圣宫曾长期用作沿溪小学校舍，2012年修缮后，因三峡库区蓄水于2012年原样迁建至今址。

西沱二圣宫文武殿南廊石朝门

西沱二圣宫门楼外景

西沱二圣宫戏楼

西沱二圣宫院落空间

西沱二圣宫文武殿

二圣宫文武殿山面空间

秀山土家族苗族自治县

　　秀山土家族苗族自治县，位于重庆市的南端，北邻酉阳土家族苗族自治县，南连贵州省铜仁市，东接湖南省湘西土家族苗族自治州。境内平坝、丘陵、山地各占三分之一，县境中部是武陵山区最大的平坝。截至2022年底，下辖5街道、22乡镇。居民以土家族、苗族为主，另有白族、布依族等。三国时期，该地域先后属于蜀汉、孙吴的荆州武陵郡管辖。

秀山土家族苗族自治县三国文化遗存点位分布图

1　拥军街武庙
2　平凯街道桓侯庙
3　龙凤坝镇诸葛洞

撰稿：尚春杰
摄影：李　耀　尚春杰
绘图：尚春杰

拥军街武庙

【地理位置】

地理坐标：东经108°59′5″，北纬28°27′2″，海拔324米。

行政属地：秀山土家族苗族自治县中和街道东风社区拥军街59号。

位置环境：武庙地处老城区中心，四周皆为民居。

【保护级别】

2011年，被公布为秀山县文物保护单位。

【现状概述】

拥军街武庙，坐北朝南，四合院布局，目前仅存前殿、后殿、厢房。前殿面阔五间23.9米，进深四间14.8米，脊高10.6米，硬山顶，穿斗式梁架结构，前殿脊梁题记已模糊，前廊梁枋上有木雕刻。后殿面阔三间13米，进深三间6.5米，脊高7.6米，硬山顶。厢房面阔6.9米，进深约3.6米。目前，武庙内有2—3户老年人在此居住。

【历史渊源】

《光绪秀山县志》对拥军街武庙的始建年代、祭祀、风俗有详细的记载："武庙建自乾隆四年，知县夏景馥出俸钱，为倡民士资助焉。嘉庆中，程淳尝一修之，然规制非宏，岁久乃益坍靡。同治八年，庙毁于火，未几。杜瑞徵知县事因拓基设位，增饰栋垣，殿庑具备矣。祭以春秋二仲月及五月十三日，牲用太牢，朝服行礼。咸丰三年，始颁乐章，设六佾之舞，后殿祀侯三代，用少牢三祀，共支银十四两。民祠所在有之。"[1]据现在仍在武庙内生活的居民介绍：武庙前为收留所，专门收养无家可归之人，由僧人居住管理。中华人民共和国成立后，武庙改为粮食局使用。后粮食局将武庙所有权转让给中石化公司。20世纪70年代，武庙作为石油公司职工宿舍使用至今。

1 （清）王寿松修，（清）李稽勋等纂：《光绪秀山县志》，《中国地方志集成·四川府县志辑㊽》，巴蜀书社，1992，第76页。

拥军街武庙鸟瞰

拥军街武庙俯视

拥军街武庙山面鸟瞰

拥军街武庙前殿正视

拥军街武庙前殿高敞
的梁架空间

拥军街武庙后殿梁架结构

拥军街武庙前殿内部现状

拥军街武庙前廊梁枋木雕刻

拥军街武庙后殿前院落

平凯街道桓侯庙

【地理位置】

地理坐标：东经108°58′24″，北纬28°21′10″，海拔406米。

行政属地：秀山土家族苗族自治县平凯街道平马寺村。

位置环境：寺庙坐落在田坝中，前为小广场，紧邻村道公路，革里河蜿蜒从旁流过。

【现状概述】

平凯街道桓侯庙，坐东北朝西南，四合院布局，由前殿、后殿、厢房组成。前殿面阔三间11.2米，进深两间4.1米，脊高5.6米，悬山顶。后殿面阔三间11.2米，进深三间5.5米，脊高5.9米，硬山顶。中部为天井，平面呈正方形，长

3.1米，宽3.3米。现庙内为茶农的仓库。

【历史渊源】

平凯街道桓侯庙，始建年代不详。据当地村民介绍：新中国成立前，由一位地主修建，桓侯庙曾作为私塾使用。中华人民共和国成立后，一位田姓和尚在此居住，并且重新恢复庙内的塑像。当地村民亦称此庙为"还魂庙"，或许因大门曾挂"桓侯庙"匾额，发音相近所致。田姓和尚去世以后，一位姓杨的村民在此居住。20世纪80年代开始重塑塑像。1996年，村民对桓侯庙重新进行修缮。2020年，桓侯庙拆除塑像，改为茶农的仓库使用至今。

平凯街道桓侯庙俯视

平凯街道桓侯庙周边环境

平凯街道桓侯庙周边环境

平凯街道桓侯庙前殿

平凯街道桓侯庙院落

平凯街道桓侯庙周边环境

龙凤坝镇诸葛洞

【地理位置】

地理坐标：东经108°51′32″，北纬28°22′34″，海拔410米。

行政属地：秀山土家族苗族自治县龙凤坝镇龙凤村沙坝组。

位置环境：诸葛洞位于山脚下，洞前为民居。

【现状概述】

龙凤坝镇诸葛洞，坐东朝西，洞内分主厅、祭厅、八阵图、蛮王宫等。洞内钟乳石林立，暗河瀑布浪花飞溅。洞内存有刘禅哭相、泸水飞瀑、相思泉、千丘田等景观。主厅有石质孔明立像，为20世纪90年代所塑。孔明

龙凤坝镇诸葛洞所在山体鸟瞰

龙凤坝镇诸葛洞洞内诸葛亮像

像下方有一卧石（石床），石上刻有《隆中对》。洞内以前还发现陶器、古钱币若干、铁铸刘备头像一尊。[1] 据当地村民介绍：诸葛洞内空间巨大，通道繁多，在里面走一天都找不到边界。洞内冬暖夏凉，偶尔有游客前来游览。每年的农历二月十九、六月十九、九月十九，当地村民会在洞口举办祭祀仪式、吃斋饭。20世纪90年代，当地政府曾开发诸葛洞供游客参观，目前洞口外围正在施工、维护。

【历史渊源】

关于诸葛洞的历史溯源，历史文献有少量记载，如《方舆纪要》载："在平茶司治南，崖石屹立，旁有石洞数丈。相传，武侯征九溪蛮时留宿于此。"《天下郡国利病书》亦载："治南武侯洞，相传武侯征九溪蛮，住宿洞中，石床存焉。"又云："侯于洞中以一握粟秣马，化为石粟，至今神之。"《通志》载："诸葛洞在县治南。"

1 刘发生、刘济平：《秀山发现三国古迹孔明洞》，《四川文物》，1996年第5期，第67页。

龙凤坝镇诸葛洞主入口

龙凤坝镇诸葛洞主入口后视

龙凤坝镇诸葛洞距洞口
不远处的开阔空间塑有
石刻诸葛亮像

龙凤坝镇诸葛洞内别有洞天

龙凤坝镇诸葛洞洞内刘禅哭相

酉阳土家族苗族自治县

　　酉阳土家族苗族自治县，位于重庆市东南部，地处渝、鄂、湘、黔四省市接合部的武陵山区。南接秀山土家族苗族自治县，北邻黔江区和彭水苗族土家族自治县，东连湖北省恩施土家族苗族自治州、湖南省湘西土家族苗族自治州，西通贵州省铜仁市。截至2022年底，下辖2街道、37乡镇。三国时期，该地域分属蜀汉益州涪陵郡、孙吴荆州武陵郡管辖。

酉阳土家族苗族自治县三国文化遗存点位分布图

1 龚滩武庙

撰稿：谢　乾
摄影：李　耀　尚春杰
绘图：尚春杰

龚滩武庙

【地理位置】

地理坐标：东经108°20′54.72″，北纬28°55′42.23″，海拔314米。

行政属地：酉阳土家族苗族自治县龚滩镇新华社区纤夫路60号。

地理环境：龚滩镇位于乌江东岸，与贵州铜仁隔江相望。武庙位于龚滩古镇坡腰位置，西南两侧为民居，背后靠酉龚路。

武庙所处的龚滩古镇

【保护级别】

2009年，龚滩古建筑群被公布为重庆市文物保护单位。

【现状概述】

龚滩武庙现仅存正殿，坐东向西，木结构建筑，硬山顶。殿前有两面上5阶梯步，正殿面阔五间18米，进深5.1米，脊高6.4米，台基高0.9米。前后有廊，进深分别为2.1米、1米，前廊有卷棚。正殿明间、次间、稍间分别阔3.4、2.8、4.2米，均被分装成上下两层，经明间两侧开门可进入。脊檩可见"大清光绪廿八年岁次壬寅季东月上浣吉立"及会首、匠人姓名题记。另有前后院落。

龚滩武庙

【历史渊源】

龚滩镇，距酉阳城区约80千米，地处乌江东岸，濯河于此流入乌江。川盐经长江至涪陵，再溯乌江抵达龚滩集散，古代酉阳地区及邻近贵州等地的食盐皆赖于此。再往龚滩上游，船只被险滩急流所阻而不得行，要靠

乌江岸边的龚滩武庙

纤夫先拉船过滩，货物只有靠俗称"背佬二"的盐丁人力背运，经绵延数百里的川盐古道运至上游再装船，或背至龙潭运往湘西等地，所以龚滩发展成为乌江流域的重要货物集散场镇之一，有"钱龚滩"之称。现在的场镇中还有一段石板道路，便是旧时川盐古道的一部分。直至民国时期，龚滩依然是周边地区重要的油盐山货集散地。1959年，龚滩河道整治，险滩不复存在，航船至此不用转运，龚滩的经济地位逐渐下降。近年来，依托原生态的历史古镇、自然山水、民俗风情，龚滩古镇成为重庆市知名旅游风景名胜区，再获发展生机。2018年，龚滩古镇获批中国历史文化名镇。

据西阳文管所周天武所长介绍，龚滩武庙供奉武圣关羽，始建于清道光十五年（1835），依据武庙脊檩题记，可以确认现存主体结构修建于清光绪二十八年（1902）。另有前殿、左右两厢，早在20世纪80年代就被毁坏。中华人民共和国成立后，武庙被划拨给国营船队工人暂住，在20世纪八九十年代，武庙产权为原住朱姓居民购买，至今仍居住于此。2006—2009年，因修建乌江彭水电站，武庙随龚滩古镇整体搬迁至现址，即小银滩，距旧址约2千米。2002年被西阳县人民政府公布为县级文物保护单位；作为龚滩古建筑群组成部分，2009年被公布为重庆市文物保护单位。

龚滩武庙脊檩题记

龚滩武庙二层隔断

龚滩武庙后廊

彭水苗族土家族自治县

彭水苗族土家族自治县，位于重庆市东南部。西北邻接武隆区、丰都县、石柱土家族自治县，东南邻接黔江区、酉阳自治县，南连贵州省铜仁市、遵义市，东北通湖北省恩施土家族苗族自治州。截至2022年底，彭水县下辖3街道、18镇、18乡。东汉末年，彭水县大部分属巴东属国涪陵县辖地。三国蜀汉时期，该区域主要为益州涪陵郡涪陵县辖地。

彭水苗族土家族自治县三国文化遗存点位分布图

1 郁山飞水盐井

2 庞吏坝

3 庞宏墓

4 张飞岈石刻

撰稿：彭　波
摄影：尚春杰　李　耀　樊博琛
绘图：尚春杰

郁山飞水盐井

【地理位置】

地理坐标：东经108°26′43.07″，北纬29°32′42.32″，海拔320米。

行政属地：彭水苗族土家族自治县郁山镇南京社区2组。

地理环境：位于中井河北部，北为伏牛山，南面隔202省道与玉屏山相望。盐井旁有202省道从旁经过，西面为南京社区2组。

【保护级别】

2009年，被公布为重庆市文物保护单位。

【现状概述】

保存状态较好，在河岸上方依稀可见当年用砖或石头砌成的盐井。西距飞水盐井约500米有一处明清时期煮盐遗址，灶孔、卤水池保存较好。近年来，重庆市文化遗产研究院又在距离飞水盐井不远处发现一处东汉中晚期的墓群——中井坝墓地，是这一地区东汉时期盐业活动发达的重要佐证。

【历史渊源】

郁山飞水盐井，又名飞井、中井，始凿于东汉中晚期[1]，延续至20世纪60—80年代，是彭水郁山盐井中一处不需要开采技术，可直接利用天然盐泉熬制成盐的天然溶洞型盐井。《四川盐法志》载，飞水井的煮盐方式为："泉出峭壁石罅中……工以竹空其窍，引泉上涌，注以木桶，灶户以小舟泊飞水下，汲溪泉和而煮之。"[2]传说诸葛亮南征之前，因此处山高谷深，江水汇聚，与"渡泸"之处地貌相近，故派兵到此驻扎练兵，又因此处是蜀汉有名的产盐地，多次派兵到此驻扎，守卫盐井。[3]

东汉中晚期为郁山盐业蓬勃发展阶段，比较著名的飞水井、鸡鸣井、勃鸠井、郁井都开创于东汉中晚期。《华阳国志》载："汉葭县，有盐井。"[4]东汉建安六年(201)，刘璋分置丹兴、汉葭(汉葭)二县为属国[5]，这与二地丹、盐迅速发展不无关联。

1 《重修金鸡井碑记》碑文记载，鸡鸣井开凿于东汉中叶，飞水井稍次于鸡鸣井。参见四川省盐业公司涪陵分公司编写组：《涪陵地区盐业志》，四川人民出版社，第28页。

2 (清)丁宝桢撰：《四川盐法志》卷五《井厂》，清光绪刻本。

3 据彭水作协副主席、郁山镇文化人士高启仲先生口述资料整理。

4 (晋)常璩著，任乃强校注：《华阳国志校补图注》，上海古籍出版社，1987，第43页。

5 (晋)常璩著，任乃强校注：《华阳国志校补图注》，上海古籍出版社，1987，第26页。

飞水郁山区盐井文保碑

飞水盐井航拍

飞水盐井近景

中井坝盐业遗址

中井坝汉墓

庞吏坝

【 地理位置 】

地理坐标：东经108° 24′ 18.01″，北纬29° 31′ 44.39″，海拔273米。

行政属地：彭水苗族土家族自治县郁山镇天星社区1组。

地理环境：西北临郁江，隔江与封门头山相望，东南背靠凤山，位于凤山脚下，周围为街道、民居。

【 现状概述 】

现为郁山镇人民政府和郁山中学所在地。

【 历史渊源 】

庞吏坝，传为庞宏任涪陵太守时太守府所在地，史料无考。近年来，考古工作者在庞吏坝附近进行过考古钻探，在地层堆积内发现了汉至六朝时期的花纹砖及灰陶片等文化遗存，且在之前的考古发掘中曾发掘七八座较大规模的汉墓，表明庞吏坝确为汉魏时期一处生活聚居区。

庞吏坝所在郁山镇，春秋之时先属巴国，为"巴之南鄙"，后属楚。周赧王七年（前308），司马错率巴、蜀众十万，大船万艘，"自巴涪水，取楚商於地，为黔中郡"[1]。郁山镇因与楚商於地相接，也划归黔中郡辖地。武帝时，置涪陵县，属巴郡，郁山即为涪陵县县治所在。[2] 新莽时废涪陵县，置巴亭，东汉复立涪陵县，徙治于今彭水县壶头山麓。[3] 建安六年（201），涪陵县人谢本建议刘璋"分置丹兴、汉髪二县，以涪陵为郡"，刘璋从之，"乃分涪陵立永宁、兼丹兴、汉葭"，置巴东属国都尉，治理涪陵[4]，郁山镇成为汉髪县县治所在[5]。蜀汉初，刘备改巴东属国为涪陵郡。延熙十三年（250），车骑将军邓芝率军平叛后，新置汉平县。故蜀汉时，涪陵郡属县六，即涪陵县（为县治）、丹兴县（后省）、汉平县、万宁县、汉髪县、汉葭县。郁山镇仍为汉髪县县治。晋武帝太康年间，"省丹兴县，郡移理汉复"[6]，汉复县即汉髪县[7]，涪陵郡的郡治徙至汉髪县，即今郁山镇。庞宏担任过涪陵太守[8]，庞吏坝为蜀汉庞宏太守府所在地的传说盖由此而来。

1（晋）常璩著，任乃强校注：《华阳国志校补图注》，上海古籍出版社，1987，第41页。

2（晋）常璩著，任乃强校注：《华阳国志校补图注》，上海古籍出版社，1987，第43页。

3（晋）常璩著，任乃强校注：《华阳国志校补图注》，上海古籍出版社，1987，第87页。

4（晋）常璩著，任乃强校注：《华阳国志校补图注》，上海古籍出版社，1987，第26页。

5（清）庄定域修，（清）支承祜纂：《彭水县治》卷四《古迹志》，清光绪元年刻本。

6（宋）乐史撰：《太平寰宇记》卷一百二十《江南四十八道》引《太康地记》："省丹兴县，郡移理汉复"，清文渊阁四库全书补配古逸丛书景宋本。

7（晋）常璩著，任乃强校注：《华阳国志校补图注》，上海古籍出版社，1987，第44页

8（晋）陈寿撰，（南朝宋）裴松之注：《三国志》，中华书局，1982，第956页。

庞吏坝鸟瞰

庞吏坝俯视

庞宏墓

【地理位置】

地理坐标：东经108°18′18.2″，北纬29°5′18.7″，海拔313米。

行政属地：彭水苗族土家族自治县鹿角镇鹿角社区3组庞滩。

地理环境：庞宏墓位于鹿角场镇沿乌江上行约15千米乌江右岸的庞公滩，原为距乌江水面高约80余米的二级小平台，周围植被茂盛。

【现状概述】

因乌江彭水电站建设，2006年实施考古发掘，发现墓冢1座，出土碗、盘、钱币等遗物。乌江彭水电站蓄水后，该遗址已淹没于水下。

【历史渊源】

庞宏，字巨师，为庞统之子。史书对庞宏的记载很少，仅说庞宏为人"刚简有臧否"，因轻傲尚书令陈祗而被打压，死于涪陵太守任上。[1]对庞宏死因，所葬何处，正史无载，主要见于方志。《舆地纪胜》载："淳熙中，贤良任子宣，舟过涪陵，于小民家中见汉隶，遂载以归。"[2]汉隶所书内容与涪陵太守庞宏有关。又清同治《酉阳直隶州总志》载："据碑目考，神道、墓阙悉在涪陵。宏卒于任所而墓亦在

是，今涪陵江有庞滩之名，疑即其所也。"[3]按县志所述，庞宏墓还有神道、墓阙等墓葬附属设施，这与巴蜀地区汉末三国时期同等级墓葬形制相似。当地村人回忆，在乌江涨水之前，还可见庞宏墓的封土及墓碑。

庞宏墓所在地名"庞滩"，为庞宏身亡之处。传说庞宏带兵打仗回来，坐船经过此处，因河涨水，巨浪打翻行船，庞宏落水而死。[4]庞滩两侧为高山，在乌江彭水电站未修筑之前，此处"水道险窄"[5]。庞滩之下，不远处又有一处险滩名为沿滩，"水流迅急，前有巨石，舵手曲折以避之，瞬息之间，挥棹不灵，舟即触石以碎，下流又有一暗穴名谷鱼子，凡上游舟一失势，辄被吸入穴中，不能复出"[6]。庞宏身亡后，其部下就地将他埋葬在庞滩上。[7]庞滩对岸的山坡，名为"嚎丧坡"，传说庞宏溺水时，随从及当地人欲救庞宏，但因江水阻隔，无法前往，于是只能在江边痛哭。[8]

1 （晋）陈寿撰：《三国志》，中华书局，1982，第956页。

2 （宋）王象之撰：《舆地纪胜》卷一百七十四《涪州》，清影宋钞本。

3 （清）王麟飞修，（清）冉崇文纂：《增修酉阳直隶州总志》卷三《地域》，清同治三年刻本。

4 石盘村村民任永明口述资料整理。

5 （清）庄定域修，（清）支承祜纂：《彭水县治》卷一《地域志·山川》，清光绪元年刻本。

6 （清）庄定域修，（清）支承祜纂：《彭水县治》卷一《地域志·山川》，清光绪元年刻本。

7 据石盘村村民任永明口述资料整理。

8 据石盘村村民任永明口述资料整理。

庞滩鸟瞰

庞宏墓遗址淹没于水下

庞宏墓遗址远眺

冬季的庞宏墓遗址及庞滩现状

张飞岍石刻

【地理位置】

地理坐标：东经108°15′37.24″，北纬29°43′29.77″，海拔1075米。

行政属地：彭水苗族土家族自治县太原镇花园村9组。

地理环境：位于丰都、石柱、彭水三县交界处，地处半山腰，侧方5米有溪流，下方5米处有一条已硬化的村级道路。

【保护级别】

1999年，被公布为彭水县文物保护单位。

【现状概述】

石刻系在一整块巨石上阴刻而成，巨石坐东向西，呈不规则梯形。据彭水苗族土家族自治县文物管理所调查核实，该石刻系由山顶塌方滚落至此，其附近有散落凿槽的残石，至于何时滚落至此则情况不详。该石刻前宽约2.5米，后宽约2米，高0.8—2.2米，厚2—2.18米，南端和底部有明显的断裂痕迹，断面清晰可辨。石刻刻字前，先开凿出6道宽18—30厘米、深1—3厘米的斜向凹槽，槽底磨平后再阴刻，凹槽之间行距23—30厘米。刻划的图案符号无明显距离区分，无法准确判断其

张飞岍石刻位于丰都、石柱、彭水三县交界处

数量，单线阴刻，粗、深均约0.2厘米。符号造型多采用单短直线和弧线，也有折线，除了呈枝状、爪状、蚯蚓状，还有如飞禽走兽等的象形符号，尚未释读。

【历史渊源】

张飞岈石刻，史籍无载。当地传说，石上的刻痕是张飞留下的藏宝密码，是"神石"，附近村民经常到石前祈福。本地流传民谚："好个张飞岈，银子埋路边。谁能识破了，银子万万千"[1]。

石刻位于盐运古道上，但历史文献中并无张飞到过彭水的记载，推测石刻的传说为后人附会。彭水曾是多部落聚居之地。《华阳国志》载："涪陵郡……土地山险、水滩。人多蛮勇。多獽、蜑之民。"[2]又言汉髮县"北有獽、蜑，又有蟾夷"[3]。有专家推测，张飞岈石刻可能是已经失传的古部落文字。

张飞岈石刻鸟瞰

张飞岈石刻文保碑

张飞岈石刻

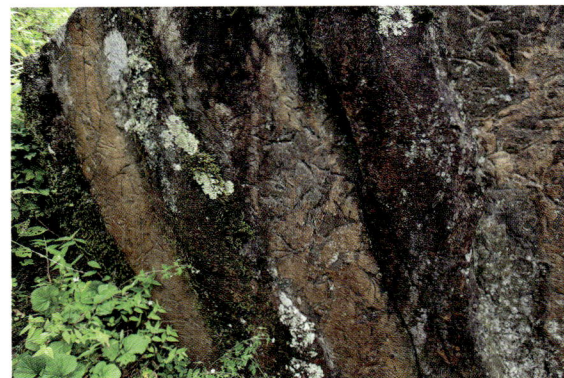
刻在石上的神秘符号

---

1 据太原乡文化站站长石海江口述资料整理。

2 （晋）常璩著，任乃强校注：《华阳国志校补图注》，上海古籍出版社，1987，第41页。

3 （晋）常璩著，任乃强校注：《华阳国志校补图注》，上海古籍出版社，1987，第43页。